《温州职业技术学院学报》特色栏目文丛

致知力行 继往开来

温州研究论集

主编 方益权

浙江工商大学出版社 | 杭州
ZHEJIANG GONGSHANG UNIVERSITY PRESS

图书在版编目（CIP）数据

致知力行　继往开来：温州研究论集／方益权主编.
—杭州：浙江工商大学出版社，2022.8
ISBN 978-7-5178-4995-7

Ⅰ．①致… Ⅱ．①方… Ⅲ．①地方文化－温州－文集
Ⅳ．①G127.553-53

中国版本图书馆 CIP 数据核字（2022）第 097395 号

致知力行　继往开来——温州研究论集
ZHIZHI LIXING　JIWANG KAILAI—WENZHOU YANJIU LUNJI
主编 方益权

责任编辑	黄拉拉　郑　建
责任校对	张春琴
封面设计	浙信文化
责任印制	包建辉
出版发行	浙江工商大学出版社
	（杭州市教工路 198 号　邮政编码 310012）
	（E-mail:zjgsupress@163.com）
	（网址:http://www.zjgsupress.com）
	电话:0571－88904980,88831806(传真)
排　　版	杭州朝曦图文设计有限公司
印　　刷	杭州高腾印务有限公司
开　　本	710mm×1000mm　1/16
印　　张	18.25
字　　数	271 千
版 印 次	2022 年 8 月第 1 版　2022 年 8 月第 1 次印刷
书　　号	ISBN 978-7-5178-4995-7
定　　价	69.00 元

序

　　中国东南沿海之滨的温州,处南北雁荡山脉之间、八百里瓯江出口,通联长江三角洲与珠江三角洲,是海上丝绸之路沿线的重要港口城市。温州生物资源丰富,文化多样性突出,多种方言交融,是一个典型的城市元素共生之区。

　　温州曾是东瓯王都地,也是中国山水诗的发源地,永嘉学派在这里诞生,南戏从这里走向全国。两宋时期,温州创办的书院早于苏州、多于杭州,民间书院在培育人才的同时,涵养了自由讲学之风,激发了平民精神。基于此,儒学的一部转向经世之学,新儒学以其自由的思想与创新的开拓精神,渗透到社会的多个领域,温州区域文化的创新品格得以生成。

　　近代温州是开放大潮中率先接受外来新文化的沿海城市之一,走出了一批早期维新思想家,他们主张变革,探路在前,兴办新式学堂、发展工商实业,求富图强。温州人多地少,外出拓荒及留学、经商者越来越多,新文明随之外来,与本土文化碰撞融合,时髦的与古老的,开新的与守旧的,多元聚集,多重杂交。此外,因常年遭遇台风,这里的人有极强的应变能力,还是勤于学习、精工善艺,因此手工业发达。

　　改革开放以来,温州走在中国特色社会主义的道路上,其民营经济健康发展,百姓的生活水平显著提高。温州曾入选"中国十大最具经济活力城市",被列为"全球最具活力的城市"之一,蝉联"中国最具幸福感城市""全国文明城市"等荣誉称号。温州是国家历史文化名城,又入选"东亚文化之都"。温州人既是中国社会经济改革与建设的探路人,又立足瓯江山水诗路等文化建设工程,着力续写文化创新史,推进温州高质量发展,建设现代化先行市。"创业之都、创新之城、创富之市"的城市标识,在温州得以不断彰显。

温州人在开拓中创新创业,温州城在发展中生机勃勃,成为当代中国一个鲜活的个案。数十年来,社科界把目光聚焦于这片热土,中外学者持续不断深入温州各地调查研究,探讨温州的经济发展、文化建设与社会进步,从现当代温州回溯古代与近代历史,有学人建议创设"温州学"学科,以深化温州当代发展与温州人、温州文化、温州历史的研究。其间,在温高校尤其注重与地方合作互动,坚持为地方培养人才,服务地方建设,支持地方高质量发展,温州职业技术学院在这方面做出了突出业绩。

《温州职业技术学院学报》自 2005 年特设立《温州研究》栏目以来,坚持组织与编辑研究温州的学术论文,至今已有 16 个年头,共计发文 293 篇,其中的佼佼者,或站在学术前沿,探索温州改革发展中的热点问题;或讨论温州传统文化的现代价值,助推温州现代化建设,带给读者启迪,推进学术创新,在学术界产生了重要影响。《温州研究》成为全国学术期刊的特色栏目,具有品牌效应。《温州研究》栏目凝结了论文作者与学报编辑共同的心血,他们怀着对当代温州与历史温州的敬畏之心,以科学精神,深化温州研究,致力于学术创新,不断推出新学术成果。现在,编辑部回顾总结,精选其中的 26 篇论文结集出版,无疑于温州研究的大花园开出一枝绚丽的花朵,必然会激发更多学人的研究兴趣,推动温州研究的继往开来。温州研究是学界的一个研究课题,作为作者之一,我对《致知力行　继往开来——温州研究论集》的出版感到十分欣慰,特作序以贺。

洪振宁
温州市社科联原副主席
2021 年 9 月 28 日

目　录

文化编

"温州人精神"的现代转型 …………………………… 张建晓 / 003

永嘉学派与泰州学派思想渊源的比较研究 …………… 张树俊 / 010

论张璁的礼学思想 …………………………………… 胡珠生 / 021

历史融会现实：温瑞塘河与"五水共治" ……………… 王兴文 / 036

近代温州第一个知识群体的生成及其贡献 …………… 洪振宁 / 046

温州海塘文化遗产与地方精神 ……………………… 刘小方 / 060

文化学视域中的"温州模式" ………………………… 沈　潜 / 069

历史编

南戏首先产生于温州不容否定 ……………………… 徐顺平 / 083

蒋叔南和《雁荡山志》 ………………………………… 卢礼阳 / 090

东瓯国西界疆域考略 ………………………………… 高启新 / 099

温州港贸易的历史变迁 ……………………………… 滕宇鹏 / 108

明代温州白鹿社考 …………………………………… 潘猛补 / 123

近代温州开埠与温州海外移民 …………… 徐华炳　刘凯奇 / 135

明代中后期温州沿海卫所与府县治理 ……………… 宫凌海 / 146

经济编

全球价值链视角下的温州制造业集群升级对策研究

　　·············· 夏晓军　吴建明　方　芳 / 161

"侨贸"网络、跨国代工与企业国际化愿景

　　——温州民营企业国际化发展的纵向观察 ············· 任　晓 / 172

温州改革开放 30 年的经验与启示 ············· 林孟清 / 179

企业社会责任与竞争力互动研究

　　——以温州民营企业为例 ············· 李　健 / 191

温州民营资本自发创新转型的理论考量及启示 ············· 唐高平 / 205

"淘宝村"现象与温州网络经济发展

　　——基于永嘉西岙"淘宝村"的案例研究及政策建议

　　·············· 朱康对　朱呈访　潘姬熙 / 218

温州"三位一体"农村新型合作体系建设的实践与探索

　　·············· 陈庆凯　何建瑞　林晓清 / 226

社会民俗编

温州鼓词音乐及结构特点分析 ············· 施王伟 / 239

构建和谐社会:温州市社会整合的探索 ············· 王尚银 / 246

社会和谐视野中的温州女性 ············· 张小燕 / 259

温州侨乡的民俗学解读 ············· 邱国珍 / 266

自下而上大部门制改革的新探索

　　——从广东顺德到浙江龙港的实践 ············· 朱康对 / 276

文化编

"温州人精神"的现代转型

张建晓

【摘　要】传统"温州人精神"已不能满足时代变化发展的要求,在新时代下应形塑"温州人精神"现代品格。现代"温州人精神"应正视商品意识,实现人文复归;反思客体经济,超越狭隘观念,将人与社会的发展当作新时期赋予的使命;客观看待草根精神,在公共社会中谋求发展共享的精神象征形式。

【关键词】温州人精神;现代品格;人文性;主体性;公共性

温商驰名中外,被誉为"东方犹太人","温州人精神"是温商走遍天下的制胜基因。"温州人精神"传承于以"事功观"为核心的永嘉学派,以自主创新精神为本质,以敢为天下先、开拓进取、不等不靠、善于学习、吃苦耐劳等为精神表征,已成为重要的经济文化现象,蕴含着巨大的符号价值。但随着全球化的推进、社会转型的深度"发酵",经济文化社会发生急剧变化,社会发展的思维、理念、模式悄然转变,传统的"温州人精神"已不能满足时代变化发展的需求。"温州人精神"应破旧立新,形塑其现代品格。

一、"温州人精神"的人文性转型

"温州人精神"传承于永嘉学派。永嘉学派素以事功学派自居,尤其在经济上,反对重农抑商,强调功利与仁义的统一,注重研究现实生活中的实际问题,"以利和义,而不以义抑利"[1]。更是正面肯定了人们逐利的正当

作者简介:河海大学马克思主义学院博士研究生。

性。永嘉学派的事功精神随着时代的沉浮在温州人身上得到了充分体现。"温州人精神"强在创新,以敢为天下先的气魄砥砺前行,较为完整地承袭了永嘉学派的思想精髓。

1.商品意识

改革开放以来,事功精神逐渐吸纳现代文明的元素,形成新的经济意识,即商品意识。商品意识是温州人趋向物质利益的基本意识。这一经济意识主宰着温州人走出温州、走出国门、走向世界,成功地塑造了"温州人精神"。传统的"温州人精神"具备强烈的商品意识,不论是敢为天下先,还是开拓进取、不等不靠、善于学习、吃苦耐劳,都遵循谋利的原则。可见,商品意识已成为传统的"温州人精神"的基本意识,并将利益至上作为其基本行为准则,表露于日常的经营行为之中。在改革开放初期,这种商品意识区别于自然经济时代的商品意识,呈现出蓬勃的生命力,在后续30多年的实践中释放出强大的力量,支撑着温州人行走于世界各地。但商品意识终归是比较低级的经济意识,在新的形势下,必然显露出其弊端。蔡克骄等认为,"温州人精神"是分层次的,主要包括商品意识和人文精神[2]。商品意识是基础性的存在,反映了较低层次的、物质方面的需求;人文精神则相较于商品意识更为高级,从意识到精神,是人类认识的质的跃迁,在市场经济条件下,人文精神能起到引导、规范、调节的作用。

2.人文复归

人文精神是"温州人精神"的另一个层次,是相较于商品意识更为高级的存在,它不是一种具体的意识,而是一种关注人的价值存在或目标。改革开放30多年来,商品意识占据着"温州人精神"的主导地位,而面对当下新的形势,"温州人精神"需要关注个体及整个社会的现代文明意识,绝不能止步于商品意识,必须趋向人文精神。从历时的角度考察,自古即有人文精神,古代中国的人文精神蕴藏丰富。可见,对于"温州人精神"而言,人文精神是复归而不是引入。现代"温州人精神"需要新知识的注入和涵容,需要内涵的不断赋予和提升,需要对传统文化进行继承和批判。在当下这个现代文明之中,人文精神更像是一种紧俏的商品,是温州人必须追逐的。当然,人文精神的形塑不是一朝一夕可成就的,需要时间的积淀及品格的养成。另外,还需要考虑人文精神与商品意识在一定程度上的取舍。人文精神并不排斥商品意识,人文精神作为复归的价值诉求,完全可改造、容纳商品意识。"温州人精神"是温州人的精神象征,温商作为温州人的重要组成部分,做"人文生意"、打造"人文品牌"、营造"人文氛围"可为温商转型提供参考。

二、"温州人精神"的主体性转型

"温州人精神"以主观意识的形式存在于温州人的内心深处,温州人是"温州人精神"基本承载主体,而传统的"温州人精神"转型所面临的一个比较重要的问题就是要实现温州人主体意识的觉醒乃至自我转型。这对于务实的温州人而言有着至关重要的意义。

1.务实精神

"温州人精神"承继于永嘉事功学派,这是温州人务实的重要思想渊源。南宋时期,程朱理学甚嚣尘上,空谈之风席卷全国,而在瓯越之地却兴起了以叶适为代表的事功学派,这在当时的社会环境之下,乃是社会靓丽的"奇葩",备受世人鄙夷,但在事功观的影响下,温州的城市商业却得到了前所未有的发展,温州人所掌握的财富高于同时期的其他地区。除了事功观的影响之外,温州的地理位置也决定了温州人的务实态度。温州山多地少,属于典型的资源贫乏地区,为了谋求生存与发展,温州人只能奋起拼搏,走南闯北。加之地理位置相对恶劣,也促使温州人的心理观念发生转变。在计划经济时代,物质的匮乏迫使温州人突破重义轻利的传统价值藩篱,开办家庭工厂,举办集市会市,挑担子走南闯北,对物质财富表现出强烈的欲望。改革开放之初,温州人在取得政策的许可之后,以制鞋业为代表的家庭工厂遍地开花,不论是自己开厂,还是替人打工,几乎人人都在从事与商业有关的活动。在同一时期,国内其他地区还未来得及试水市场经济的时候,温州已率先进入市场经济的发展潮流之中,成为市场经济发展的典范。

2.客体经济

受务实精神的影响,温州人对物质财富的执着程度是相当之高的。务实精神对于个体乃至社会的发展发挥着举足轻重的作用。但过犹不及,过度的务实对于个体乃至社会的发展都是不适切的。这里笔者将过度务实所引致的发展模式称为客体经济。人们偏重经济的发展,并将之作为自身的追求,而忽视了经济的发展归根结底是为主体服务的。根据孙正聿的自为意义上的"逻辑先在性"问题的思考理路,客体经济从根本上讲是人的认识上的问题。在人的认识活动之中,存在主客体关系的问题,从逻辑上看,"客体作为主体认识和改造的对象,客体之所以是客体,是因为它以主体存在为前提的"。[3]但在客体经济之中,颠倒了主体与客体之间的逻辑先在性,将客体置于主体的前位,主体成为为客体服务的对象性存在,客体在商业的经营乃至社会经济的发展之中成为"主位"存在。从事物的表层上看,经营活动就是一种逐利的行为。但人为什么而经营,是为了生活,还是为了满足欲求?实质上,生活是第一位的,通过经营取得物质利益满足生存需要是最基本的。但在解决生存问题之后,更为重要的是人的发展。在温商的现实经营活动中,重视利益的获得,这为温州人的地位奠定了经济基础,但在新的时代里,现代温州人更应关注主体自身的发展需求,而不应囿于利益的怪圈之中。

3.主体超越

现代"温州人精神"需要主体意识的觉醒及自我超越,这是同一个过程的两个方面。主体意识的觉醒及自我超越是同步进行的,主体意识一旦开始觉醒,那么,超越的过程也同时启动。主体意识的觉醒依靠的是对问题正本清源式的认识。面对客体经济,首先需要完成的是对客体之于主体的逻辑先在性的扭转,主体是经营活动的核心、经济发展的核心,经营活动和经济发展是为主体的发展服务的,但也要保持在一定范围之内,切莫陷入唯心主义的泥潭之中。同时,"温州模式"与"温州人精神"转型成功与否,取决于主体在何种程度上把握客体,进而是以主体的认识水平和实践水平为前提的。主体意识的觉醒对于"温州人精神"现代品格的养成是先在条件的完就,进而还需要完成主体的自我超越。李泽厚曾指出,中国人的"超越"是以"神圣使命感"和"历史责任感"超越"个体有限的生存和生命"[4],突出了"个体对于整个人类—民族—国家的义务、责任,并以之为人生意义、生活价值之所在"[4]。现代"温州人精神"需要超越狭隘的地域观念、经营方式、发展理念,将人的发展、社会的发展当作新时期赋予的使命,勇于承担传扬"温州人精神"现代品格的时代责任。

三、"温州人精神"的公共性转型

著名经济学家钟朋荣曾将"温州人精神"概括为四句话:白手起家、艰苦奋斗的创业精神;不等不靠、依靠自己的自主精神;闯荡天下、四海为家的开拓精神;敢于创新、善于创新的创造精神[5]。其他学者对"温州人精神"也有类似的总结。实质上,这是对"温州人精神"的概括和总结,是符号化的过程。"温州人精神"作为温州人的精神符号,其所反映的内容更多的是偏向地域性的价值观念,而这种精神在转型的过程中实现公共性的转型,抛却地域的狭隘,取得对公共精神的增益,对于"温州人精神"的存续及长远的发展而言有着重要的影响。

1. 草根精神

在人们的常识之中,地域性的价值符号在社会大众中的影响力非常有限,而"温州人精神"却是一个特例。它虽然是一种地域性的符号,但30多年来,"温州人精神"走出国门、走向世界,逐渐产生巨大的影响力,这与通常的认知背道而驰,是一个值得研究的问题。"温州人精神"之所以能释放如此之大的影响力,最重要的原因在于草根精神。"草根"是近年新出现的词,其内涵非常丰富,接地气为其主要表现。众所周知,温商白手起家,从补鞋、弹棉花、做木工、当泥瓦匠到指挥千万资本,"温州人精神"由此逐渐成长起来。如今,许多学者将"温州人精神"凝聚为自主创新、敢为天下先、开拓进取、不等不靠、善于学习、吃苦耐劳等价值形态,其中更多的是一种价值的升华,表述的价值形态相对于其生长的"土壤"而言更高。实质上,"温州人精神"比较接地气。从社会流动的路径看,"温州人精神"典型地反映了底层的民众自下而上的发展路径，与广大民众的内心期望相契合，"温州人精神"的传扬发展有其必然性。

2.公共社会

尽管"温州人精神"的草根性将身家亿万的富豪和普通大众联系起来，但"温州人精神"在公共社会中仍存在诸多不足。对于身处现代社会的温州人而言，在生产、经营、生活的许多方面都出现了不同程度的问题。如强烈的自主意识促使同室操戈、恶性竞价，缺乏理性思维，推动盲目投资、专注速效，责任意识淡薄致使只顾小家、不顾大家，文化弱势引致人文缺失、贪图享乐[2]。可见，传统的"温州人精神"不具备大家风范，受草根性的限制，不论是眼界还是格局都相对较为狭小。每一个成员在公共社会中都拥有公共的空间、资源，为了谋求更好的发展，相互之间互相协作，实现资源共享、能力共享，共同谋求自身乃至社会的发展。对于现代"温州人精神"而言，传统的"温州人精神"需要突破草根文化对自身的桎梏，拓宽眼界，提升境界，实现自身的现代化，在公共社会中赢得一席之地。

3.发展共享

现代"温州人精神"最需要的品格就是共享。习近平总书记在多种场合都提出了共享发展理念，将共享作为实现社会主义建设目标的重要方式[6]。实质上，"温州人精神"现代品格的养成是共享品格的养成。现代"温州人精神"不断抛却传统的狭隘成分，在个人、社会、国家层面上实现自身现代品格的塑造。一是在个人发展层面上，现代"温州人精神"将追求人的现代化当作自己的目标，以求向"世界公民"靠拢。这里的"世界公民"并不是西方社会意义上的概念，而是对具备世界意识、开放观念、立场高远、素质优异的人的品格的概括。现代"温州人精神"可将"世界公民"的品格纳入自身的价值体系中，与社会大众共享，起到价值昭示的作用。二是在社会发展层面上，现代"温州人精神"需要将公共性拓展到他者身上。他者指向的对象非常广阔，包括成功人士、大学生、创业者、普通民众等。针对不同的对象，现代"温州人精神"需要公共性的养成。"温州人精神"不该仅仅停留于地域性的价值符号，而应将自身的价值理念公之于众，让更多的人认识，同时也促使自身得到提升。三是在国家发展层面上,现代"温州人精神"作为重要的经济文化现象,对国家的发展有着重要的启示作用。现代"温州人精神"不再只是地域性的符号,而是一种具备公共品性、世界格局、创新精神共享、发展理念共享的现代精神象征形式。

[参考文献]

[1] 张家成.析叶适的重商思想[J].中国哲学史,2005(2):112.

[2] 蔡克骄,陈飂.温州模式与温州人精神——兼谈温州人精神面向未来的变革与重构[J].温州师范学院学报(哲学社会科学版),2000,21(1):56-61.

[3] 孙正聿.哲学通论[M].上海:复旦大学出版社,2005.

[4] 李泽厚.由巫到礼 释礼归仁[M].北京:生活·读书·新知三联书店,2015.

[5] 陈俊贤.浅论"温州人精神"[J].人民论坛,2004(1):54-55.

[6] 中国共产党第十八届中央委员会第五次全体会议公报[J].求是,2015(21):45.

(原刊于《温州职业技术学院学报》2017 年第 1 期)

永嘉学派与泰州学派思想渊源的比较研究

张树俊

【摘　要】永嘉学派与泰州学派都是在当时商品经济刺激下产生的带有启蒙意义的哲学学派,但由于商品经济发展的程度不同,两个学派学者代表的阶层也不同。永嘉学派与泰州学派思想既有相同之处,也有一定的差异。对永嘉学派与泰州学派思想渊源进行比较研究,可以更好地把握两个学派的学术主旨与历史影响,从而使两个学派的历史文化成果更好地为今天的建设与发展服务。

【关键词】永嘉学派;泰州学派;思想渊源;比较研究

存在是意识产生的土壤,存在决定意识。任何一种理论的产生都不可能脱离现实而存在,而是依存于当时经济、政治、文化的产生和发展。每一种思想的产生、发展和终结,都要依存于一定的社会经济发展阶段,制约于它所反映的客观外界的矛盾运动。永嘉学派事功思想与泰州学派启蒙思想的产生不是偶然的,它们既有相似的政治、经济、文化和社会背景,又有特殊的思想渊源。本文从历史、经济、生存环境、学术思想4个方面对永嘉学派与泰州学派思想产生的渊源进行分析和比较。

一、永嘉学派与泰州学派历史基础的比较

学派思想的产生与城市的历史厚度是相关联的。永嘉学派产生于宋代温州;泰州学派产生于明代泰州。温州市地处浙江东部;泰州市地处江苏中

作者简介:中共泰州市委党校教授。

部、长江中下游。温州、泰州都有 2100 多年的历史,都有丰厚的历史文化底蕴。可以说,南北两个重要的历史文化名城孕育了两个重要学派。

温州、泰州的城市历史沿革如下。就建县时间而言,温州古为瓯地,秦统一全国后属闽中郡。在秦末的楚汉战争中,越王勾践的后裔驺摇帮助刘邦,打败了项羽。汉惠帝三年(前 192 年),汉惠帝封驺摇为东海王,设都东瓯,即世俗所谓"东瓯古国"。东瓯王国从立国至消亡先后共 55 年,历三世。此后几经变迁。于汉顺帝永和三年(138 年),析章安县东瓯乡置永宁县,县治设在瓯江下游北岸今永嘉县瓯北镇境内,是为温州建县之始。就建郡时间而言,温州于东晋明帝太宁元年(323 年),析临海郡南部永宁、安固、横阳、松阳四县置永嘉郡,郡治设在瓯江下游南岸(今温州市鹿城区),是温州建郡之始。唐高祖武德五年(622 年),置东嘉州。唐高宗上元二年(675 年),将永嘉、安固(瑞安)两县置温州,从此永嘉郡有了"温州"之称。泰州周时为海阳地,汉初名海陵,西汉元狩六年(前 117 年),始置海陵县,隶属临淮郡。泰州于东晋义熙七年(411 年)升为海陵郡,领建陵、宁海、如皋、临江、蒲涛五县,隶属于南兖州。南朝刘宋永初元年(420 年),领建陵、宁海、如皋、临江、蒲涛、临泽六县,仍属南兖州。隋开皇元年(581 年),废海陵郡,复称海陵县,隶属扬州总管府。唐武德三年至七年(620—624 年),称吴陵,以县置吴州。南唐升元元年(937 年),升海陵县为泰州,泰州之名由此开始,管辖海陵、兴化、泰兴、如皋、盐城等县,隶属东都府。宋初为泰州军,后仍为泰州,管辖范围仍旧,隶属淮南路。至元十四年(1277 年),改名泰州路,至元二十一年(1284 年),复称泰州,明、清沿用。

温州、泰州的人口变迁史如下。温州是一个移民城市。两晋间,北方战乱,大批北人南迁时也有一大批人口迁居温州。东晋太宁元年(323 年),永嘉郡(今温州、丽水两市)建立时户籍数和人口数分别为 6250 户、36680 人。隋大业五年(609 年),永嘉郡(今温州、台州、丽水三市)户籍数有 10542 户。因豪族地主隐漏人口,以逃严重赋税,实际人口远不止此。由于唐初奖励婚嫁、社会安定及闽人迁入、均田制(按人口授田和征调赋役)的实施,户口剧增。北宋太平兴国(976—983 年)至元丰年间(1078—1085 年),温州户籍数由 40740 户剧增至 121916 户,至南宋淳熙年间(1174—1189 年),温州户籍数和人口数再增至 170035 户、910657 人。随着元朝统治的加强,北人逐渐回归,同时统治者残酷的阶级压迫和民族歧视致使温州人口又大幅度减少。元初温州户籍数和人口数分别为 187403 户、497848 人,到(后)至元年间(1335—1340 年),温州户籍数减至 119270 户。由于元朝人口统计改为男女入册,实际人口减少要远大于此数。明初朝廷实行抑制豪强、奖励开荒、解放奴婢、提倡早婚等政策,温州人口逐渐回升。明洪武二十四年(1391年),温州户籍数和人口数分别为 178599 户、599068 人。此后,由于官府的残酷剥削导致浙南矿工长达 100 多年前仆后继的起义以及倭寇对温州长期的骚扰,温州人口又逐渐减少[1]。同样,泰州也是一个移民城市。西晋末年,北方地区人口避战乱大举南迁,至东晋、南朝 300 年间陆续迁至今长江下游皖南、苏北、赣北、赣中一带的江南地区。泰州地处长江北岸,诸多移民由于长江之隔就在泰州落户。据《泰州志》记载,其时海陵一带人口猛增几十倍。南朝刘宋时,海陵郡所辖六县共有户籍数和人口数分别为 3626 户、21666 人。隋唐时期泰州尚安定,安史之乱与唐末农民起义均未波及,这也造成了泰州人口的不断增加。如北宋端拱年间(988—989 年),泰州所辖四县共有户籍数 32471 户,崇宁元年(1102 年),户籍数增至 56972 户。南宋建炎四年(1130 年),金兵进犯中原,岳飞率军抵抗。后因泰州无险可守,岳飞便率部队退到泰兴口岸,而后又退到了阴沙(即靖江马驮沙)。不少人见这里土地肥沃、水草丰盛,便在这里安家落户。因灾荒而南迁的人数也不少。同样,从南方地区迁入泰州的也很多。如汉初东瓯王举国徙江淮间,几次移民都有一部分人散落到泰州一带。明洪武五年(1372 年),明太祖朱元璋下诏,从苏州调集了大批人口迁移到泰州区域,故而大批苏州移民迁入泰州(即"洪武赶散")。从"洪武赶散"至洪武九年(1376 年),泰州户籍数和人口数分别为 24178 户、122308 人,到了天启年间(1621—1627 年),其户籍数和人口数分别增至 29738 户、146540 人。估算明初迁至泰州的移民约为 5.3万人[2]。

从温州、泰州的历史沿革和人口变迁史来看,两个学派形成的城市都具有悠久的历史。温州文化与泰州文化都打破了区域性的文化分隔,具有极高的开放整合度,但就城市发展的规模来看,差异则很大。虽然温州的建县时间比泰州早了几十年,但建郡时间比泰州早得多,并且温州的人口规模远远大于泰州。人口的集聚必然促进工业、商贸、文化的发展,从学派产生的区域历史基础来看,温州优于泰州。从移民情况来看,温州、泰州都有因该地长期社会安定而吸引人口迁入的特点,且都大量接受过中原移民。但温州除接受两晋北方难民和金人入侵时南下北人以外,更多地接受了福建等地沿海人口的迁入;而泰州处于吴头楚尾,除接受中原移民以外更多地接受了苏州、常州等江南移民,同时还接受了不少上江移民。不同的移民组合,为两个学派思想的形成构建了不同的社会历史基础。

二、永嘉学派与泰州学派经济基础的比较

文化发展根植于经济发展之中,学派的产生同样离不开客观的经济环境。事实上,永嘉学派与泰州学派都是在当时商品经济刺激下产生的,两个学派思想也是与当时的经济发展需求相适应的。

永嘉学派所处的时代是宋代。相比较而言,宋代的商品经济发展程度要逊于明代,但由于温州地处沿海地区,土地肥沃,山海兼利,物产十分丰富,加之宋代正值温州发展的兴盛期,商品经济也有了较早的发展。据史料记载,北宋咸平二年(999 年),温州、杭州、明州(今宁波)相继被朝廷辟为对外贸易口岸。温州的水稻、柑橘、蚕桑及陶瓷、造纸、漆器、皮革、刺绣、绫、绢、绸在全国皆有一席之地,尤其是造船业名列全国之首。北宋哲宗元祐八年(1093 年),温州每年造船 600 艘,且多为运粮船、出海使船、官家游览船等大型船只。南宋迁都杭州,大批能工巧匠随之而来,温州经济空前繁荣,以"其货纤靡,其人善贾"[3] 而闻名。当时温州已是东南地区重要的工商贸易城市。而且仅永嘉县的商业税年收入为 25000 多贯,是全国各县平均商税的 7 倍。来温州经商的不仅有本国各地商人,还有日本、朝鲜、越南、泰国等国商人。南宋绍兴元年(1131 年),温州已设有市舶务,相当于现代海关,管理对外贸易事宜,这也便于温州人到国外经商创业,如周伫早在宋真宗时就乘船到高句丽经商。永嘉学派的代表人物叶适所在的瑞安在宋代是温州的重镇。瑞安的造纸业发达,湖岭、陶山素有"纸山"之称。水碓造纸作坊遍

及山村,延续至今;制瓷业发达,瓯窑产品远销海外;农业技术不断改革,龙骨水车普遍应用;柑橘等土特产品名闻全国。瑞安商品经济的发展,对年轻的叶适影响甚大,商品经济气息浓郁的永嘉事功学派在当时异军突起,也就成为极自然的事。

　　泰州学派所处的时代是明代。明代的商品经济有了较大的发展,商业活动也更加频繁。据史料记载,明永乐年间(1403—1424 年),运河沿岸的淮安、济宁、东昌、临清、德州、直沽等地,四方百货倍于往时,各地商品纷纷运来,作坊、店铺林立。在商业发达的城镇中聚集着大批商人,其中徽商、西商(又称西客、山陕商人、秦晋大贾,明清时期与徽商并雄)和"苏杭大贾"又分成各种商帮。这些商人主要从事粮食、丝棉织品、盐茶、木材和典当等行业,也有一小部分商人投资手工业和从事奢侈品贩卖[4]。这些现象的出现是商品经济迅速发展的重要标志。明代的商品经济发展还使很多工商业城镇兴起,特别在东南沿海地区,手工业作坊大量涌现,资本主义生产关系开始萌芽。当时中国的经济总量已占世界经济总量的 1/3 以上,处于世界领先地位。在正常年景,劳动者的温饱基本可以得到满足。商人阶层空前广泛,其地位也在显著上升。据史料记载,江南吴江的"绫绸之业,至明成弘以后,士人亦有精其业者,相沿成俗。于是盛泽、黄溪四五十里间,居民乃尽逐绫绸之利"[5]。同时还出现了以工商为纽带的新的雇佣关系:"农人最勤而安分,四体勤劳,终岁不休。若无产者,赴逐雇倩受值而赋事,抑心殚力,谓之忙工。"[6]之所以要从大背景考察泰州学派产生的经济环境,主要是因为泰州学派是全国性的大学派,他们的人员分布极广。加之王艮事师王阳明后,经常出入于江、浙、赣等商品经济发达、资本主义萌芽较早的地区,而且王艮北上讲学,直至京师,沿途所见所闻对他的思想都有一定的影响。泰州学派的其他代表人物如王栋、王襞、颜钧、何心隐、罗汝芳、李贽、焦竑、汤显祖、袁宏道、徐光启等都是出身于长江中下游或长江三角洲和赣水流域及东南沿海等商品经济发达的地区,他们也大多在这些地区活动。当然,古泰州是扬州以东直至海边的宽泛地带。从春秋开始煮盐,经济逐渐繁荣,宋朝进入鼎盛期,街长 5 里,商号林立,园林逾百,寺庙遍布,有城池 2 座。到了明清时期,泰州已经成为商品交换的集散地,苏北里下河地区通江达海的总门户,行商住贾聚集地及南来北往的中心。盐城、阜宁、高邮、兴化等地粮帮粮贩及农民都来泰州设行销售,上行、下行、堆栈、米厂也就应运而生。江南、江北的粮食行情,均随泰州、姜堰的粮价涨落。上海、苏州、无锡、南通等地的粮商和面粉厂争来泰州采购[7]。经济的发展、客观社会环境的刺激及王艮等人的实力,为泰州学派比较激进的启蒙思想的形成创造了前提条件。

随着工商业经济的发展及工商业主的出现,必然会产生发挥主体精神、追求人性解放和平等竞争等新的需求。永嘉学派与泰州学派代表的就是这些新兴阶层的利益。永嘉学派代表人物叶适,主要生活在商品经济相对发达的地区,直接地受到了商品经济的影响,因而其思想主要代表了新兴工商业者的利益和需求,强调事功及对工商业者的利益保护。泰州当时的工商业发达程度弱于温州,泰州学派核心人物主要生活在经济落后的苏北地区农村,因而从泰州学派核心人物的思想来看,强调"济世""实用"的思想并不多,他们倡导的主要还是一种儒学理念。

三、永嘉学派与泰州学派生存环境基础的比较

一个学派思想关注的重点总是与该学派所处的社会生活环境相关。永嘉学派代表人物叶适,一生经历南宋高宗、孝宗、光宗、宁宗四朝,其政治和学术活动则主要在孝宗至宁宗三朝。南宋王朝自建立之初就面临着尖锐的民族矛盾和阶级矛盾。宋高宗赵构对北方女真贵族的南侵,始终采取屈辱求和的政策,甚至奉表称臣,每年贡输巨额金银财物,因而也就极大地加重了对江南劳动人民的盘剥。江南广大劳动人民在连年的战乱和重税剥削下,反抗南宋黑暗统治的农民起义不断发生。赵构一方面对这些农民起义进行了残酷的镇压,另一方面向女真贵族妥协求和。这种倒行逆施,遭到了朝廷上下抗战派的激烈反对,赵构于南宋绍兴三十二年(1162年)被迫退位,传位给孝宗赵眘。孝宗继位后,有意恢复北方失地,但统治集团内部主战派和主和派之间的斗争始终十分激烈。从孝宗到宁宗赵扩,曾组织过2次北上抗金的战争,但最后都遭到失败。中原沦陷,宋朝半壁江山时有灭亡的危险,永嘉学派的志士们受到民族危亡的震撼,他们反对苟安求和,主张收复故土;反对空谈义理,敢于面对现实;认真研究对策和解决问题的方法,

在政治态度、思想方法上都与程朱理学派做了彻底决裂。从现实生活情况来看，温州位于浙江最南部，全境绝大部分是山区。南宋时期，温州就已形成人多田少的局面。当时的温州知州（州一级最高行政长官）吴咏这样形容温州农业："总一岁之收，不敌浙西一邑之赋，举全州尽熟，不如苏、湖一顿之粥。"[8]因此，温州因地制宜地发展农业和工商业。由于土地资源的稀缺，许多温州人必须在土地以外求得生存和发展。于是，温州出现了全国最早的个体工商户：机户。机户是宋代纺织业中的小型作坊或机织家庭的专称，他们以家庭为单位，生产并出卖纺织品。生存环境迫使温州人突破重本轻末的传统观念，离土离乡，从事工商业。如何促进商业发展也就成了永嘉学派关注的兴奋点。因此，瓯越之地较早地形成了商业文化。

明朝封建统治阶级日趋腐败，因皇帝长期不理朝政，以致出现了宦官专权的局面。明朝中期，赋税和徭役繁重，原来开垦出的"永不起科"的土地，景泰时已全部征收赋税。当时曾流传这样两首歌谣："一亩官田七斗收，先将六斗送皇州，止留一斗完婚嫁，愁得人来好白头。""为田追租未足怪，尽将官田作民卖，富家得田民纳租，年年旧租结新债。"[4]这两首歌谣揭示了封建统治者的残酷，也反映出人民的悲愤。加之土地兼并、统治阶级腐败、战乱不息等因素，人民困苦不堪，纷纷逃亡。据史料记载，明太祖洪武三十六年（1403年），全国约有60540000人，至明孝宗弘治元年（1488年），只剩50200000人，大量农民被迫投靠富豪势要或辗转流亡[4]。明朝时期，人民均缺乏安定的社会生活环境。就泰州而言，其历史上的鼎盛，是从盐业开始的。据《两淮盐法志》记载，嘉庆七年至宣统三年年间（1802—1911年）的4次统计，两淮共产盐84.6万吨，其中泰州中十场产盐49.7万吨，占两淮总产量的58.7%。延续至清代中期，泰州盐业生产仍在全国占据重要地位[9]。然而，泰州制盐虽然兴盛，但盐民的生活却十分悲苦。泰州学派代表人物王艮的学生吴嘉纪有一首诗，真实地反映了盐民的悲惨生活，即"白头灶户低草房，六月煎盐烈火旁。走出门前炎日里，偷闲一刻是乘凉"[10]。此外，王艮及许多弟子所生活的泰州地区，水、旱、虫、震灾害不断。事实上泰州学派的许多学者都是盐民出身，王艮就是一个"灶丁"（烧盐工），亲身感受到了贫困和被压迫、被剥削的痛苦，也促使泰州学派的学者们对民众的疾苦更为关切,并立志做有作为的"大丈夫",通过所创理论的宣传教育救民于水深火热之中。

显然,温州、泰州恶劣的社会生活环境形成的根本原因相同——封建制度和剥削者的本性,但具体原因和表现形式又有所不同。永嘉学派更多面对的是战乱、贫苦百姓创业的艰难及工商业者的被压制、被剥削;而泰州学派面对的是统治者的剥削、自然灾害。因此,永嘉学派与泰州学派研究的方向有所区别。恶劣的社会生活环境使永嘉学派产生了讲求实利功效、发展商业、保护商人等实学思想;恶劣的社会生活环境使泰州学派产生了尊身尊道、保身安身、百姓日用即道等新的启蒙思想,他们在代表新兴阶层利益的同时,更多地关注了普通百姓的利益。

四、永嘉学派与泰州学派学术思想基础的比较

虽然永嘉学派与泰州学派形成的历史基础、经济基础、生存环境基础相差无几,但其学术思想基础有很大的不同。

永嘉学派的学术思想并不是一脉相承的,而是多种学派的综合。一般认为,其学术思想起于学宗二程,近起于北宋"皇祐三先生"(即林石、王开祖、丁昌期)和元丰、元祐年间的"元丰永嘉九先生"(周行己、许景衡、沈躬行、刘安节、刘安上、戴述、赵霄、张辉、蒋元中)。"元丰永嘉九先生"先后在太学读书,后受业于洛阳程颐,他们把新学、洛学、关学带回浙东,为永嘉学派的创立奠定了思想文化基础,特别是周行己、许景衡对永嘉学派影响最大。周行己曾在温州松台山附近建浮书院,讲学授徒。他首先把洛学、关学带回温州,对永嘉学派和叶适思想的形成起了重大作用。除了"皇祐三先生""元丰永嘉九先生"之外,对永嘉学派影响比较大的还有郑伯熊。叶适在《水心文集》二十一卷《郑景元墓志铭》中说:"推性命微眇,酌今古要会,师友警策,惟统纪不接是忧,今天下以学名者,皆出其后也。"[11]郑伯熊德行夙著,邃于经学,与薛季宣并以学行知名,著有《敷文书说》。陈亮所撰序谓:"(郑)与其徒读书之余,固为之说,其亦异乎诸儒之说矣。至其胸臆之大,则公之所自知与明目者之所能知。"[11]可见,该书在当时是极具原创性的。《宋史·陈傅良传》载:"永嘉郑伯熊、薛季宣皆以学行闻,而伯熊于古人经制治法讨论尤精,傅良皆师事之。"[11]《敷文书说》给了永嘉学派后学以极深影响,如金华学派以吕祖谦为代表。金华学派规模宏大,探性命之本,贵涵养实践,学术力主"明理躬行",强调经世致用,反对空谈物理心性,注重治乱兴衰和典章制度,趋于事功。吕祖谦在浙东讲学,生徒甚众,兼治经史,声名昭著,教人必以"致用"为事。他与永康、永嘉等学者至交,又同朱熹等理学家友善,与朱熹、张栻齐名,时称"东南三贤"。吕祖谦在所上札子中说:"不为俗学所汩者,必能求实学;不为腐儒所眩者,必能用真儒。"在《与内兄曾提刑》中提倡"学者以务实躬行为本";在《太学策问》中提倡"讲实理、育实才而求实用",并主张"学者须当为有用之学"[12]。永康学派以陈亮为代表。陈亮气节高迈,终生极论时事,倡导经世济民的"事功之学"。虽然陈亮的观点颇多新见,但其学说不够系统。当时出生于温州瑞安县的学者和思想家叶适,集中了金华学派、永康学派的思想精华,并与他所倡导的"事功之学"相融合,加以丰富和提炼,形成了一种务求实效的思想体系,继而使永嘉学派成为南宋时期能够与当时占主导地位的理学相对峙的思想流派。

泰州学派学术思想是在以王艮为先师后人的基础上继承与发展的。泰州学派学术思想主要来自3个方面:一是王艮自学的儒家经典。王心斋先生在《年谱》上记载,王艮二十三岁时,"客山东、过阙里,谒孔圣及颜、曾、思、孟诸庙,瞻拜感激,奋然有任道之志,归则日诵《孝经》《论语》《大学》,置其书袖中,逢人质义"[13]。从以上叙述可以看出,对于儒家经典王艮主要靠自学。王艮在成为王阳明弟子以前,儒家的经世哲学是他的指导思想。泰州学派理论独创的核心标志是王艮的"淮南格物"思想。"淮南格物"思想在王艮求学于王阳明之前就已经形成、成熟、定型。在投王阳明门下之前,王艮即以"格物之说"授人。从其后王艮的言行来看,王艮不仅没有忘记、抛弃"淮南格物"思想,反而始终坚持它。王栋说"先师之学,主于格物"[14];其门人赵贞吉说"以格物为要"[13],耿定向亦说"其旨归以格物知本为要"[13]。二是王艮承接了王阳明的一部分心学思想。王艮是明正德十五年(1520年)38岁时拜王阳明为师的。王阳明的核心思想是心学思想。王阳明的心学思想虽然在主观上是为了巩固封建社会秩序,且他所提倡的"心外无理""心外无物""心者,天地万物之主"的世界观,是从根本上颠倒了物质与精神的关系,但他强调了主观精神的作用,突破了"天理"一统的局面,有助于破除封建名教的束缚,起到了促进思想解放的作用。这对泰州学派来说有着极大的影响。三是王襞接受了浙江王龙溪、钱绪山等人的思想。据史料记载,王襞9岁起跟随父亲至会稽,游学于王守仁门下。在会稽学习10年后回到安丰场议婚娶妻。但结婚不足半年,王襞又到王守仁处学习8年。在浙江从学王守仁期间,王襞曾"师事绪山钱公,龙溪王公,就正所学"[14]。王守仁去世后,王襞回到泰州从学于父亲,因而王襞既得王守仁、王龙溪、钱绪山之学,又"独得先公之传"[14]。可以说,王襞的思想虽然更多地受到了王良的影响,但浙江王守仁、王龙溪、钱绪山等人的思想给王襞烙下的印记也是非常深刻的。这为泰州学派的创立奠定了一定的思想基础。同时,王良在世时,王襞就收徒任教,王良的许多学生也都是王襞的学生,王龙溪、钱绪山等人的思想通过王襞的宣传教育对泰州学派后学以极大的影响。总之,永嘉学派与泰州学派的共同特点是注重务实、讲求事功、强调经世致用,但两个学派却有着显著的区别。永嘉学派是自宋代以来反传统思想与务实精神的集中体现,是中原文化的发展流变与东南地域社会经济结合的产物。

[参考文献]

[1] 俞光."世界人口日"话人口——古代温州人口知多少[N].温州日报,2002-07-10(1).

[2] 佚名.泰州志[M].道光刻本.泰州图书馆藏.

[3] 冯克诚,田晓娜.中国通史全编(中册)[M].西宁:青海人民出版社,2000.

[4] 汪传发.民本思想的近代转换——试论泰州学派的平民意识及其意蕴[C]//周琪.泰州学派国际学术研讨会论文集.南京:江苏古籍出版社,2001:92.

[5] 王鏊.姑苏志(卷十三)[M].上海:商务印书馆,1937.

[6] 徐金城,张剑.泰州史话[M].南京:江苏文艺出版社,2007.

[7] 吴松弟.温州精神起源——宋代人就有"温州精神"[EB/OL].(2007-

04-29)[2009-06-15]. http://razx. cn/dj/ShowArticle. asp.

[8] 吴克嘉. 吴盐如花皎白雪——话说历史悠久的泰州盐文化[EB/OL]. (2006-03-01)[2009-06-15]. http://www. xici. net/b262698/d35161140. htm.

[9] 周右. 东台县志(卷十八)[M]. 清嘉庆刻本. 兴化馆藏,1817.

[10] 叶适. 郑景元墓志铭[M]//水心文集(卷二十一). 民国上海涵芬楼影印本.

[11] 叶坦. 宋代浙东实学经济思想研究——以叶适为中心[EB/OL]. (2008-06-22)[2009-06-15]. http://lunwen. 5151doc. com/Article/html/105-267_8. html.

[12] 王艮. 明儒王心斋先生遗集[M]. 明刻清修本. 泰州图书馆藏.

[13] 王栋. 明儒王一庵先生遗集(卷一)[M]. 明刻清修本. 泰州图书馆藏.

（原刊于《温州职业技术学院学报》2009 年第 4 期）

论张璁的礼学思想

胡珠生

【摘　要】永嘉学派以经制治法之学著称于世,三礼之学成就突出。张璁在这一学术传统熏陶下精通礼学,恰逢时代需要,脱颖而出,成为一代礼学大师。其治学方法是考经据礼,援古证今;名必当实,不可强为;明辨异同,实事求是。其礼学思想认为,礼源人情,不可违反人情;礼就是理,不可强词夺理;礼应随时损益,不可固执不变;议礼者应守正秉诚,以身作则。为了革新政治,托祖训改制,张璁提出修举祖宗法,嘉靖初年的中兴正是来源于这一礼学思想的实践。

【关键词】张璁;嘉靖嗣位;大礼议;礼学思想;治礼方法

　　永嘉学派渊源于北宋元祐年间(1086—1093 年),盛行于南宋乾道、淳熙之际(1165—1189 年),以经制治法之学著称于世。而三礼之学研求立国建制、社会习俗和人伦规范,是经国济世、实践致用之学,历来被看作经制治法之学的基础。

　　《周礼》学有王十朋、陈尧英、薛季宣、陈傅良、徐元德、陈谦、叶适、杨恪(谨仲)、陈汲(及之)、郑伯谦(节卿)、曹叔远、戴仔、陈汪(蕴之)、李嘉会(子华)、王与之、王奕、胡一桂等多家,其中陈傅良《周礼说》、郑伯谦《太平经国之书》和王与之《周礼订义》最为著名;《仪礼》学有张淳《古礼》、叶味道《仪礼解》、苏文洪《古礼书叙略》等;《礼记》学有周行己《礼记讲义》、戴溪《曲礼口义》《学记口义》、徐自明《礼记说》、陈埴《王制章句》、缪主一《礼记通考》、郑

————————
作者简介:温州市博物馆研究员。

朴翁《礼记正义》等。这一深厚的学术积累对后人产生了巨大的影响。明嘉靖年间（1522—1566年），首辅张璁就是在这一优秀传统熏陶下成长起来的一代礼学大师。

张璁（1475—1539年），字秉用，号罗峰，嘉靖十年（1531年）经世宗赐名孚敬，字茂恭，温州府永嘉县（今温州市龙湾区）人。家世务农，未曾出仕。自幼聪敏好学，十三岁《题族兄便面》有"肯使天下苍生苦炎热"[1]句，抱负不凡。九岁丧母，其父勤劳俭朴，急公好义，耳濡目染，养成刚毅果敢、廉洁自持、不畏权势的性格。十五岁拜进士李阶为师，学习时文诗赋，学业大进。弘治七年（1494年）二十岁，考取府学生员，十一年（1498年）中举。此后直至正德十二年（1517年），七次赴考，均未考取。次年在瑶溪山中筑罗峰书院，聚集生徒讲学。据其自述，"自少业举子时，即好读礼经"，"平生精力悉在于是"[1]（《〈礼记章句〉序》）。书院讲学，仍以礼学为主，课徒之余，撰著《礼记章句》八卷、《周礼注疏》十二卷、《仪礼注疏》五卷。这表明张璁礼学功底已极深厚，大礼议之争由张璁破土而出，决不是偶然的。正德十五年（1520年）礼部会试中试，次年殿试进士及第，迈入仕途，才得施展抱负，时年四十七岁。

一、大礼议

正德十六年（1521年）三月十四日，武宗朱厚照（1491—1521年）死于豹房，遗诏云："皇考孝宗敬皇帝亲弟兴献王长子厚熜，聪明仁孝，德器凤成，伦序当立，已遵奉祖训兄终弟及之文，告于宗庙，请于慈寿皇太后与内外文武群臣，合谋同词，即日遣官迎取来京嗣皇帝位。"[2]首辅杨廷和、礼部尚书毛澄等朝臣根据宗法制度（皇嫡长子是大宗，是帝统，其他皇子是小宗旁支，小宗必须过继给大宗才能继承帝统），并按照汉、宋先例（汉成帝立侄定陶王为皇太子，尊生父恭王为皇叔父；宋英宗以濮安懿王之子入继仁宗，称生父濮安懿王为皇叔父）来对待嗣位的礼制，称"继统必继嗣"。这样朱厚熜（后谥世宗）要称生父之兄孝宗为父，反而称生父兴献王为叔。当世宗抵京后，见礼官"具仪请如皇太子即位礼"，即告右长史袁宗皋说"遗诏以我嗣皇帝位，非皇子也"[3]（《世宗纪》），坚决反对。其生母从安陆赴京师，"至通州，闻考孝宗,恚曰:安得以吾子为他人子,留不进。帝涕泣,愿避位"[3](《睿宗献皇帝传》)。从此开始了世宗和杨廷和等朝臣的对峙。世宗感情上接受不了反父为叔,年仅十五岁,政治上尚未成熟,处于恳求的被动状态;杨廷和等朝臣既有策立功勋,又凭汉、宋事例,且有程颐《濮议》"为人后者谓所后为父母,而谓所生为伯叔父母"的理论为据[3](《毛澄传》),对世宗的要求不予考虑,坚持"继嗣"不变,甚至成为举朝共识。

在此关键时刻,精通礼学的张璁正在礼部观政,迅即发现世宗的嗣位和汉、宋成例情况不同,告诉同乡的礼部左侍郎王瓒说:"帝入继大统,非为人后,瓒微言之。"首辅杨廷和"恐其挠议"[3](《杨廷和传》),四月三十日,"王瓒议礼被劾,改南京"[2]。《明史》评杨廷和:"诛大奸,决大策,扶危定倾,功在社稷。""正德中蠹政釐抉且尽,所裁汰锦衣诸卫。内监局旗校工役为数十四万八千七百,减漕粮百五十三万二千馀石,……中外称新天子圣人,且颂廷和功。"[3](《杨廷和传》)由于杨廷和等主政深得人心,于是"大礼之议,杨廷和为之倡,举朝翕然同声"[3](《毛澄等传赞》)。这就使得大礼议的争论超越本身的性质,成为广大朝臣压制少数异议之士的一场激烈的政治斗争。七月一日,张璁为了忠心报国,不顾王瓒改官的打击,毅然第一个上疏议大礼,"言继统不继嗣,请尊崇所生,立兴献王庙于京师"[3](《世宗纪》)。世宗看后高兴地说:"此论出,吾父子获全矣。"[3](《张璁传》)随即派司礼太监携疏告杨廷和:"此议遵祖训,据古礼,宜从。"杨廷和冷冷地回答:"秀才安知国家事体。"[3](《杨廷和传》)前大学士杨一清态度比较客观,看到章疏后,"寓书门人乔宇曰:张生此议,圣人复起不能易也"[3](《杨一清传》)。这就显示张璁的礼学,一旦与现实问题相结合,就能迸发出耀眼的光芒,获得客观的认同。十月初一,世宗奉张太后命,"追尊父兴献王为兴献帝,祖母宪宗贵妃邵氏为皇太后,母妃为兴献后"[3](《世宗纪》)。于是兴献后才于十月初三到达京城。十一月二十五日,张璁排除阻力,第二次上疏,附上全面阐述论点的《大礼或问》,"而主事霍韬、桂萼,给事中熊浃议与璁合,帝因谕辅臣杨廷和、蒋冕、毛纪,帝后加称皇,廷和等合廷臣争之未决"[3](《睿宗献皇帝传》)。十二月,为了去除隐患,杨廷和授意吏部调走张璁,改任南京刑部山西清吏司主事。

嘉靖元年(1522 年)正月十一日,清宁宫大灾,杨廷和等"引五行五事为废礼之证,乃辍称皇,加称本生父兴献帝,尊园曰陵,黄屋监卫如制,设祠署安陆"[3](《睿宗献皇帝传》)。但世宗仍不满意。嘉靖三年(1524 年)正月廿一日,南京刑部主事桂萼上疏,并附席书、方献夫二疏,请求速发明诏,循名责实以定大礼议。二月十一日,杨廷和致仕,三月,张璁和桂萼、黄绾、黄宗明联疏奏请明父子大伦和继统大义,去"本生"之称。四月十一日奉召赴京,行至凤阳得敕"不必来京",遂和桂萼再次上疏极论两考(既考孝宗,并考兴献帝)之误,未几又奉召赴京集议,五月二十四日抵京师,朝臣侧目而视,给事中张翀等扬言要"扑杀"(《张翀传》)二人[3]。正是"生死在于呼吸,身家危于旦夕"[1](《再辞陈情》)之时。桂萼惧不敢出,武定侯郭勋"奏其事,上夜召见璁曰:祸福与尔共之,如众汹汹何!"[2](《世宗嘉靖三年》)此后,君臣相得,从根本上扭转了政局,大礼议的人为障碍也就迎刃而解了。六月十三日,张璁、桂萼升翰林学士,方献夫为侍讲学士。吏部尚书乔宇上疏反对,杨廷和之子翰林修撰杨慎偕同列三十六人上奏:"与萼辈学术不同,议论亦异","不能与同列"。结果乔宇夺职,杨慎等被"切责、停俸有差"[3](《杨慎传》)。七月十二日,世宗从张璁议,在左顺门召见群臣,宣诏生母章圣皇太后尊号去"本生"二字,群臣上书反对,章上不理。十五日朝罢,修撰杨慎、检讨王元正、给事中刘霁、安磐、张汉卿、张原、御史王时柯等七人纠众伏阙哭,从者二百三十一人。世宗遣司礼监谕退两次,仍旧"撼门大哭",遂下令镇压,马理等一百三十四人下狱,王思、王相、裴绍宗等十六人被杖死,杨慎、王元正等七人被廷杖,张原杖死,杨慎、王元正、刘霁充戍,其余三人削职为民①。九月四日,张璁、席书(礼部尚书)、桂萼、方献夫奉诏集群臣于阙右门,议所下留中的大礼疏,议毕,上疏定名号。十五日"颁诏布告天下"[2](《世宗嘉靖三年》)。大礼告成。后世史家评论杨廷和、毛澄等"徒见先贤大儒成说可据,求无得罪天下后世,而未暇为世宗熟计审处,准酌情理以求至当,争之愈力,

---

① 《明史》卷十七《世宗纪》嘉靖三年、卷一百九十二《杨慎等传》,参明《世宗实录》卷四十一嘉靖三年七月癸未(二十日)条、辛卯(二十八日)条。《明史纪事本末》卷五十《大礼议》。

失之愈深,惜夫!"[3]（《毛澄等传赞》）评论"大礼之争,群臣至撼门恸哭,亦过激且戆矣!"[3]（《杨慎等传赞》）评论张璁、桂萼等"议尊兴献帝,本人子至情,故其说易入,原其初议,未尝不准情理之中"[3]（《张璁等传赞》）。大礼尽管仍然带有传统偏见,但否定杨廷和等的继嗣说,肯定张璁等的继统说已成为公认的结论。

二、治礼方法

张璁一开始就能提出有理有据的《正典礼疏》,得到世宗和杨一清的重视和赞赏,在以后的多次制礼中,同样都能提出比较确切合理的方案,这与他严谨的治礼方法是分不开的,其治礼方法特点如下:

一是考经据礼,援古证今。在《正典礼第一疏》中,张璁提道:"以皇上为入继大统者,臣等考经据礼之论也。"[1]（《正典礼第四》）在《乐舞议·再议》里,则又提道:"臣已援古证今,反复明辨其非矣。"[1]（《再议》）前者所考的经指"《记》曰:'君子不夺人之亲,亦不可夺亲也'"[1]（《正典礼第三》）。所据的礼指"程子曰:礼,长子不得为人后。若无兄弟,又继祖之宗绝,亦当继祖"[1]（《大礼或问》）。证明世宗作为兴献王的长子（实为独子）,不可以孝宗为父,"考孝宗",就夺兴献王之亲。后者据《尚书·大禹谟》所说的"舞干、羽于两阶"。因为"干戚,武舞也;羽籥,文舞也。观此可见古之天子皆用文舞、武舞者也"。又据《邶诗》曰"简兮简兮,方将万舞",《鲁记》曰"壬午犹绎,万入去籥"。

"宋儒朱熹云:'万者'舞之总名,文用羽籥,武用干戚。'观此'可见古列国诸侯皆用文舞武舞者。"[1]（《乐舞议》）由于古代天子和列国诸侯都并用文舞和武舞,"汉人所谓文始、昭德者固未尝无武舞","国朝制度虽王国宗庙亦未尝去武舞",许多古今事例足以证明"初议者于八佾之乐减去武舞,止用文舞,谬引汉景之昭为证"[1]（《再议》）,是站不住脚的。

二是名必当实,不可强为。在《庙议第一》中,张璁提到"名必当实,不可强为"。他认为世宗之父兴献王和汉定陶王,生前都未做皇帝,"昔汉哀帝追尊父定陶共王为共皇帝,立寝庙京师,序昭穆仪如孝元帝",被认为"干纪乱统,人到于今非之"。现在光禄寺署丞何渊竟然"请入献皇帝主于太庙",太庙是历代皇帝神主依传位次序安放之处，"孝宗之统传之武宗，序献皇帝于武宗之上，是为干统无疑。武宗之统传之皇上，序献皇帝于武宗之下，又于继统无谓"。说到底，未做皇帝的献皇帝在太庙里没有合法的位次，因此，只好"别为兴献王立庙京师"，只好"别立祢庙，不干正统"[1]（《庙议第一》）。否则，名不当实，必遭后世非议。在奉命撰修《祀仪成典》时，发现"孔子祀典之紊，实起于谥号之不正"。孔子生前未曾为王，所著《春秋》，首尊周王，而诸侯僭称王号者"必特书诛削之"，因此，古学宫之祭孔子，尊为"先圣先师"，"而未尝有王号"。从唐玄宗追谥孔子为文宣王，宋真宗加至圣文宣王，元武宗加大成至圣文宣王，至今"未之厘正"，名实不符。这种"使孔子受此诬僭不题之名"，"实诬孔子也"[1]。于是建议"复孔子先圣先师之称"[1]（《议孔子祀典第二》）终于文庙祀典得到彻底的改正："文庙像改木主，笾豆十，乐八佾。削封爵，称先贤先儒，罢申党、公伯僚、秦冉、颜何、荀况、戴圣、刘向、贾逵、马融、何休、王肃、杜预、吴澄，祀林放、蘧瑗、卢植、郑玄、服虔、范宁于乡，增后苍、王通、欧阳修、胡安国、蔡元定。""叔梁纥、颜路、曾皙、孔鲤另祀侑食。"[2]（《世宗嘉靖九年》）

　　三是明辨异同，实事求是。在《正典礼第二》中，张璁两次提到"据礼书别异同，明是非"议及嘉靖帝嗣位性质，有统、嗣之别和继统、继嗣之争。他认为"统乃帝王相传之次，而嗣必父子一体之亲也。谓之统则伦序可以时定，谓之嗣则天恩不可以强为矣，今之议者不明统、嗣二字之义，而必以为嗣谓之继统，且曰帝王正统，自三代以来父子相承，厥有常序。曾有自三代以来之正统必一于父子相承者哉？盖得其常则为父子，不得其常则有为兄弟，为伯叔侄者也。此统所以与嗣有不同也"。进而质问："果若人言，则皇上于武宗兄弟也，固谓之父子也；于孝宗伯侄也，亦谓之父子也；于兴献王父子也，反不谓之父子而可乎？"特别是："汉之哀帝、宋之英宗，乃定陶王、濮王之子，当时成帝、仁宗无子，皆预立为皇嗣而养之于宫中，是尚为人后者也。"[1]（《正典礼第二》）相反，皇上奉武宗遗诏入继大统，"初未尝明著为孝宗后，比之预立为嗣、养之宫中者，其公私实较然不同矣"[1]（《正典礼第一》）。议及兴献王别立庙于京师，牵涉墓、庙之别。认为"墓与庙不同也"。"墓所以藏其体魄，而庙所以奉其神灵者也，故墓可以代守，而庙不可以代祀者也。立

庙京师,崇四时之祭,顺孝子之心也。"[1]《正典礼第二》终于嘉靖四年
(1525年)三月二十一日(庚辰)"作世庙祀献皇帝"[3]《世宗纪》。议及章
圣皇太后谒世庙仪,牵涉庙、殿之别。张璁认为明太祖所定礼制中的皇后谒
庙之礼,"所谓庙者,太庙而已。后建奉先殿以便朝夕朔望致敬之诚,其中设
神位,无神主,是殿也,非庙也"。进而据"妻从夫""妇见舅"之义,建议"命礼
官参酌具仪,章圣皇太后、中宫皇后是日先见太庙以补前礼之缺,次谒世庙
从成今礼之全"[1]《谒庙及奉安神主议》。终于嘉靖五年(1526年)九月十
九日(己亥)"章圣皇太后有事于世庙"[3]《世宗纪》。张璁由于考虑问题能
从实际情况出发,辨异同,明是非,论议极具说服力,所议诸礼除天子为后
服、郊祀和禘礼①等外,大都被采纳推行。

三、礼学思想

张璁自称"本章句之儒"[1]《再请给假》,所著《礼记章句》《周礼注疏》
《仪礼注疏》早已失佚,因此,他对古礼的搜求和解读所做的贡献已难探究。
除了对三礼做过系统整理外,他还精通星历象纬之学,以至受到谈迁的称
赞:"永嘉议礼,能以辨博济其说,即论星历,亦援据不穷,其见知于上,非偶
然也。"[2]《世宗嘉靖六年》现在就散见于奏疏和文稿等礼学著作,概述张
璁礼学思想特点如下:

一是礼缘人情说。嘉靖初年议礼双方都据《礼记·乐记》中"先王本之
情性,稽之度数,制之礼义"来立论。礼部尚书毛澄说:"先王制礼本乎人情,
武宗既无子嗣,又鲜兄弟,援立陛下于宪庙诸孙之中,是武宗以陛下为同堂
之兄弟,考孝宗、母慈寿,无可疑矣,可复顾私亲哉!"[3]《毛澄传》所本的是
武宗的人情。南京兵部右侍郎席书则说:"礼本人情,陛下尊为天子,慈圣设
无尊称,可乎?故尊所生曰帝后,上慰慈闱,此情之不能已也。"[3]《席书
传》所本的是世宗的人情。实际上,《礼记·乐记》原意是"本情性制礼义",
故"礼本人情"属于断章取义。忽略了"性"和"义",必然会导致曲解,张璁的

---

① 天子为后服见《国榷》卷五十四《世宗嘉靖七年》九月乙未条,郊祀见《国榷》卷五
十四《世宗嘉靖九年》二月癸酉条,禘礼见《国榷》卷五十五《世宗嘉靖十年》二月癸酉条。

议礼论著显然严谨得多。在《正典礼第一》中引用古礼佚文:"《记》曰:礼非从天降也,非从地出也,人情而已矣。"以明"圣人缘人情以制礼,所以定亲疏,决嫌疑,别异同,明是非也"。进而论证"在皇上谓继统武宗而得尊崇其亲则可,谓嗣孝宗以自绝其亲则不可"[1]。这就把《礼记》关于礼和人情关系的多种提法①统一于权威的古礼之下:礼缘于人情。但制礼必须合义,不能据单方的人情立论。《旧唐书·崔祐甫传》载:"祐甫云:'《左传》云委之三吏则三公也,吏称循吏、良吏者,岂胥徒欤!'(常)衮曰:'礼非天降、地出,人情而已,且公卿大臣荣受殊宠,故宜异数。今与黔首同制,信宿而除之,于尔安乎?'"[4]足以表明这条古礼佚文,唐朝时已深入人心。张璁《礼记章句》对古礼的搜求,可见一斑。

二是礼就是理说。张璁之所以没有采用"礼本人情"的绝对性说法,在于"礼从义起"[1](《谒庙及奉安神主议》),礼制的是非有其客观的评定标准。他赞同《礼记》的两条古义:"礼也者,理之不可易者也。"(《乐记》第十九)"礼也者,理也;乐也者,节也;君子无理不动,无节不作。"(《仲尼燕居》第二十八)肯定礼就是理,不合理的就是非礼,一则说:"夫礼也者,理也,天下之中正也,不及不可,过亦不可也。"[1](《庙议第二》)再则说:"以皇上为入继大统者,臣等考经据礼之论也。人之言曰:两议相持,有小大,众寡不敌之势,臣等则曰:理而已。"[1](《正典礼第四》)三则说:"不求同俗而求同理也。"[1](《正典礼第二》)为了发挥礼就是理的理论威力,张璁把理提升到"天下之公"[1](《正典礼第三》)的高度,把大礼的合理性交给公众来评定。建议"皇上何不亲御朝堂,进群臣推诚而询之"。"何不告天下万民,推诚而询之曰:朕以宪宗皇帝之孙,孝宗皇帝之侄,兴献帝之子,遵高皇帝兄终弟及之训,武宗皇帝伦序当立之诏,迎取来京嗣皇帝位,则朕实为入继大统,非为人后者也,初议称孝宗皇帝为皇考,慈寿皇太后为圣母,兴献帝、兴国太后为本生父母,朕未及思,遽诏天下,顾兹有乖纲常,不成典礼,今当明父子之大伦,伸继

---

① 除上引《乐记》外,《礼运》提到"礼必本于大一""礼必本于天""礼不本于义,犹耕而弗种也""故圣王修义之柄,礼之序以治人情",《礼器》提到"礼之近人情者非其至者也"等。

配之大义,改称皇伯考孝宗敬皇帝、皇伯母慈寿皇太后;皇考兴献帝、圣母皇太后去'兴国'字。此万世典礼,凡尔山林耆旧,盍各念父子之亲,怀君臣之义,其与朕共明公义于天下。"[1](《正典礼第四》)世宗采纳该议,于嘉靖三年(1524 年)九月十五日颁诏布告中外。在封建等级观念根深蒂固的年代,能够根据《周礼·大宰》"以和邦国,以统百官,以谐万民"的经义,向群臣和天下万民征询意见并公布定议,确实难能可贵,是礼就是理说在实践上的重大发展。

三是随时损益说。《礼记·礼器》提到"礼,时为大,顺次之",并以"尧授舜,舜授禹,汤放桀,武王伐纣,时也"加以诠释,这就表明礼制要适应时代的变动,不能拘守旧典不变。张璁正是依据这一经义,批评"拘执汉定陶王、宋濮王故事"的"朝议","不稽古礼之大经而泥末世之故事,不守祖宗之明训而率曹魏之旧章","未免胶柱鼓瑟而不适于时"。从而建议:"今日之礼,宜别为兴献王立庙京师,使得隆尊亲之孝,且使母以子贵,尊与父同,则兴献王不失其为父,圣母不失其为母矣。"[1](《正典礼第一》)在《家庙议》里,张璁胪举古今庙制变迁的经过,至"五代荡析,庙制遂绝"。古制天子七庙,诸侯五庙,大夫五庙,今制天子九庙,"卿大夫若拘古三庙之制,则止祭及曾祖,不得及高祖矣"。参以程颐所说"高祖自有服,不祭甚非",终于得出结论"考之礼经,参以诸儒注疏之说,然后知古今异宜。礼缘人情,固当随时为之损益,不可胶于一说也"。[1](《家庙议》)礼制必须适应社会变动,及时进行修订的论点,是大礼议中击败墨守派的关键,是张璁礼学思想的精华所在。

四是守正秉诚说。张璁以"礼义廉耻,人臣立身之大节"[1](《辞内阁首任》)自律,向世宗表明自己的信守"守正秉诚,惟知有君"[1](《再辞陈情》)。"愿为忠良之臣,不愿为宠幸臣。"[1](《三辞》)并认为正己才能正人:"大臣进退以道,则小臣皆知礼义廉耻之为重,故君德隆而国势尊。"[1](《再陈休致》)"未有己不正而能正君以成天下之治者。"[1](《严禁约》)他说过"三让而进,一辞而退,大臣之道也"[1](《再陈休致》)。他就是这样做的,《奏疏》中"辞升翰林学士"达五次,"辞免升(礼部尚书兼文渊阁大学士入内阁)职"达三次,共辞十五次,乞休十次。首辅杨一清以赃迹显著而被议处,张璁"自讲礼以来,攻击之章无虑百千万言,终莫有以贪污加臣者"[1](《再辞陈情》)。嘉靖四年(1525年)十二月,张璁升任詹事府詹事。次年二月二十四日,鉴于议礼诸臣"尚有充军如学士丰熙、郎中余宽等者,为民如给事中安磐、张汉卿等者,降调如修撰吕柟、编修邹守益、御史马明衡、季本、陈相、段续、主事侯廷训、评事韦商臣等者,伏罪有怨,已逾三载"。与桂萼等上疏请加宽宥,"乞敕该部将前项言礼放斥诸臣查处,或矜其情而宽其法,或谅其心而复其官"[1](《论解言礼诸臣》)。结果吏部尚书廖纪开列丰熙、杨慎、张汉卿等四十七人上报,世宗不许。御史冯恩上疏极论张璁等之"奸"[3](《冯恩传》),秦镗曾言大礼,均曾论张璁等"罪过",张璁以"冯恩系言官,杀之恐诤臣因而杜口",秦镗"尝作《大礼备辩》,实欲干进"。"昔本求官,今乃灭命,故臣以二人之罪俱在可矜。"世宗以为"坚欲回护"。[1](《救张廷龄第三、救张廷龄第四》)可见,《明史·张璁传》所谓"报复相寻,不护善类"是不实之词①。嘉靖六年(1527年)十月初四,张璁升任辅相,下旬即上疏请严内阁禁约,提出:"臣平生之志不在温饱,今以身许国,安复有家。兹凡各衙门事务在臣当与闻者,止应议于公朝,不得谋于私室。如有贤士当接及以善言相告以广忠益者,自宜礼见公署。其有候门投送私书兼行馈谒者,乞敕缉事衙门访捕拿问。又臣二亲俱背,一子自随,但籍属颇众,亦当预防。宋范质为相,尝有戒子侄之诗,臣已刊示,仍恐间有未能体臣之心、遵臣之训者,有司当绳以法,勿得容情。谨候命下之日,本院转行原籍禁谕,庶得杜绝敝风,保全名节,以自加绳愆弼违之功,以服膺皇上忠良贞一之训也。"[1](《严禁约》)并于十一月二十一日会合议礼升擢的桂萼、方献夫、霍韬、黄绾和熊浃等五人于东阁,勉以忠心从公:"伏遇圣明,作之君师,以定一代纲常,吾辈幸免获罪,敢复论功!""吾辈若不能平其心思,公其好恶,各修本职,以佐收治平之功,是负吾君,获罪于天矣。决当先蒙显戮,不得善终者也。"会毕,"俱警省而退"。[1](《公职守》)可见,张璁确实做到了守正秉诚,严以律己。《明史·张璁传》所谓"欲力破人臣私党,而己先为党魁"之论,同样与事实不符。

---

① 《瓯东私录》卷六载:王给事崇在陕西主考,出题"四罪而天下咸服",汪鋐以其指己和张璁,告璁"欲去崇"。张璁以汪为呆子,"彼自出题耳,尔非四凶,安得即与招认","竟不去崇"。也可参考。见方长山、魏得良点校《项乔集》第789页,上海社会科学院出版社2006年版。

五是修举祖宗法说。从议大礼以来，因得世宗信任，从翰林学士升詹事府詹事，拜兵部侍郎，掌都察院，进礼部尚书文渊阁大学士入阁办事，升吏部尚书兼谨身殿大学士，至嘉靖八年（1529 年）九月三十日进内阁首辅，历经许多重要府部。张璁发现这些部门"官非其人，法多废弛"[1]（《申明〈宪纲〉》）。"每年进表，三年朝觐，官员往往以馈送京官礼物为名，科派小民，箠挞诛求，怨声载道。"[1]（《禁革贪风》）"奸人鄙夫占据内阁，贪污无耻，习以为常"，以致"彼此行私，无所讳忌。如吏部行取某官，必某主张某人然后行取，且得即选科道，引为私人。又每主张某人升某官，吏部莫敢不从；甚至升官文凭亦为取讨，或与私徒各处求索，或就家转卖，为国求贤之心绝无也。如户部盐引，纵容卖窝买窝，某主张某客商，户部莫敢不从；甚至令家人子弟合伙为之，为国足边之心绝无也。如兵部将官，某镇某营，主张用某人，兵部莫敢不从；甚者败绩偾事者多行举用，负债剥下者遍来钻求，为国择将之心绝无也。如此情状，不一而足"。[1]（《请宣谕内阁》）于是在皇帝支持下进行整顿革新，他认为："太祖高皇帝以武功戡乱，混一区宇，洞见古今之利病，定为经久之良法。"[1]（《安民饬武》）例如，（一）"惩前代丞相专权，分设府部，各有职掌"[1]（《论大学士费宏》）。（二）"凡大臣例应会推于朝，请命简用，所以示公也"[1]（《公会推》）。（三）"设立刑部、都察院、大理寺，谓之法司，所以纠正官邪，清平讼狱，此其职也。设立东厂、锦衣卫，谓之诏狱，所以缉捕盗贼，诘访奸宄，亦其职也"[1]（《明旧制》）。（四）"都察院所以掌法于内者也，巡抚、巡按所以布法于外者也"。"守令等官一有慢令害民者，抚巡官即按之无贷；抚巡官一有不奉法者，掌院官即按之无贷。则法无往不行矣。"[1]（《论馆选巡抚兵备守令》）（五）"凡郡得一贤守，县得一贤令，足以致治"，"郡守责任未尝不重，责成未尝不备，其有殊能异功者，多有不次之擢"。[1]（《重守令》）（六）"国初取士之制令，经义五百字以上，四书义礼乐论三百字以上，时务策一千字以上，诏诰表判，各有体裁，大抵直书意义，期致实用。"[1]（《慎科目》）（七）"圣祖初制，岁贡监生多有任之卿佐及御史等官，而进士但多授以县丞而已。"[1]（《论用人》）（八）"内之所设，有锦衣等上十二卫以卫宫禁，有留守等四十八卫以卫京城，彼此相制也。外之所设，有留守以卫陵寝，有护卫以卫封藩，有都司所以卫方省郡县，上下相维。且锦衣等卫，但总于兵部，而不隶于五府,其余内外卫,分皆隶于五府而亦总于兵部,其于统重驭轻之中而寓防微杜渐之意至矣。"[1](《安民饬武》)加以世宗"圣制谓我太祖高皇帝定制,朕与来者所当遵守也。"[1](《议处宗室》)因此,依托祖训①进行政治革新,强调"祖宗法不可变改,只在修举废坠而已。"[1](《公职守》)在兵部侍郎任内,查明京师团营号称十二万人,实际不满二三万人,于是整顿军旅,将豪门私占军丁清出补伍,充实十二万人原额;酌选精锐作为先锋,严加训练;罢革贵族膏粱子弟之滥充军官者,改选知兵知将者任之,并严令不得剥削军士,擅派供役。在掌都察院任内,申明《国朝宪纲》,不公不法,允许互相纠举;御史巡历去处,不许出郭迎接;违限怠事,定行参究;官吏不法,务须亲行追问;立法贵严,用刑贵宽,不得使用酷刑;饮食供账,只宜从俭。[1](《申明〈宪纲〉》)催取河南道监察御史傅元等二十员前来供职[1](《催取风宪人员》),考察各道不职御史王璜等十二人[5],通告内外,禁革贪风,"敢有仍前科派小民、馈送京官者,在外许巡按御史纠察,在内许缉事衙门访捕,依律治罪"[1]。(《禁革贪风》)此外,鉴于各省乡试考官大都出于私荐,所取者多为权贵子弟,上疏请慎科目,一要正文体,"务要平实尔雅,裁约就正,说理者必窥性命之蕴,论事者必通经济之权,判必通律,策必稽古,非是者悉屏不录"。二要明实录,乡会试所录"必用生儒本色文字"。三要慎考官,"各省乡试主考,临期许令吏、礼二部查照旧例,访举翰林科部属等官有学行者,疏名上请,分命二员以为主考"。"尤必敕严各该御史聘延同考,必采实学,毋徇虚名;必出公言,毋容私荐。"[1](《慎科目》)得旨通饬各省奉行,终明世不变,对革除科举弊端起过显著的积极作用。鉴于内廷厂、卫横行,上疏请申明旧章,严格区分厂、卫和刑部、都察院、大理寺三法司的权限。贪官冤狱由法司提问审明,厂、卫不得越权审捕;盗贼奸宄仍由厂、卫缉访捕拿,审明后送法司拟罪上请,不得擅权坏法[1](《明旧制》),世宗诏行后,大大地限制了厂、卫的横行肆虐。张璁在任辅相、首辅期间,先曾与首辅杨一清于嘉靖六年

---

① 如"议得亲王、郡王、镇、辅、奉国将军,中尉之封,各以世数为之降杀,著在祖训"(见《议处宗室疏》);"祖训所谓彼此颉颃,不敢相压,所以稳当,诚至言也。"(见《议南京守备催革各处镇守疏》)。

(1527 年)十一月奏请清理庄田以解民困。杨一清罢职后张璁积极推行,清理范围由畿辅扩大到各省,对象由庄田而兼及僧寺产业,由户部主持其事。至嘉靖九年(1530 年)底,京畿一带共查勘勋戚等庄田五百二十八处,清理庄田五万七千四百余顷,除保留钦赐庄田二万八千余顷外,其余二万六千余顷属于非法侵占,分别给还业主、官府,或由官府没收,并撤回管庄军校,严定禁革事例,不许再侵占或投献民田。违者问罪充军,勋戚大臣亦参究定罪。从宪宗成化年间开始的勋戚侵占民田之风,至此受到彻底打击,百年积弊得以消除,社会矛盾有所缓和。宦官乱政是明代大患。明初,太祖朱元璋(1328—1398 年)严禁宦官预政,犯者诛之。从成祖朱棣(1360—1424 年)开始信任宦官,授以出使、专征、监军、镇守、刺探隐事等大权,其后英宗(1427—1464 年)时王振专权,国几倾覆,武宗时(1491—1521 年)刘瑾势焰熏天,流毒天下,当时宫内在司礼监太监之下设有大小衙门二十四个,大小太监共十万人,东厂、西厂操纵一切,甚至斥逐杀害朝臣。各省及重要城镇则有镇守太监掌握军、政大权,另有提督京营、提督仓场、提督工程、提督采办等控制各种政务,所至鱼肉人民,怨声载道。世宗在藩邸时对宦官祸害早有所闻,继位之初惩处首恶,裁减锦衣卫旗校,予以打击,但太监镇守视为定制,且有进奉报效朝廷,未加触动。武宗时进奉银数,南京年十五万两,两广十三万两,湖广十一万两,四川九万两,河南八万两,陕西七万两,其他各省各有等差,宦官盘剥所得常比进奉之数高出五至十倍,以致民不堪命。张璁入阁后一再向世宗陈述太监镇守制之害,要求一律撤除。嘉靖七年(1528 年)下诏禁止镇守内臣接受军民词讼。嘉靖十年(1531 年)二月,张璁在召对时再次要求世宗痛下决心,世宗仍未下诏,张璁密疏催革各处镇守,"伏乞圣明断然为之,使百年流毒一日顿除,四海生民从此乐业矣"[1](《议南京守备催革各处镇守》)。终于世宗下诏罢黜所有镇守太监,兵部尚书左都御史领院事李承勋"因张孚敬革镇守守备内臣二十七人,各卫兵监局冒役数千人,一时肃然"[2](《世宗嘉靖十年》)。嘉靖八年(1529 年)十月,吏部尚书方献夫等因外戚安昌伯钱维圻死后绝嗣,庶兄钱维垣请求嗣爵,认为"外戚之封不当世及",并详引汉、唐、宋代外戚封爵事例为证,张璁"力主之,上善其言",于是下诏:"自今外戚封爵者,但终其身,毋得清袭。"[5]"惟彭城惠安以军功居半免,馀见封及身止,著为令。"[2]（《世宗嘉靖八年》）从此外戚永绝世封。这一系列的改革以及对特权势力的限制和打击,导致嘉靖初年的中兴,这是张璁礼学思想与实践相结合的结果,是其礼学思想的精华。

四、余论

张璁等少数人在大礼之争中击败强大的杨廷和集团,并取代他们担任要职,这是他们不能容忍的,因此,将其失败的原因归于张璁等人的曲学阿世和逢迎干进,自称君子,污蔑张璁等人为小人。尽管其中有人在事实面前改变了认识,如魏良弼就说过:"张罗山为相,当大案事竣,检箧中仅得葛四匹,余居谏院,三疏纠之,嗟嗟！此余少年时事,以今日视之,即三荐其贤亦不为过。"[6]但这一看法根深蒂固,直至清初仍有影响。王士禛在《分甘馀话》里写道:"杨文忠(廷和)以下凡得罪者,其心不忍负孝宗,皆君子也。张(璁)、桂(萼)、方献夫之流,侥幸干进,志在逢迎,皆小人也。曩史馆开局(指清康熙朝开馆修《明史》)时,诸人尚有纷纭之论。"终于《明史》对杨廷和等大礼之议的失误抱惋惜态度,而对张璁等的施政得失则抱有偏见。

实际上,公道自在人心,明霍韬在《渭涯文集》卷七《复泾野书》里论张璁有"十善",第一善就是"主张大礼,不悚不慑,明千古之谬,伸圣主大孝"。徐栻在《奏疏叙略》里论张璁"以孤忠抗众呶,发明伦之伟辩,扩不匮之大孝,其功卓矣"[①]。支大伦在《编年信史》中指出问题的根源:"大礼之议,肇于永嘉,而席(书),桂(萼)诸君子和之,伦序昭然,名义甚正,自无可疑。杨廷和上畏昭圣(皇太后),不畏人言,力主濮议。诸卿佐复畏廷和之排击,附和雷同,莫敢抵牾。其伏阙诸少年,尚气好名,以附廷和者为守正,以附永嘉者为干进,互相标榜,毒盈缙绅,皆当国者不善通融耳。"王世贞所录明《国史·张孚敬传》明确肯定:"孚敬深于礼学,丰格俊拔,大礼之议,乃出所真见,非以阿世。"[1]（《史传碑铭》）

清毛奇龄称赞张璁"更阁臣礼官之议,似亦醉国中之能独醒者"。"当时诸臣无能言'不为孝宗后'一语,今能言此语,可谓朝凤之鸣。""称'皇叔母'

---

① 又见《张文忠公集·徐序》,但"孤忠"作"孤踪"。

则当以君臣礼见,此精于论礼者之言,即此一语,可以回帝王之心,杨廷和之口矣。"[1]赵翼否定杨廷和集团为正人君子说:"世徒以考兴献王者多小人,考孝宗者多正人云云,失之。"[1]孙宝瑄进一步加以分析:"是非淆乱,至嘉(靖)隆(庆)以降,朝士之论议而已极矣。如张孚敬争兴献事,其理本正,而士大夫至欲扑杀之。当时论事者未可谓皆君子,惟君子之不通事理者,往往附和之,遂不能不归咎耳。"[7]

扫清了杨廷和集团攻击之词的迷雾,再来认识张璁的礼学思想及其施政实践,正如李维桢所说:"公得君诚专,为众所侧目,阻杌不安,身后七十余年,名乃愈彰。"[2](《世宗嘉靖十八年》)可见,客观评价来之不易。而许讚评论:"平生大节,以忠孝为先。至于博极群书,考古证今,精义必求诸事,据事必依于理,奇伟迥特,非时俗肤浅所揆测也,及当事莅政,执法以往,刚崛不回,知朝廷而不知有权贵,知公法而不知有私情。遭遇圣明,建大议,明大礼,其于士风文体,边防民瘼,修明法制,剔刷奸慝诸事,无不究极至当,弼亮圣治,以成正大中兴之业。"[1](《史传碑铭》)这些应该说是符合实际的。

[参考文献]

[1] 张璁.张璁集[M].上海:上海社会科学院出版社,2003.

[2] 谈迁.国榷[M].北京:中华书局,2005.

[3] 张廷玉.明史[M].上海:上海古籍出版社,1986.

[4] 刘煦.旧唐书:卷一百一十九[M].上海:上海古籍出版社,1986:3809.

[5] 夏燮.明通鉴[M].长沙:岳麓书社,2003.

[6] 姜准.岐海琐谈:卷二[M].上海:上海社会科学院出版社,2003:33.

[7] 孙宝瑄.忘山庐日记[M].上海:上海古籍出版社,1983:268.

(原刊于《温州职业技术学院学报》2010 年第 3 期)

历史融会现实:温瑞塘河与"五水共治"

王兴文

【摘　要】温瑞塘河对温州经济振兴和社会发展有着重要影响,同时,温州的发展也带来温瑞塘河的生态变迁。为推动"五水共治"的有序落实,借鉴古代温瑞塘河的治理经验,本文分析温瑞塘河的现实状况,总结温州市瓯海区"五水共治"的实践成效,提出新形势下倒逼产业转型,编纂乡土教材,开拓融资渠道等一系列新举措,助力"五水共治"新一轮攻坚战,形成集经济、文化、旅游、休闲于一体的温瑞塘河文化品牌。

【关键词】温瑞塘河;"五水共治";生态环境;文化品牌

温瑞塘河(以下简称塘河)被誉为温州人的"母亲河",自东晋至今流经了千年岁月。它是温州人民长期进行农田水利建设而形成的水网,位于飞云江北岸的温瑞平原,瓯海瞿溪街道泉东川村桃源溪是其主源头,水源主要来自瞿溪、雄溪、郭溪三溪之水及大罗山和集云山的山涧溪流。塘河主河道古称南塘河,长达 33.85 千米,北起鹿城区小南门跃进桥,向南流经梧田、白象、茶山、仙岩,再向西至瑞安市的罗南、塘下等 16 个乡镇,贯穿于鹿城、瓯海、龙湾、瑞安"三区一市"。塘河对温州的防洪排涝、航运灌溉、生态环境保护有着不容忽视的作用。

流经千年的塘河见证了温州的兴衰荣辱,同时温州的发展也带来塘河的生态变迁。为推动"五水共治"的有序落实,回顾古代先民对塘河的治理经验,总结 20 世纪 90 年代温州市委市政府采取一系列措施但成效甚微的

作者简介:温州大学孙诒让研究所所长。

经验教训,反观现今塘河生态环境遭到严重破坏的现实状况,有助于打开治理塘河的新局面。

一、回顾历史:古代温州对温瑞塘河的治理

塘河历史悠久,其治理古已有之。以史为鉴,可以明得失。"鉴之"目的为"用之",今天探讨塘河的治理问题,需回溯过去。现今开展的"五水共治"大行动,与古时温州对塘河的治理有异曲同工之妙。古时塘河的治理实际上就是集治污水、防洪排涝、保供水于一体,同时兼顾内外交通等,使得古城尽量免受自然之害。

1.治污水:活水畅流、清污疏堵与百里荷花

水不流动则易成污水,故温州古城使活水畅河湖。《光绪永嘉县志·舆地》载:"城外河道,以会昌湖为总汇,源出十八都瞿溪、郭溪、雄溪诸山。"[1]会昌湖是塘河的重要组成部分,由城西南三溪水汇聚而成。正如单国方所言:温州"古城设有城南永宁水门和城北望江水门,在南塘三井巷设湖堤,遏住湖水,使其不能南下,而向北倒流,入永宁水门,通过城内河网,南北贯通,由城北望江水门排出。使城内河水变活,减少河道淤积;让河道得到补充,河网水体得到交换,从而提高河道的自净能力,改善水环境,达到宜居目的"。[2]其先进的活水畅流理念与现今生态调水、活水畅河湖的做法几乎一致。

治污水首先要保持活水畅流,其次要清污疏堵整修。宋朝时,朝廷十分重视塘河的治理,每隔一段时间就要对河道进行清污疏堵整修。淳熙十三年(1186年),温州知府沈枢率永嘉、瑞安两县民众开展整治温州城区到瑞安的"百里塘河"工程。此工程疏通塘河河道35千米,所浚淤土堆积在河道东侧,形成河堤,于是就形成一条可供行船、灌溉的运河。经过沈枢的精心整饬,南塘河呈现出欣欣向荣的景象。

此外,种荷花修复河道生态,不失为治污水一妙招。《弘治温州府志》载:"南塘,在瑞安门外,即南塘路,连瑞安县,自瑞安门运河七十九里。旧时驿路百里荷花正此塘畔也。"[3]可见,古时塘河水系已然遍布荷花。荷花起

着双重作用:不仅提供了河道景观观赏,还可以作为污染水域的"过滤器"。莲藕的地下茎可以吸收水中的好氧微生物,进而分解污染物,帮助污染水域恢复食物链结构,促使水域生态系统实现良性循环,达到修复河道生态环境的效果。

2.防洪排涝:排洪河道与陡门建设

古时,属于塘河水系的会昌湖起着规模庞大的泄洪区的作用,即倘若上游山洪暴发,则通过会昌湖调蓄洪水,进而降低洪水位,以达到减少损失的目的。

唐武宗会昌四年(844年),温州刺史韦庸发动民众在温州城西南西湖上开挖疏浚排洪河道5千米,并筑两岸堤塘束水,使上河乡平原的郭溪、雄溪、瞿溪三溪之水沿新开的会昌湖导流至温州城区西南,大部分河水顺会昌湖及城西的九山湖注入塘河。浚治后的塘河河面变宽,河道变深,大大提高了排泄涝水的能力。

此外,温州古城还建有多座陡门,即现在所说的水闸,是调节水流量的重要设施。宋孝宗淳熙元年(1174年),建设陡门五六十处。位于黄土山前的山前陡门,其主要功能因时而异,平时节制南塘水入城,涝时引南塘水至环城东河,最后借由外沙陡门入江。而处于黄土山后的山后陡门,其主要作用体现在灌溉方面,常引南塘水灌溉城东的平原农田,偶遇涝时则排南塘涝水,使其并入东海。

明万历六年(1578年),江西南昌举人齐柯出任瑞安知县,听取民意,先堵九里陡门,重开城南隆山下的西垟陡门;再疏浚东湖,使河床加深,河面加宽,将河底淤泥聚集在塘河中心,垒成一座小山阜,使塘河南北的来水形成迂回分流入城,达到蓄泄兼顾的整治效果。经过此次治理,塘河多年无须修缮,大大提高了塘河的灌溉能力和两岸人民的生活水平。

3.保供水:制定水则与兴建埭、堰

保供水首先就是要蓄水。水则事关重大,若水则定低了,河道蓄水有限,难以满足干旱时用水需要,故水则要通过认真调查研究才能确定。

兴建埭、堰。古温州在城墙处增设水门,门内设一闸,又设埭。所谓埭,

即堵水的土石堰坝，古时常设于江河湍急处，可以有效地截住水流。至于堰，沿海的平原地区一般将其设于河口处，可以拦蓄上游的河网水系并抬高其水位，如此便可以保证上游不断流，维持正常水位，确保河道的航运功能和充足的灌溉用水。分布在温州古城内外，为温瑞平原的农田灌溉、水利航运做出贡献的"闸底溢流堰"，于 2010 年杨府山东麓发掘出下陡门遗址，其"闸底溢流堰"的遗迹清晰可见。

二、面对现实：改革开放后温瑞塘河的状况

1. 生态环境恶化

城市化发展是社会发展的必然趋势，它所带来的城市环境的负面效应是包括所有发达国家在内都要经历的一个发展过程，温州自然不可能例外。经济的迅猛发展，不合理的开发利用使得塘河的污染日益严重，使其成为温州市最大的污染源和主要的污染集散地之一。"五六十年代淘米洗菜，70年代水质变坏，80 年代鱼虾绝代，90 年代洗不净马桶盖"，是塘河污染的真实写照。因污染而发黄、发黑的河水，还被人们戏称为"黄河""黑龙江"，说明塘河水污染极其严重。

一些指标充分表明，塘河的水已不能再自净，也不能满足温州民众健康生活所需用水，甚至不能满足某些原有的水生物种群的生存条件，整个生态系统结构功能遭受到严重摧残。2003 年清华大学环境工程系对塘河水系水质现状做过调查，塘河的 68 条主要河流的水质类别均为劣 V 类，每条河流均有多项评价指标呈劣 V 类，污染程度严重[4]。温州市环境保护局 2004年监测数据显示，塘河干流除郭溪站位为 II 类水，仙门、新桥、梧田和白象站位为 V 类水外，其余站位均为劣 V 类；除郭溪、梧田、白象站位能满足功能水质要求外，其余均不能满足功能水质要求[5]。2007 年对塘河取样调查后发现，塘河中除郭溪为三类水外，其余河段水质均不能满足功能要求，其中塘河干流和市区内河水质均属重污染水体。地表水主要污染物为氨氮、总磷、生化需氧量，城市或城镇内河水体溶解氧普遍偏低，明显呈生活型有机污染特征，主要受生活污水、垃圾的污染，局部地区河水还受到工业、畜禽养殖业废水的污染[6]。

2. 水环境问题突出

塘河水环境问题体现在水体污染、河床淤积、填占河道、景观破坏和污水处理设施不完善5个方面,是改革开放30多年来的历史欠账,是一味追求经济效益而忽视生态效益造成的"顽疾",属于结构性、人为性的问题。

(1)水体污染突出。水体污染包括生活污水、工业污水、餐饮业污水、畜禽业污水、直排公厕污水、农业面源污染、地表径流污染和河床底泥污染等。塘河水质恶化的内因是其河网水体流动性差,自净能力弱,水体溶解氧普遍偏低,容易出现黑臭现象。河床底泥是一个重要的内在污染源,在造成塘河水体污染方面影响大。塘河水质恶化的外因则是流入大量的生活污水和工业废水,局部地区还受畜禽养殖业废水的污染;部分市民环境保护意识较差,存在向河中乱排污水、乱倒垃圾的行为;农民的科学意识不高,大量使用农药化肥,农业污水排入河中,致使水体的富营养化;畜禽养殖业面广量大,畜禽粪便也对河水造成严重污染。

(2)河床淤积严重。由于长期缺少河床疏浚,加之流域内水土流失和沿岸垃圾、泥土入河,导致河床淤积,塘河蓄水过流能力大大降低,严重影响防洪排涝。

(3)填占河道普遍。塘河85%的河道相继被侵占,而且这种情况还在继续恶化。大面积填河筑路、建房,许多河道已消失,影响了城市的防洪排涝和生态环境。

(4)景观遭到破坏。无序的采石、密集的低小散企业分布,致使许多具有传统水乡风貌的民居建筑群也被破坏性地改造和蚕食。

(5)污水处理设施不完善。塘河管网建设滞后,纳管率低,城区仅有的杨府山污水处理厂日处理能力为200千吨,永强污水处理厂日处理能力为100千吨,滨海园区污水处理厂日处理能力仅为80千吨,均已超负荷运行。

3. 治理效果不佳

塘河生态环境的恶化严重影响了温州民众的日常生活,已引起各级政府的高度重视,他们已开展一系列塘河治理的新举措。20世纪90年代前期主要是兴建堤塘,后期进行河道整治,推进排污工程,但因为整治措施不够科学、全面，并没有达到预期效果。2000 年 5 月，温州市人大常委会作出《关于治理温瑞塘河的决议》。同年 7 月，成立塘河整治领导小组，以市长为组长，以市委副书记和副市长为副组长，成员为各有关部门一把手。同时，温州市专门成立塘河整治工程指挥部，"三区一市"相继成立塘河整治领导小组和工程指挥部。温州市政府还委托清华大学组织编制《温州市温瑞塘河综合整治规划》，科学研究与规划塘河综合整治工程，并颁布《温州市温瑞塘河综合整治与保护管理暂行办法》《温州市温瑞塘河综合整治奖励办法》，规范和推进塘河整治工作。

塘河的综合治理坚持标本兼治、建管并重、多管齐下、综合治理的方针，扎实推进整治工作，主要实施河道清淤、污水和垃圾收集处理系统建设、重点污染源整治、景观工程建设、河道调水保洁养护、塘河保护宣传教育等一系列工程与非工程措施。经过坚持不懈的努力，投入巨大的人力、物力、财力和精力，塘河整治工作取得了一些成效，但仍存在诸多问题。如：污染存在反复性，监管部门重拳出击的时候，水质得到一定的净化；媒体关注的时候，排污企业受到一定遏制；领导重视的时候，环境暂时改善一下。严峻的现实是，财政支出不少，水质改善较少，塘河黑臭问题依然严重。

三、"五水共治"治理温瑞塘河的实践与探索

"五水共治"是推进浙江新一轮改革发展的关键之策。通过 3 轮"811"行动、水资源保障百亿工程、千里海塘、"强塘固房"工程等治水措施，浙江省治水工作取得了阶段性成效。2013 年 11 月，浙江省委省政府提出"五水共治"理念，即治污水、防洪水、排涝水、保供水、抓节水，并明确指出"五水共治"，要治污先行，也要齐抓共治。温州市委市政府践行"五水共治"理念：首要任务"治污水"，先从"清三河、两覆盖、两转型"做起；防洪水，重点推进扩排、固堤、强库等三类工程建设；保供水，重点推进提升、引调、开源等三类工程建设，提出实施重要水源地保护工程；排涝水，重点强库堤、疏通道、攻强排，着力消除易淹易涝片区，实施扩排工程、平原河道综合整治工程、城市排涝设施建设；抓节水，重点改装器具、减少漏损、再生利用和雨水收集利用，合理利用水资源[7]。温州市瓯海区以防洪排涝、活水畅流、水岸同治、清淤

疏浚、水质提升、生态治理、节水减排等工程为重点,治理塘河成绩斐然,斩获浙江省"五水共治"工作优秀县(市、区),被评为 2015 年度"清三河"达标县(区),2014 年、2015 年、2016 年连续 3 年夺得"大禹鼎"[8]。

1. 瓯海区治理塘河的实践

(1)建立联督联查机制。"五水共治"是典型的区域环境治理举措,因而首先要大力强化区域政府的领导力度,推动公众参与环境保护,实现自我家园自我建。瓯海区成立以区委书记为组长的"五水共治"工作领导小组,建立瓯海区政府四套班子领导联督联查机制,每月由瓯海区政府四套班子主要领导带队,组织开展两次专项督查,形成高压态势;实行定期通报制度,每月通报工作进展和排名情况,并在《今日瓯海》公布,接受全社会监督,确保工作有序推进。充分发挥考绩的指挥棒作用,将"五水共治"纳入各有关部门、各镇(街道)年度工作考核内容,提高考核比重;组织纪检、审计、财政等部门,加强对治水建设项目的监督检查,确保工程质量安全、资金安全。同时成立瓯海区政府领导下的各街道、各村企为主的老年治水巡逻监察队,选择身体健康、有责任心的老年人不定期巡逻,定期上报河水情况,区政府既可以随时了解水质情况,又解决了老人赋闲工作问题,可谓一举两得。

(2)全力推进城中村改造工程。通过深入调研,瓯海区政府认识到,城区沿河城中村是河道污染的主要来源之一,于是迅速启动并全力推进沿河有机更新及城中村改造工程。如今已完成一平镶、秀屿山公园两大片区的城中村改造,完成 23.4 平方千米的上汇河沿岸"旧村整治",拆除了河道沿岸 8 米范围内的违法建筑[9]。此外,逐步启动梧田老街改造、建设塘河民间博物馆群等工程,以及河塘西村、塘东村等村社的改造。

(3)推进污水收集处置体系建设。实施城镇截污纳管工程和雨污分流改造建设,建设垃圾收集、处理系统及污水处理系统。

(4)提升片区防洪能力。瓯海区段西排工程是防洪水、排涝水的重要举措。西排工程排洪河道全长 6.3 千米/米,宽 65 米,水闸设计流量 350 立方米/秒,是省、市级重点工程建设项目,包括排洪大河瓯海段、梅屿隧洞、梅屿控制闸、仙门湖整治工程、温瞿桥等子工程,此项工程中瓯海段总投资约 4.6 亿元,是温州市各区投入最多的单位。可以说,西排工程的建成将使温州市城区排涝标准由原先的 5—10 年一遇提高至 30 年一遇。西排工程全面建成,新建桃源水库,任桥河拓宽整治、牛山生态河道、泽雅小流域治理顺利推进,使片区防洪能力明显提升。同时,在西向排洪建设过程中,瓯海区政府贯彻"以人为本"的理念,将河道两岸的绿化与公园建设相结合,两岸的拆违与农房改造建设相结合,使塘河沿岸人居环境得到改善。

(5)切断污染源保证供水。泽雅水库保障着温州市区 30% 的原水供应量,为了使泽雅水库水质稳定在Ⅲ类水以上标准,瓯海区强制关停或搬迁库区小规模养殖场,取缔机械造纸加工作坊 263 家,拆除淹塘 2126 个[8]。同时强化保障,落实长效管控机制,严格考核管理和责任追究制度,对治水工作推进不力的相关责任人予以严肃问责。由于政策得力,方法得当,上下联动,大大缩短了河水发黑发臭的时间,改善了塘河水质,增加了河岸绿地面积,初步遏制了生态环境全面恶化的势头,瓯海区成功走上以治水倒逼工业转型,从投钱治水到治水生钱的良性发展之路。

"五水共治"是浙江省政府对生态环境建设理论的创新和发展。合理有效地实施"五水共治",必将为瓯海区乃至温州经济又好又快地发展创造良好的生态基础。

2. 新形势下加强"五水共治"的新举措

塘河在治理过程中仍存在一些问题,如持续治水理念不清、治水资金不足、治水技术欠缺等,面对新形势、新任务,应创新理念,加强实践。

(1)倒逼产业转型,加强"水岸同治"。水污染的根子在岸上,治水不治岸,必定是治标不治本。一是治岸先治污染企业。工业污染是造成水污染的元凶,要淘汰一批、入园一批、转型一批、升级一批工业企业。随着生态文明建设的深入推进,在强制关闭污染企业的同时,要大力发展新型环境保护产业,鼓励成立以环境保护为主题的高新企业,如加大活性炭、海水淡化设备、村镇污水处理系统等环境保护产业落户瓯海区乃至温州,让塘河治理走向市场化。二是加强"水岸同治"。在治理水体的同时,加强河岸的规划治理,强调沿河的城市建设。采取"原生态"护岸,就是利用植物或植物与土木工程结合,构建和谐亲水的水陆转换空间,从而对河道坡面进行防护。三是加强沿河两岸的市政设施建设。通过文化产业化、创意产业化塑造塘河文化品牌,将温州地方民俗表演、民间工艺、书画、老物件进行融合,设计出集艺术创作、文化休闲、跨文化交流合作于一体的文化载体,构筑东瓯遗韵、艺术展览、时尚生活、文化创意、原住民生活区等板块,传承浙南水乡文化记忆,打造温州治水样板工程。

(2)编纂乡土教材,培育青少年塘河情结。温州拥有悠久的塘河治水历史,在长期的治水实践中,形成了独特而丰富的水文化。以史为鉴,继往开来,有必要把前人优秀的治水成果和"五水共治"的新篇章编纂成中小学乡土教材,对温州市特别是塘河两岸的广大青少年进行爱乡、爱土、爱塘河的教育,让他们从小就遵循"塘河是我家,我要爱护她"的行为要求。教材编纂要处理好坚持引导与讲求实效的关系,建构以学科知识为支撑、以生活常识为基础的课程模块,强调实施的开放性和实践性。编纂乡土教材,培育中小学生塘河情结,是从源头上治理污染的有效方式,可谓功在当代、利在千秋。

(3)开拓融资渠道,持续支撑塘河的治理。目前,塘河治理财政资金紧张,上级政府补助比例小,难以满足塘河治理和建设的需要。因此,在加大政府财政资金投入的同时,要梳理整合各相关部门治水资金,把"五水共治"项目纳入政府投资优先考虑安排,同时积极争取上级政府的倾斜力度;继续探索融资渠道,发挥水投公司融资平台的作用,引导银行资本、企业资本、温商回归资本、民间资本等参与水利基础设施建设;发动群众自行投资建设,鼓励、支持群众自建、自管、自营小型水利设施,激发群众兴办水利的热情;不断健全政府与社会合作、第三方参与治理等机制,大大增加社会与市场力量的投入。

温瑞塘河与温州人民生活息息相关,一场治理温瑞塘河、拯救母亲河的持久战正在紧张而有序地进行,不仅要重新恢复温瑞塘河清纯碧绿的面貌,而且要逐渐形成集经济、文化、旅游、休闲于一体的温瑞塘河文化品牌。

[参考文献]

[1] 张宝琳,王菜.永嘉县志:上[M].北京:中华书局,2010:98.

[2] 单国方.温州古城水系和治水探微[J].中国水利,2014(11):64.

[3] 王瓒,蔡芳.弘治温州府志[M].上海:上海社会科学院出版社,2006:70.

[4] 王佳伟,曾思育.集成化方法在水环境综合整治规划中的应用[J].重庆环境科学,2003(11):141-144.

[5] 作者.2004年温州市环境状况公报[EB/OL].(2015-12-30)[2017-06-25].http://www.wzepb.gov.cn/hbdj/list.asp?id=2468&tableid=&type1=&type2=.

[6] 肖新华,林岚.温州发布2007环境状况公报[N].温州日报,2008-06-05(5).

[7] 金勇兴.水生态文明视域下温州"五水共治"的战略思考[J].温州职业技术学院学报,2015(3):14-17,35.

[8] 鲍南南,项和娟.瓯海打造美丽塘河宜居水乡连续三年夺得"大禹鼎"[N].温州日报,2017-04-19(4).

[9] 陈爽,林光强.水清城美瓯海风——立足实际推进"五水共治"[N].浙江日报,2016-03-08(12).

（原刊于《温州职业技术学院学报》2017年第3期）

近代温州第一个知识群体的生成及其贡献

洪振宁

【摘　要】晚清在瑞安形成的诒善祠塾师生群体,是近代温州第一个知识群体。他们志同道合,进行了寻找自强思想资源的瑞安行动。这一知识群体有其生成的时代背景和文化土壤,有主帅、主将及其他成员,在复活振兴永嘉学派、参与设计晚清改革方案、倡导创办新式学校、推进新农业和工商实业的发展等方面做出过重大贡献。

【关键词】诒善祠塾;孙衣言;孙锵鸣;知识群体

光绪五年(1879 年),孙衣言 65 岁,称病致仕,回到家乡瑞安,潜心研究学术,寻找自强思想资源,以诒善祠塾为平台,"聚乡里英才而讲授之"。与其弟孙锵鸣一起,经营多年,培育了一大批经世之才,师生志同道合,凝聚一体,形成了近代温州第一个知识群体,即诒善祠塾师生群体。本文论述这一知识群体生成的时代背景和文化土壤,主帅、主将及其他成员,主要业绩和重大贡献。

一、知识群体生成的时代背景和文化土壤

1. 时代背景

当时面临内忧外患的中国,正在进行变法自强,逐渐推进近代史上的现代化建设,或称近代化。中国近代化的启动,始于 19 世纪 60 年代的"洋务运动"。这可从"同治中兴"说起。曾国藩以镇压太平天国、举办洋务事业而

作者简介:温州市社会科学界联合会原副主席。

为清政府所重用,被誉为"中兴第一名臣"。当时兴办洋务者也主张经世致用。曾国藩认为:"欲求自强之道,总以修政事、求贤才为急务。"

从曾国藩、李鸿章到张之洞、袁世凯,兴洋务,求富强,重经世,寻变法。其进程有"新政""新军""新学"三个关键词。自 1901 年起,晚清朝廷实行"新政",所实施的改革推进了政治革命,但也搬起石头砸了自己的脚。传统"中学"适应社会变迁,推进文化转型,近代"新学"由此兴起,成为促进社会变革的根本。

"新政"即晚清改革,其纲领性文件是张之洞、刘坤一上奏的《江楚会奏变法三折》,得到朝廷采纳,作为指导性改革方案。"为政之道,首在得人。"主张兴办近代学堂,鼓励出国留学,废除科举制度,编练新式军队,振兴工商实业。1906 年又预备立宪,改革地方官制,推行地方自治:1908 年 8 月 27日,推出中国近代第一部宪法《钦定宪法大纲》,规定臣民享有言论、著作、出版、集会、结社、财产居住和人身等自由和诉讼权利,以及依法定资格担任文武官员和议员的权利。光绪、慈禧死后,宣统年间,改革没有中断,而是继续深化。成立谘议局,继续推进地方自治,教育改革、军事改革更加深入,实行新经济政策,加快中国铁路建设。其间,京城清议与地方士绅的活动交织互动。地方士绅的活动主要集中于上海、温州等沿海地区。孙衣言是曾国藩的手下,也寻找自强思想资源,在家乡瑞安将行动不断深化。而后清流人士黄绍箕(1854—1908 年),是张之洞幕僚之一,也是温州、瑞安与京城互动的又一位关键人物。

后来参与起草《江楚会奏变法三折》的黄绍箕,通过回乡和书信,不断将朝廷的新信息、新动向反馈到家乡瑞安,并进行晚清改革前的探索性实践。1895 年农历三月,侍父南归,至上海,与张謇、汪康年等组织强学会上海支部,至仲秋,回到家乡,其弟黄绍第也回乡,集合众人发起,于 1896 年在瑞安创立算学书馆,积极兴办新式学堂。1897 年,瑞安多人加入上海务农会,当年冬,在瑞安成立务农分会。1898 年,黄绍箕将《劝学篇》初版寄赠孙诒让,孙诒让阅后,"有笔记十三条"[1]。朝廷变法议兴,中枢颁发咸丰年间冯桂芬撰写的《校邠庐抗议》,令官员签注得失,军机处呈签对 79 件,光绪仅选中张之洞、刘坤一、黄绍箕等的 8 件,留备省览,余皆发还。1898 年,黄绍箕、黄绍第还写信给浙江藩司恽祖翼,请转浙江陈巡抚并商请两浙盐运使,在温郡盐局近年增解项下拨款,补助瑞安学计馆费用。1899 年五月初九,黄体芳逝世于瑞安。五月初十,尚未知悉黄体芳病逝的张之洞致电黄绍箕,请偕尊大人来湖北,主讲鄂省自强学堂,或入署办笔墨,岁修均千二百金,另给零用。5 月 23 日,张之洞致电黄绍箕,并汇三百金,以助丧葬。时黄绍箕已回到家乡。1902 年 1 月 10 日,为推行变法新政,张之洞推荐人才伍廷芳、黄绍箕、王先谦、缪荃孙、沈曾植、陈宝琛等 12 人。农历正月,两江、湖广会设江楚编译局,张之洞延请黄绍箕、缪荃孙为总纂,罗振玉为副总纂。1904 年 7 月 24 日,张之洞致电黄绍箕,代为请孙诒让到武昌,任存古学堂监督。1907 年 8 月 28 日,再次致电请孙诒让为存古学堂总教。1905 年,张之洞立其父张锳墓神道碑,由黄绍箕书写。1907 年 1 月 6 日,奉上谕,黄绍箕悉心筹划兴办曲阜学堂。1908 年 1 月 26 日,黄绍箕病逝,张之洞题挽联:青蓝教泽留江汉,生死交情痛纪群。黄绍箕撰写了我国第一部《中国教育史》,对中国教育史学科的建立有开创之功。

2. 文化土壤

瑞安,曾经是 12、13 世纪之交南宋永嘉学派最为活跃的地方,后来又是 19、20 世纪之交永嘉学派重振复兴的中心。800 年前,南宋永嘉学派在瑞安繁荣,陈傅良、蔡幼学、叶适等一批学者讲学、著述,重文兴学育才,推进学术创新,形成了温州学术文化史上的一个高峰。后来,由于晚清孙衣言、孙锵鸣、孙诒让的不遗余力,中断 600 年的永嘉学派得以复活重光,瑞安是复兴之地。

面对日益深重的内忧外患,孙衣言将学术视为"乡邦之大事"。他以重振永嘉学术为己任,在全国各地四处征访乡先生遗著,借阅抄写,恣意购求,多本互校,从南京到瑞安,与兄弟、儿子、朋友一起,坚持了 10 多年,整理编辑刊刻《永嘉丛书》,共 15 种 253 卷,带动了近代温州乡邦文献的整理、刊印和研究,促成了温州学术文化史上的又一个高峰[2]。因此,宋恕说:"永嘉之学,陈叶其尤。人亡绪坠,七百春秋。天遣先生,崛起荒陬。表章遗书,文与之侔。"[3]

近代瑞安,"新学"发展较快,实业得以推进,成为文明高地。100 多年来,瑞安走在近代史上推进现代化建设实践的前列。学界一般将晚清称为近代前期,将民国的38年称为近代后期。从文明布局看,温州北有名胜雁荡山,西有耕读楠溪江,东有人文永嘉场,南有晚清玉海楼。温瑞塘河是温州地区的中轴线,连接着两个文明高地:一头在永嘉,另一端则在瑞安。近代中国,沿海日益成为促进内陆变革的重要因素。

如晚清新式学堂,120年前首先在瑞安兴办。孙诒让认为:"学计馆之开,专治算学,以为致用之本。"所以先在瑞安创办算学书院,改名学计馆。学计馆毕业的学生后来为瑞安县志局选用,以新法测绘全县55都地图。1896年,项芳兰在瑞安创办方言馆,是浙江省最早的外国语学校,瑞安籍的留学生差不多"尽出其间"。辛亥革命前温州地区外出的留学生总数中,瑞安人数最多,占近四成。

《清代学者象传》收入温州地区的学者4人,都是瑞安人,如果将晚年定居瑞安城的青田人端木国瑚也算在内的话,则有5人。20世纪中华书局出版的《十三经清人注疏系列丛书》,其中有2种是瑞安人的著述。近代瑞安人兴办实业,发展工商,在温州办报,引进石印技术,最早使用铅字排版印刷,等等。《温州市志》(1998年版)被收入近现代人物传中,瑞安籍人物约占1/4。2013—2016年,浙江省人民政府公布的三批浙江省珍贵古籍名录中,属温州的珍贵古籍有70多部,八成是瑞安人的著作或原藏于瑞安。近代温州地区的知识群体,第一个、第二个乃至第三个,都是由瑞安人组成。第二个知识群体是以陈虬为核心的利济医人群体,也以瑞安城为中心,向全国辐射。陈虬等创办利济医院,采用的《利济教经》被认为是"近代中国知识分子自编的最早的新式教科书"[4]。《利济学堂报》是中国最早的高校科技学报,利济培养的数十位医师,成为近代温州新式医学的带头人。第三个知识群体以陈黻宸为首,他们在上海创办的《新世界学报》,是中国最早的纯学术期刊。"与其他一些多刊载译著的学术刊物不一样,《新世界学报》所刊载的几乎全是自著的、且具有相当高水平的学术论著。"[5]这一知识群体中的大部分人,后来转入北京大学,成为胡适先生眼中的"北大的温州学派"。

二、知识群体的主帅、主将及其他成员

这一知识群体的主帅、主将是孙衣言和孙锵鸣。孙衣言（1815—1894年），是连接曾国藩到张之洞与家乡瑞安互动的轴心人物。他生长在瑞安，考中举人后，又考取国子监教习，教授琉球学生，36岁时考中进士，先在朝廷任职，编书和教授惠亲王诸子读书。1858年任安徽安庆知府，战乱中，请假回乡。1863年按曾国藩之令，代理庐凤颍兵备道，次年，因母亲病逝回家守制，不久，应邀主讲于杭州紫阳书院，兼任浙江官书局总办。后来的10年中，先后担任江宁布政使、江宁盐巡道、安徽按察使、湖北布政使。65岁时，被朝廷任命为太仆寺卿，他不赴任，回了瑞安老家，并把精力用于诒善祠塾培养人才上。1880年修订《诒善祠塾课约》。孙衣言的许多做法，深受曾国藩的影响。宋恕说："当是时，孙太仆归田，提倡乡哲薛、郑、陈、叶之学，设诒善祠塾，以馆英少。"[3] 1888年在瑞安建造的玉海藏书楼，也对诒善祠塾学生开放。1893年，黄体芳在为孙衣言79岁祝寿时说："比年吾乡儒风士习胜于往时，人知向学，盖皆吾师倡导之力。"[6] 他的一生，致力于从温州文化遗产中寻找自强思想资源，推进家乡文化建设和经世人才的培养，搜集乡邦文献，留存了玉海楼藏书等一笔丰厚的文化遗产，其藏书和遗稿有10多种，被列入国家珍贵古籍名录。

孙锵鸣（1817—1901年），是晚清教育家、史学家、文献学家，也是温州文化遗产最重要的守护人之一。他25岁考中进士，官广西学政，48岁以言本籍事罢官。宋恕说他是"为民请命"，被朝廷"勒令休致"。以后的30多年，先后任教于苏州、南京、上海、温州各书院。他的一生中，有几件事，值得一说。一是道光二十七年（1847年），出任考试官，李鸿章、沈葆桢出其门下。二是奉命在本地办民团，与金钱会相斗，潘岱砚下祖居被焚。三是培育一大批人才。门下著录者数千人，其中最著名的有宋恕、杨晨、周珑、黄绍箕、洪炳文等。四是整理和研究地方文献，撰写《东瓯大事记》《东嘉诗话》及周行己、陈傅良的年谱，主持整理并刊刻孙希旦著作《礼记集解》，从家谱中抄录宋代温州人著作《开禧德安守城录》和明代温州人著作《鹤泉集》，保存了一大批乡邦文献。在寻找自强思想资源的瑞安行动中，他与孙衣言是最

亲密的同伴。1902年,宋恕《外舅孙止庵师学行略述》对孙锵鸣的学问与品行做了简明概述。

这一知识群体的其他成员,陆续聚集的地点为瑞安县城的诒善祠塾。

1875年,孙衣言营造新居于瑞安城北,号劭峋寓庐,时诒善书塾已兴办。孙衣言《诒善堂匾跋》对"诒善"二字有解释:"求其大要,不过忠厚朴俭,不专利,不倚势,安分守己,而子弟务令勤苦读书,则所以为善能自得之矣。"[2]这一知识群体相继集聚在孙衣言、孙锵鸣兄弟周围,在孙衣言回到瑞安后的第二年便形成一定的规模。1880年,孙衣言重新修订《诒善祠塾课约》,并加以悉心经营,以"务求知古如君举(陈傅良),尤喜能文似水心(叶适)"为办学理念,将叶适文集、陈傅良文集作为学生首选必读书本,还要求读薛季宣、王十朋和周行己等乡先生的文集。

诒善祠塾兴办10多年,相继培养的人才颇多。除孙诒让、杨晨是自小随从孙衣言读书外,后来主要有宋恕、项芳兰、项方蕡、池志澂、林庆衍、胡调元、周珑、周拱藻、周焕枢、周恩煦、周恩锜等,早期学生有林用霖、金鸣昌、章楷等,先后有数十人。胡珠生从清末硃卷还补充了徐定超、陈虬等多人。黄体芳也说自己从小就跟随孙衣言读书。黄绍箕、王岳崧、洪炳文也曾经师从孙锵鸣。这些人是构成这一知识群体的主要成员。师生之间有共同的志向,知识群体的凝聚力也较强。

孙诒让(1848—1908年),8岁时,其父孙衣言就以《周礼》教导他。孙衣言在南京任职时,又把孙诒让带在身边,让他结交了当时的一批著名学者,后来又指导他编撰《温州经籍志》。如果说孙衣言注重的是温州学术的传承与创新,那么孙诒让就不止于此。他随父亲走出偏于海隅的瑞安,遍结天下名士,广交海内鸿儒,卷入了清同治、光绪时期的学术核心圈,尽管他按照父亲的要求也致力于编纂《温州经籍志》,也力助戴咸弼编辑《东瓯金石志》,但并没有局限或牵拘于瑞安或温州。孙诒让治学,有家学渊源,更请益多师,没有门户之见,其经学研究以《周礼正义》为最,《墨子间诂》则集晚清墨学之大成。又由于经学研究离不开语言文字学,而撰有《契文举例》《古籀拾遗》《名原》等著作。在其父双眼几乎失明的晚年,他继续父辈开创的事业,在家乡兴办新式学校,提倡发展实业。

　　杨晨（1845—1922 年），字定夒，又为定孚，黄岩路桥人。孙诒让堂妹夫、孙锵鸣女婿，曾两度师从孙衣言。光绪三年（1877 年）考中进士，授翰林院庶吉士、国史馆协修、编修。升御史，历任山东道监察御史、工部给事中、刑部掌印执事中等职。光绪二十三年（1897 年），母卒，辞官归乡。创办越东轮船公司，开创台州航运业，以永宁号轮船航行于台甬间，1908 年兼航温州。著有《崇雅堂文稿》四卷、《崇雅堂诗稿》二卷、《三国会要》等，编辑《台州丛书乙集》等多种。1914 年，杨晨的《湖墅倡和集》由瑞安广明印书局石印。

　　宋恕（1862—1910 年），平阳人，孙衣言、孙锵鸣的学生，后来成为孙锵鸣的女婿，移居瑞安并去世于此。在诒善祠塾读书中成长，现存宋恕早年就读于诒善祠塾的多册课作有老师孙衣言、孙锵鸣的许多圈点和批语。他主张设议院、行西律、办西学，易西服，批评"夫为妻纲"，宣传妇女解放，是中国近代思想史上十分值得研究的思想家。

　　项芳兰（1859—1909 年），又名崧，字申甫，瑞安南堤人。在诒善祠塾学习期间，孙衣言赞其文"详整有体要"。他在家乡兴办新式学堂，1896 年创办的方言馆，是近代浙江最早的外国语学校。他曾任瑞安公立县中学堂副总理，1908 年孙诒让去世后由他接任浙江教育会会长。

　　项方蒨（生卒年不详），号葱畦，项霁的长孙，项骧的大伯。光绪十六年（1890 年）岁贡。师从孙衣言学桐城文章义法，著有《葱畦文稿》一卷（温州市图书馆存有玉海楼抄本）和《七政四馀命学》（宣统元年刊刻本）。

　　胡调元（1858—1927 年），字蓉村，又为榕村，瑞安人，胡玠从子。光绪十七年（1891 年）考中举人，光绪二十一年（1895 年）考中进士，曾任金坛、宝山知县，著有《补学斋诗钞、文钞》（1913 年刊刻发行），另有《补学斋梓馀吟草》二卷、《补学斋联语》二卷（今存钞本）。

　　周珑（1859—1895 年），字伯龙，瑞安人。宋恕的三连襟，善书法，尤以篆书扬名。出使英国随员，病逝于英国伦敦使馆，时年 36 岁。宋恕、孙诒让等题有挽联。

　　周拱藻（生卒年不详），字仲龙，周珑弟，瑞安人。光绪十四年（1888 年）考中举人，曾任山东学务处文案，善篆籀。

　　周焕枢（？—1899 年），字丽辰，号欠泉，后改名观，泰顺人。约 1883 年在诒善祠塾,师从孙衣言,与宋恕同学。1893年,他致宋恕函曾回忆说:"焕枢十年前游于瑞安孙太仆师之门,于时同学多翩翩英才。"宋恕写成《六斋卑议》初稿六十四章,1893年曾给周焕枢阅读。周焕枢回复说:"大著《卑议》六十四章,伟然经世之儒,可师也。"

周恩煦(?—1902年),字晓芙,泰顺人。师从孙衣言、孙锵鸣、黄体芳,光绪十一年(1885年)拔贡,官江苏直州州判。后隐居南京冶山八年,撰《九经通义》,稿未成而病逝。其弟周恩湛、周恩锜与其子周绍徽辑编遗留的诗文为《晚华居遗集》七卷,影印收入《清代诗文集汇编》。

周恩锜(1875—1934年),字季兰,泰顺人。周恩煦弟,诒善祠塾学生,光绪年间副贡。精通文史,曾受聘为浙江省考官。

王岳崧(1847—1924年),号啸牧,瑞安人。孙锵鸣的学生,同治十二年(1873年)考中举人,光绪六年(1880年)以大挑二等授开化训导。曾乡居授徒。光绪十五年(1889年)考中进士,初摄安徽潜山,后历署望江、蒙城、霍邱知县。1903年,清政府设立商部,鼓励各地商人组织商会发展商业,继瑞安商会八月开办后,光绪三十一年(1905年)十月,王岳崧被推举为温州府商务分会首任总理,次年正月二十二日获得农工商部批准。

洪炳文(1848—1918年),在其师孙锵鸣七十、八十寿辰时,都有庆贺诗文,载《花信楼文选》(浙江图书馆藏有稿本)。

林用霖(1816—1886年),字亨父,泰顺人。林鹗之子,曾官霞浦典史,著有《望山草堂诗续》,继续父亲未编纂完的泰顺地方志书《分疆录》十三卷。

金鸣昌(1849—1913年),号稚莲,后易名金晦,号遁斋,瑞安林垟人。诒善祠塾学生,入县学科考,常居榜首,与黄绍箕、孙诒燕同时考中秀才,被誉为"庠中三君"。好读戴望《颜氏学记》。参加求志社,尝著《治平述略》。光绪十四年(1888年)应杨镜清之邀,受聘往平阳江南白沙乡授徒,后掌教于金乡狮山书院,刘绍宽、黄庆澄、鲍铭书等是他的学生。在林垟,奖掖后进,提携金嵘轩、金慎之等。光绪十七年(1891年)后,移居平阳县城东门,与人合资创办叔和酱园,"以卖浆自晦"。金鸣昌是将诒善祠塾学风南传至平阳江南的主要人物。

章楷(1842—1918年),号质敷,青田人。同治九年(1870年)考中举人,历任山东省府秘书、青田县教谕等职。光绪元年(1875年)受聘编纂《青田县志》,为主要编纂人之一。

三、知识群体做出的重大贡献

1. 复活振兴永嘉学派,编辑刊刻《永嘉丛书》

孙衣言模仿其师曾国藩,寻找自强之策,把永嘉学派看作自强思想资源之一。他在后半生的40年中,校勘刊刻了薛季宣《浪语集》、陈傅良《止斋集》、叶适《水心集》等10部宋代温州著作。如把黄体芳按照他老师孙衣言的意思刊刻叶适的著作《习学记言》算在内的话,共计16种300多卷。又历经18年,他编辑《瓯海轶闻》——近百万字的巨著,梳理永嘉学术主线,又编成《永嘉集》内外编74卷。孙锵鸣、孙诒让等也一起努力,做了大量的乡邦文献的保存和整理工作。孙锵鸣撰写或保存、整理的地方文献,已被列入浙江省人民政府发文公布的三批浙江省珍贵古籍名录中的有《止庵日记》等10部①。诒善祠塾师生群体的相当部分人,都重视并参与乡邦文献的整理与研究。近代瑞安家庭藏书的风气自此形成。

时宋恕以此举为"天荒首破,曙光乃来"[3],"于是温人始复知有永嘉之学"[3]。这一努力,使得区域遗产转变为活的文化,也导引了民国时期温州地区的三次乡邦文献的整理、刊印与研究,为后永嘉学派的生成与发展奠定了坚实的基础,对近代中国也产生了不小的影响。客观上说,他们是在近代的新时期,重估旧文明,试图从传统文化中发掘现代性,发现新文化,寻找现代性的本土基因,寻找自强思想资源,以振兴永嘉学派而进行现代性建构。

2. 参与设计晚清改革方案

参与设计晚清改革方案,除黄绍箕外,还有陈虬、宋恕、黄庆澄、洪炳文,稍后则有孙诒让。他们寻找自强思想资源,讨论变法改制,设计达到富强的途径。

---

①　10部古籍分别为《止庵日记》《孙氏世系表》《温州氏族韵编》《吕氏春秋注补正》《礼记集解》《陈文节公年谱》《东瓯郡县建置沿革考》《海日廎札记》《月泉诗派》《鹤阳谢氏家集》。

陈虬于 1893 年刊刻《治平通议》。该书共 8 卷,包括《经世博议》4 卷,《救时要议》《东游条议》《治平三议》《蛰庐文略》各 1 卷。其书名"治平",即"治国平天下"的略语。该书是最早明确主张全面变法的一部论著。他认为欲图自强首必变法,主张变法维新是该书的主题。他提出变法改制的各项对策,如"开新埠""广商务""兴地利"等"富策"14 项,"开铁路""并督抚""弛女足"等"强策"16 项,"开议院""广言路""培人才"等"治策"16 项,形成了比较完整的改革方案。他在政治上提出"以西卫中",主张借用西方议院模式;在经济上采用西方专利制度鼓励发明创造,仿效西方成立股份公司;在教育文化上主张废科举,改考艺学、西学、国学、史学、古学等,主张创办新学,以培育人才。该书还对传统法律的改革发表意见,见解独到,尤其是废除死刑的议论,为中国法律思想史上所首见。10 年后,乐清刘之屏认为,《治平通议》熔铸今古,贯穿中外,开中国变法之先河[7]。

宋恕于 1892 年撰写初稿,并于 1897 年刊刻《六斋卑议》①。该书四篇,前两篇"指病",抨击当时社会、制度和学术的弊病;后两篇"拟方",提出变法的建议主张和分析变法的基础条件。宋恕主张改变教育制度,"取法日本",开办新式学校,倡导社会教育;先振兴古学,强调民间开办报馆、办学会;改革政治制度,并提出具体的改革方案;在法律改革方面,废除一切刑讯逼供,解放妇女,婚姻双方当事人应亲自签署婚书。宋恕认为,变法先要"更律",更改法律是维新变法的前提条件,并提出具体的法律改革内容。其目的是要变君主与官吏的天下为人民百姓安居乐业、各得其所的天下。宋恕对政治改革的建议具有理论深度,对程朱理学的批判尤为激烈。该书对变法维新运动的开展具有一定的影响。

黄庆澄是金晦的学生,于 1889 年任教于上海梅溪书院,于 1891 年在安徽潜山县任幕僚,于 1893 年到日本考察,第二年刊刻《东游日记》。他认为,要学习吸收西方的先进政治制度和科学技术,"以彼之长补吾之短""但师彼之法,而不师彼之意"。他于 1895 年刊刻《湖上答问》②,提出"救时之法",

---

① 光绪二十三年(1897 年),《六斋卑议》由上海千顷堂活字排版印行。
② 光绪二十一年(1895 年),《湖上答问》有温州咏古斋刊刻本。

阐明"理财之法"。

洪炳文于 1896 年对变法自强有设计。《花信楼文选》卷三有《富国强兵论》，又有《自强之道以何者为先论》《正人心储人材策》《温郡土产如何兴办》《温州海防议》等。洪炳文讨论变法自强，能结合温州地区的实际情况来探讨，难能可贵。惜该书的刊刻传播情况未获悉。

1901 年 1 月 29 日，朝廷下诏，将变法自强，广求众议，限两个月内。盛宣怀托费念慈，请孙诒让撰写条陈。孙诒让以《周礼》为纲，西政为目，旬日之间，草成《变法条议》40 篇，提出改革主张。第二年，该文稿由瑞安普通学堂刊行，名《周礼政要》。该稿本今藏在南京图书馆，被列入《第一批国家珍贵古籍名录》，名录号为 01338。该书认为，"数十年来，中外交涉之事，首在通商"，而要振兴中国商务，应"立商部，以执商务之总"，并"于各行省及商埠，广开商务学堂"，"更广开商务报馆，译西国商务有用之书，究西国商人习用之语言文字，以开其智而精其术"。实行新政的朝廷，也在两年后（1903年 4 月）宣称"通商惠工，为古今经国之要政"，以"阜民财而培邦本"，命令尽快制定商律，并于当年 9 月宣布设立商部，并将商部作为朝廷振兴实业的总机关，还鼓励和支持国内商人设立商会组织。在温州地区，瑞安最早（1905年 8 月）成立商会，孙诒让出任总理。雪克在《大戴礼记斠补·点校说明》中指出，在书中，无论作者扩大民权、限制君权、改变君主臣奴的主张，还是对照西制，一再赞扬西国"其制极精密""工艺之巧冠绝五洲"，进而要求"极宜仿西法"，莫不表明作者崇尚西方新政和新政所带来的科学技术的成就。在孙诒让看来，新政虽出西方，但证以《周礼》一经，"吾二千年前之旧政已发其端"了。在这里，崇尚西方新政与发扬光大周制之精粹统一起来，这正是孙诒让托古改制思想的一种体现。由于书中所陈，皆当时国人所关注的变革社会富国强民的施政大事，又能切中时弊，瑞安初刻刊成后，上海各书局亦争相刊布，风行一时，影响深远，多获时人好评。[8]

一个县城，居然会有这么多的人，时间又是这么早，就开始参与设计、积极讨论变法自强、改革发展的方案，这在中国十分罕见。其中缘由之一不能不归因于诒善祠塾的教育。

3.积极倡导兴办新式学校

孙诒让于 1897 年写给梁启超的信中说:"富强之原,在于兴学,其事深远,非一蹴所能几。"1899 年又说"自强之原,莫先于兴学"。1896 年,这一知识群体发起创办瑞安学计馆和方言馆。1902 年,瑞安学计馆与方言馆合并为瑞安普通学堂,也即今瑞安中学的前身。1896 年,创办温州城区第一所小学堂。1896 年,传教士苏慧廉在温州城区创办艺文书院。1901 年,举行艺文新校舍建成后的开学典礼,新合并的瑞安学计馆和方言馆两馆师生远道前来参加。孙诒让认为,艺文学堂是用西洋文明开发温州地方的民智。1897 年,永嘉蚕学馆开办。1899 年孙诒让、金晦等集资,在温州城区创办瑞平化学学馆,改诒善试馆为校舍,1902 年成立温州府学堂。

1904 年,刘绍宽到日本考察学务,瑞安籍留日学生许燊在座谈会上提议温州、处州两府当会办学务。1905 年,温州、处州两府合设学务分处。1896—1905 年温州、处州两府合作办学共 85 所,1906—1908 年 3 年中办学达 224 所,居于浙江省前列。晚清温州创办新式学校,民间办学的积极性高于省内其他地区。仅 1908 年上半年,平阳县就创办新式学堂 50 所,其中官立学堂仅 1 所。据《浙江教育官报》1911 年第 64 期记载,以 1910 年浙江各县设立简易识字学塾情况看,当时要求大县办 10 所、中县办 8 所、小县办 6 所,全省各县应设立 620 所,实际设立 1057 所,多设 70%,其中温州所属永嘉、瑞安、乐清、平阳、泰顺最为先进,应设 44 所,实际设立 126 所,多出 186%[9]。温州地区兴办新式学校,走在了整个浙江省的前列。

4.推进新农业和工商实业的发展

这一知识群体的主要骨干于 1897 年积极实验和研究农学,1898 年成立务农会瑞安支会,购买洋式农具,采用西法,试种湖桑、瓯柑等,开展试验,走在当时我国的前列。

1896 年,务农总会(也称上海农学会)在上海成立。1897 年,《农学报》创刊。从早期《农学报》可知,早期陆续加入上海农学会的有黄绍箕、洪炳文、伍恭寅、黄士芬、金启商、黄绍第、陈虬、刘秉彝等。光绪二十三年(1897 年)12 月,黄绍箕集合瑞安同仁,集资合力,集 80 股,1 股银洋 10 元,订立章程 52 条,组织 50 多人,成立瑞安务农支会,系上海农学会的分会,会址在卓忠毅公祠内[10]。《农学报》第 29 册刊登黄绍箕《瑞安务农支会叙》,第 33 册刊登《瑞安务农支会请官立案禀》。他们集资千元作为股本,购地四十亩,托上海农学会代购湖桑八千株,种植栽培。黄绍箕任会长,黄绍第为副会长,洪炳文为试验部部长兼主采访,孙诒让为研究部部长,项芳兰、周拱藻为总司收支,许黻宸、陈范、王镜澄、林向蔾为总司账务。他们制定章程,并认为,"农学为富强之本,其于本邑尤为急务",欲"撷西学之精微,培中华之地宝","欲求富强,必以广兴农业为首务","成此美举,以惠地方"。其中,孙锵鸣的学生洪炳文根据采访所得资料,编写《瑞安农事述》《瑞安土产表》《瓯越茶述》《瓯浆志略》等,刊登在《农学报》1897 年、1898 年。周拱藻对瑞安蔬菜瓜果也有所记述。

他们还支持和参与兴办矿务,尤其是倡议和推动新式轮船航行南北。1904 年,项湘藻、项崧等租用"湖广号"客货轮,行驶于瑞安与宁波之间。半年后,改为自购小轮航行于温州至瑞安的内河。1915 年,购汽船以航行,公司改名"通济",进而创办瑞平内河汽轮运输公司及经营飞云江轮渡。1926 年始,又经营平阳至瑞安、鳌江往返客运航线。

近代以来,由于瑞安人的努力奋斗,由此在温州地区逐渐形成了一种积极兴办新式学校、乐于接受外来先进思潮、提倡和崇尚实业的社会风气,积淀为一种创业创新、致力于民生改善的区域文化。

[参考文献]

[1] 孙延钊.孙衣言孙诒让父子年谱[M].上海:上海社会科学院出版社,2003:287.

[2] 洪振宁."温州学"研究的先驱——纪念孙衣言先生诞辰 200 周年[J].温州职业技术学院学报,2015(4).

[3] 宋恕.宋恕集[M].北京:中华书局,1993.

[4] 熊月之.西学东渐与晚清社会[M].上海:上海人民出版社,1994:666.

[5] 汪林茂.从传统到近代:晚清浙江学术的转型[M].北京:中国社会

科学出版社,2011:354.

　　[6] 黄体芳.黄体芳集[M].上海:上海社会科学院出版社,2004:177.

　　[7] 刘之屏.盗天庐集[M].北京:线装书局,2012:7-8.

　　[8] 孙诒让.孙诒让全集·大戴礼记斠补:外四种[M].北京:中华书局,2010:8.

　　[9] 张彬.浙江教育史[M].杭州:浙江教育出版社,2006:374-375.

　　[10] 孙延钊.孙延钊集[M].上海:上海社会科学院出版社,2006:290-291.

　　　　　　　　　　（原刊于《温州职业技术学院学报》2017 年第 4 期）

温州海塘文化遗产与地方精神

刘小方

【摘　要】温州海塘建设历史悠久,其修筑、维护和利用等构成了地方政府与人们的日常生活。史志中保留着大量温州海塘的碑记、序跋、诗词和工程评述等文化话语,是宝贵的温州海塘文化遗产,构成了理解温州沿海地区人地关系的重要内容。温州海塘不仅影响了聚落形态与人文景观,更深刻地调整着人地关系,塑造了地方精神。

【关键词】温州;海塘;文化遗产;地方精神

海塘是人们为了防止海潮泛滥成灾而在沿海地带修筑的堤防工程。在漫长的时空里,我国沿海居民为修筑海塘付出了巨大且沉重的代价,留下了宝贵的文化遗产。对此,明代沈懋孝认为:"惟天下有三大防,疆圉之吏在守边防;转漕之吏在守河防;东南守土之吏,守在海防。此三防,天子之守也……故塘之捍海,其备甚于边墙,急于河堤!"[1]民国余绍宋指出:"海塘关系甚巨,工费又繁,且历来与防河、治运并列为我国三大水利工程。"[1]从海塘的历史功能看,"海塘如同'海上长城',发挥着保护东南一方安危的重大作用,并因此与长城、运河一起,被誉为中国古代三大工程"[2]。海塘不仅影响了聚落形态与人文景观,更深刻地调整着人地关系,塑造了地方精神。

温州滨海,其海塘修筑历史悠久。明代《弘治温州府志》编纂者蔡芳认为:"盖自开辟时即有此海,自桑田即有此乡,自御海即有此塘。"[3]宋代叶适、林景熙、陈傅良、徐宜、杨简等都留下过有关温州海塘的历史记述。浙江

作者简介:温州职业技术学院副教授。

"东西十一郡,杭、嘉、宁、绍、温、台濒临大海","温台山多,土性坚结,所有海塘之处间多"[4],其中温州海塘修筑数量最多,工程最巨。目前,学界对温州海塘的关注较少,对温州海塘的研究也主要集中在水利水电工程、公路与水路运输、工业经济、历史学等领域,对海塘文化遗产与地方精神研究不多。本文从文化遗产与地方精神的角度关注温州海塘,从温州海塘的历史话语体系中探寻海塘文化源流、遗产意义与地方精神、当代价值之间的关系,同时为温州海塘文化的研究及海塘遗产的保护、开发和旅游休闲利用奠定基础。

一、海塘修筑与温州地方精神源头

地方精神(the spirit of space,又称 geniusloci)原本是建筑学用语,由挪威建筑学家诺伯舒兹于 1979 年提出。在长期的城市建筑学研究中,诺伯舒兹发现:"早在远古时代人们就已经认识到不同地方有着不同的特征,这个特点是如此之强,它往往决定了居于其中的人们对环境的意向的基本性质,并让他们觉得归属于这个地方。"[5]地方精神不仅仅是一个地方居民的自我感受,更是一个地方独特文化的集中体现。众所周知,"温州模式"和温州精神是中国改革开放后地方经济发展中的一朵奇葩,依靠自身,以"民办、民营、民有、民享"和"自主、自创、自卫、自力"为特征的"民本性"成为温州地方精神的核心因素[6]。

"温州模式"和温州精神有着深刻的历史渊源和文化发展轨迹。一般认为,温州地域文化全面崛起于南宋,以永嘉学派的形成为标志[7],而温州地域文化的发展、崛起与海塘的修筑关系密切。吴松弟认为:"温州平原的成陆,自西晋这一区域的人口增多以后便始终与海塘建设相伴随,这种海塘往往兼具抵御海潮、蓄水灌溉及航运的多种功能。"[8]也就是说,1800 多年时断时续的海塘修筑不仅塑造了温州沿海的城乡机理与城镇景观,也深刻影响了温州地区的社会关系与地方精神的形成。海塘修筑的过程是将自然环境演变为人文环境的过程,也是创造"家"的过程。人们在州、县、乡等不同行政层级上对海塘的修筑也实现了对地方及地方景观的创造,最终形成了对这块土地的情感依附和根植感受。

1. 通过海塘修筑,实现了温州地域文化与中原文化的对接,并为地方精神的形成注入了丰富的营养

古代温州人通过海塘修筑形成了一整套海塘话语。这些话语散落于《浙江通史》《海塘录》《捍海塘志》等海塘专史和温州历代各级地方志、金石志等中,并由其中碑记、序跋、诗词和工程评述等文本共同构成。值得注意的是,温州海塘文化话语自觉将海塘修筑与《论语》《禹贡》《史记》等中华原典精神进行对接,为温州地方精神的形成奠定了基础。

迄今发现的关于温州海塘修筑的最早记录,为明代宋濂《横山周公庙》碑文。该文记述西晋横阳(今温州)神祇周凯在温州大地上治理水患修筑海塘的丰功伟绩,描述了温州海塘修筑的早期图景:"而郡临海属……地皆濒海,海水沸腾,蛇藤杂居之,民惧其毒,神还自洛,乃白于邑长,随其地形,凿壅塞而疏之,遂使三江东注于海,水性既顺,其土作乂。"[9]稍做比较就会发现,这段描述周凯的治水背景和治水疏导法中的形象与大禹的经典文化形象极为相似。《史记·夏本纪》载:"当帝尧之时,鸿水滔天,浩浩怀山襄陵,下民其忧……禹乃……命诸侯百姓兴人徒以傅土,行山表木,定高山大川……陆行乘车,水行乘船,泥行乘橇,山行乘樏。左准绳,右规矩,载四时,以开九州,通九道,陂九泽,度九山。"[10]很明显,《横山周公庙》话语风格是受《史记》的影响,其写作本身就是为了将地方先贤与大禹的经典文化形象相对应。正是基于周凯在早期温州海塘建设中确立的与大禹类似的功绩,温州老百姓将他供奉为"平水圣王",并对他的生平和事迹不断附言,继而形成庞大的灵异叙事结构,最终打造出温州地方版"大禹"形象。直至今天,温州各地至少有6处祭祀周凯的庙宇①。

此外,《道光乐清县志》水利篇也有"夫国保于民,民依于食,食占之岁,岁仰之水。故后稷之为烈也,在粒民;禹之巍巍也,在沟洫。翻为农利者,莫

---

① 据笔者实地走访,目前,温州地区至少有六处祭祀周凯的庙宇,分别是鹿城区横渎屿的水心道观(又称平水王庙)、瓯海区丽田街道平水王庙(又称太阴宫)、永嘉县苍坡村仁济庙、永嘉县东联村东联观、永健县千石村平水纪念堂和乐清市城东街道半沙村平水王庙。

如堤防，莫如陡门"[11]的表达。"禹之巍巍也"出自《论语·泰伯第八》，原文为"巍巍乎，舜禹之有天下也，而不与焉"[12]。《论语正义》注疏曰："此章美舜、禹也。巍巍，高大之称。言舜、禹之有天下，自以功德受禅，不与求而得之，所以其德巍巍然高大也。"[13]无疑，"禹之巍巍也，在沟洫"在此表达出强烈的仁政思想，只有通过与民为功、与民为善，才能自然获得百姓的信任、支持和拥护，才能获得"天道"。平阳海塘的阴均斗门修筑中，州判皮元没有使用严刑峻法而是亲力亲为身先士卒投入建设，以仁政和个人德行获得了百姓赞许。因此，林景熙说："夫以利人者役人，虽出有司，法以绳之可也。侯立心仁恕，唯思行所无事，不叫嚣而集，不鞭笞而办，诚动义感，匪师曷遂？"（宋濂《宋文宪公全集·銮坡继集》卷十四，四部备要本）这自然也是"禹之巍巍也"的表现和大禹精神的实质传承。

温州海塘话语通过与中华经书原典的对接，赋予海塘文化与经学的意义，让海塘充满仁政思想和人文情怀，让修筑海塘不仅是"上蓄泉流，下捍潮卤"的水利治理，更是理顺地方治理秩序，实现地方稳定繁荣，构建王道和德政充盈理想空间的政治实践。由此实现了温州地域文化与中原文化的接续，并为温州地方精神的形成注入了丰富的营养。

2.海塘作为抗击倭寇的堡垒，在抵抗外辱中夯实了温州地方精神

从明代开始，中国来自海上的威胁逐步增大。明中叶沿海倭患频仍，温州卫所城营建数量也位居全省之首。从空间分布看，明代卫所选址不仅与历代温州海塘之间存在明显的伴生关系，而且以海塘为基础进行卫所城营建或以海塘为依托进行抗倭的记录也不绝于史册①。这一点，从温州的塘垾工程管理中可见一斑。从晋代开始，温州就已设立专门的海塘管理机构，宋、元、明、清逐渐形成海岸线的海塘工程管理，尤其明清的温州海塘，分为国家军事管制和地方水利管理体制。明初温州倭患日益严重，朝廷沿海建置温州卫、金乡卫和磐石卫三处指挥司，统率海安、瑞安、沙园、蒲门、宁村、

---

① 明初浙江海防建设中，温州卫所城营建数量位居全省之首。从《敕修两浙海塘通志》卷一《图说》中的温州府海塘图和海塘南岸全图（上、下）的温州海塘的空间分布看，其与明代卫所选址位置关系密切。

蒲岐等千所旗军 6500 人,以海塘为屏障,围城堡驻军屯田,防御倭寇侵犯,将传统海塘修筑延伸出海防的功能,达到了"筑塘以守民"和"筑塘以守边"的双重目的。《读史方舆纪要》卷九十二"温州"条目中就有"嘉靖中,倭尝登劫,有碶头海塘为戍守之地"[14]的记录。

从温州古海塘的管理模式看,驻军与地方一同分担修建海塘的任务。"天顺间,宪副朱公杞用里民侯英告,计工以十为率,军三而民七之,定为永规。"[9]明正统五年(1440 年)至万历七年(1579 年)间,金乡卫沙园所的驻军就与平阳百姓共同修筑了沙园塘和南岸塘两处共计九百四十余丈的海塘。魏特夫认为:"在治水文明早期,对固定的水源系统的依赖必然在许多情况下驱使农业共同体在其家宅和田园周围修建强大的防御工程。为了这个目的,治水农业从两个方面启发了人们:一是教导人们应该如何处理各种建筑材料,如泥土、石块、木材等等;二是训练人们用组织的方式去运用这些材料。沟渠与堤坝的修筑工人很容易成为沟壕、城楼、栅寨和延长的防护城墙的建筑工人。"[15]明代海塘军事建制称"汛地",设置汛兵及巡检司,以观察汛期情形与传递军事情报信息,巩固海防。地方政府则以农政水利为宗旨,设置圩塘长、埭夫、岸夫、闸夫的岗位,处理海塘、陡门等的修建和日常维护,双方各司其职。海塘沿线以政区属地分段管理,各乡、村海塘划定乡村界址,分地段负责维修养护,立乡规民约,损塘者罚,护塘者赏,勒石示禁。可见,军民共建赋予海塘军事含义,对战时海塘能发挥巨大的军事价值具有重要的意义。

明代朱谏《重修蒲岐海塘记》文首提及:"乃依下保山筑塘作斗门,捍海以蓄泄水。城扼县东乡喉楗,间御海上寇盗。"[9]王攒《抚安塘记》载:"温濒海而郡,而苔山之民则岛处巨海之中,倭夷时觊登掠,切有海盗自他至者。其民以有司遏阻,或乃纵秩余绳法之外,往往迄遭戾咎;有事邑里,辄泛蛟虬涛波不测之险。匪惟官病之,而其民亦且自病,故尝议徙内地。"所以"安禄侯奏徙于万安寺前,沿海筑塘,田其涂以食其众"[9]。海塘的"捍潮汐"与卫所的"御倭寇"具有同样性质。因为在漫长的海塘修筑历史中,人们逐渐将海塘修筑中付出的艰辛内化为对海塘保护的每一块田畴的珍惜,所以当面对贼盗、倭寇的侵袭,人们表现出超出自己能力的激烈反抗。

以蒲壮所后英庙神祇陈老为例,这位源自普通百姓的民族英雄面对倭

寇的进犯,挺身而出,壮烈牺牲。"神姓陈氏,讳老,吾里人也。前明嘉靖
某年,倭氛大作,濒海之境尤被其毒。蒲城西南际岭,横亘数里,与闽接
壤。一日,倭帆风闽海,舍舟登陆,将逾岭以剽吾里。神时适伐木山上见
之,念寇若过岭,则势不可当,里中必无噍类;今幸未出险,扼而歼之,一人
力耳。于是率同樵四五人,当山径峻绝处垒石塞之,而身隐其内。贼至甚
怒,势方汹汹,神猝起大呼,挺斧奋斫,贼皆错愕披靡,卒以众寡不敌,丧其
元焉。而城中得樵人逸归者报,即登陴拒守,倭力攻不克引去,竟脱于祸。
于是相与求神遗骸茔于龙山之麓,即其侧立庙祀之,名曰'后英'言其为后
来之英豪也。"(孙衣言《瓯海轶文》)《逢原斋诗文集·后英庙神传》对此有
进一步的记述:"使神遇寇时稍自顾虑,势必奔避不暇。即爱护乡里,计亦
惟先归号众,使各为备,亦足以为德于里人矣!……明至中叶,兵备废弛,
武弁多怯不任战,往往遇贼辄逃,而寇焰益张。一时封疆之吏,方且拥兵
观望,缩纳退沮,以酿成其祸。故东南数千里地,蹂躏焚掠之惨,蔓延数岁
而不克珍。使神得提一旅,为国效命。吾知其身先士卒,催锋制胜,必能
与俞大猷、戚继光诸公争烈。"这两段文献集中表达出这样一个观点,即面
对倭寇的袭扰,最终能依靠的还是生于斯长于斯的老百姓自己,依靠自己
才能拯救自己。这与海塘修筑过程中呈现出的"民本"地方精神和思想如
出一辙。凭借海塘或经由海塘成功抵御外辱不能不说夯实了温州地方精神。

二、海塘文化遗产与温州地方精神的形成

从浙江海塘地理分布看,学界把目光和注意力更多放在了浙北海塘(尤
以钱塘江海塘为重心);从历代行政管辖和区域经济文化重心的角度看,浙
北海塘尤值得重视。但应注意到,浙南地区由于偏离区域中心,地处行政区
域与文化中心的边界地带,又有自身独特的风格,体现在海塘修筑中基层百
姓的抱团取暖和海塘类庙宇景观对"民本性"的附言和强化。

1. 海塘修筑孕育了温州"民本性"地方精神

从海塘类型看,温州"官塘"比例极低,尤其与浙北杭州、绍兴、宁波等地
相比更甚。从"以海防余银五百两……复治官塘,大为民便"(嵇曾筠《雍正

浙江通志》卷六十三,清文渊阁四库全书)和"官塘,工大役,总大纲者,水利道臣之责"(汤日昭《万历温州府志》卷九,明万历刻本)等零星记录看,"官塘"是由省级地方政府设立专门机构,安排相关经费,进行统一规划标准建造的海塘。温州"官塘"记录数量极低,说明温州大部分海塘依靠民间力量修筑。

历史上,部分或完全依靠民间力量修筑海塘的记录很多。以宋代温州府城外的南塘修筑为例,当时"州城外,南达瑞安,有石塘百里所,不知起何时,而岁积坏,倾者为嵌,陷者为汇,遇时潦,咫尺不得进,往往溺死,自闽山至吴会,来去者病之",耗时 6 个月后,南塘得以修缮;从资金来源看,"前太守李公以钱三百万,提举勾公、岳公继以米四百斛,倡民兴之。民亦输钱累至四百三十二万"[16]。以元代平阳阴均斗门(今属苍南)修筑为例,元大德九年(1305 年),由于海塘年久失修,河流有蓄无泄,海潮澎湃入田为害,而"官置不问;纵有问者,吏持片纸急其都,都急其民,交相渔猎,迄无成功"[16]。当地方政府下定决心重修阴均斗门时,却因"修缮之费,公私交以为病"一筹莫展。当时平阳州判皮元不得不发动民间力量,甚至邀请当地僧人出面化缘筹措筑塘资金,"(皮元)闻芦江报恩寺有讲师曰融,梵音精爽,实为众信。侯致尺书,词语恳笃,愿借师力以成。师得书喜曰'成此非细利也。侯有命,其敢不承?'乃携短疏道侯意劝化。有总管汤士宣捐资为倡,义风所激,壹是乐从"[16]。通过修筑海塘,整个基层社会得到动员,人们之间的关系因海塘修筑而紧密,乡民之间的互助和信任得到加强。以元代横阳上河埭(今平阳)修筑为例,元世宗至元二年(1265 年),平阳大旱,自夏迄秋不雨。"里人林光祖倡为其事,将楗石函板,截浦为闸以疏闭之,半载无成,丧民楮二百余锭"[16];五年后又遇大旱,主政平阳的副都元帅致仕周侯直接委托"富民应、徐二人"修筑土埭,史载"措置数月,植木填土,垂成而溃,计其费用,视丙子所丧已过半矣"[16]。其后七年,干旱与洪水交错而来,民苦不堪言,"有佛氏所谓优婆塞二人,推里中林成大之徒相与以复埭事闻于郡",地方官各种顾虑之际,"富民徐又恐事机之易失,谋广福寺僧正解,复谋请周侯以秉其事"[16]。此埭最终虽"再筑再溃",但整个修筑过程却均为民间力量推动与实施。

2.海塘祠庙景观传递和延续温州地方精神

温州古称东瓯,有着悠久而复杂的地方神灵和信奉体系,与海塘修筑相关的神庙祭祀是其中重要的组成部分。事实上,地方神祇的形成有着儒家经义的文化传承。《敕修两浙海塘通志·祠庙》卷一开篇也提及:"捍灾禦患,凡有功德于民者,列之祀典,海塘之筑障卫民生,城郭田产利赖非细,如海神潮神龙王,各庙肸蚃,千秋宜矣。至一州一邑之间,或修筑有功载在志,乘或声灵赫濯,土俗尊崇,所在祠庙亦宜一律编纂以昭崇报之义。其庙貌虽去塘近而无与海塘事者盖不列志祠庙。"[4]

《弘治温州府志》载,温州郡城之内就有夏大禹王行祠、惠民王庙、海坦平水庙、海神庙等直接与海塘修筑密切相关[16]。这些祠庙中大都供奉着有功于海塘修筑的人物,如横山周公庙平水王周凯、平阳阴均庙阴均大王汪季良等。西晋时临海郡古代最早治水英雄周凯依据地形用疏导的方式治理了三江(瓯江、飞云江、敖江),在沿海用土修筑海塘防止海水内侵而获得人们的祭祀。周凯死后被封为"平水王",至今平水王庙仍香火旺盛。南宋嘉定年间,平阳县令汪季良以"赈贷平阳十乡细民,不计息。遇饥岁,并蠲其本"[14]的方式修筑海塘八十丈,又造石门于山之麓,保护了农田四十万亩不受海水侵蚀,呵护了周围数万生灵,而得到周围百姓以"阴均大王"的祭祀,至今阴均庙和阴均殿仍有祭祀他。

康熙年间,平阳县令王元位等为民众修筑了渡良陡门,"至九年竣工。王令去任,令沈瑞鹤经始其事,邑人遗爱不忘,建祠于陡门旁以祀"[14]。这种传统一直延续至民国。刘绍宽的《沙塘陡门纪念祠记》追溯了沙塘陡门千百年修筑的历史,当他看到"见陡旁水陆寺左庑旧所辟龛祀宋、元以来治陡官绅者,今悉堕坏"之后,耗费大量精力"乃复考诸志乘,询诸耆旧,得三十有一人,新其龛座,列主其中,而乞余为记。余谓前事不忘,后事之师也"[14]。通过对建立功勋人物的祭祀树立典范,鼓励后来者。当然,随着祭祀的深入、持续,民间话语神灵附言的完成,会形成"使十乡之民,世世子孙无忘"的地方记忆和地方故事。这些地方记忆和地方故事中充满了美好理想的官民互动和鲜活的海塘修筑细节,成为人们熟悉而温暖的家乡味道。这种地方精神又通过祠庙、碑记等文化景观的物质载体代代相传。

[参考文献]

[1] 闫彦,李大庆,李续德.浙江海潮海塘艺文[M].杭州:浙江大学出版社,2013.

[2] 和卫国.治水政治——清代国家与钱塘江海塘工程研究[M].北京:中国社会科学出版社,2015:26.

[3] 蔡芳.平阳万全海堤记[M]//吴明哲.温州历代碑刻二集:下册.上海:上海社会科学院出版社,2006:971.

[4] 敕修两浙海塘通志:卷一[M].影印本,1751(清乾隆十六年).

[5] 诺伯舒兹.场所精神——迈向建筑现象学[M].施植明,译.武汉:华中科技大学出版社,2010:18.

[6] 方立明,薛恒新,奚从清.温州精神:内涵、特征及价值[J].浙江社会科学,2006(1):122-125.

[7] 王宇.永嘉文化与南宋温州的发展[D].杭州:浙江大学,2005.

[8] 吴松弟.温州沿海平原的成陆过程和主要海塘、塘河的形成[J].中国历史地理论丛,2007(2):13.

[9] 吴明哲.温州历代碑刻二集(上册)[M].上海:上海社会科学院出版社,2006.

[10] 司马迁.史记(第1册)[M].北京:中华书局,1959:50-51.

[11] 道光乐清县志[M].北京:线装书局,2009:195.

[12] 论语[M].北京:中华书局,2006:113.

[13] 刘宝楠.周礼正义·泰伯第八:卷九[M].北京:中华书局,1990:307.

[14] 顾祖禹.读史方舆纪要:卷九十二[M].北京:中华书局,2005.

[15] 魏特夫.东方专制主义——对于极权力量的比较研究[M].徐式谷,奚瑞森,邹如山,等,译.北京:中国社会科学出版社,1989:25.

[16] 王瓒,蔡芳.弘治温州府志[M].上海:上海社会科学院出版社,2006.

（原刊于《温州职业技术学院学报》2018年第1期）

文化学视域中的"温州模式"

沈 潜

【摘　要】"温州模式"本质上是一种文化模式。"温州模式"通过文化调适变通、变革来超越现实环境和种种不利因素的制约,表现为穷则思变、因利而制权的创业经济思维,使温州走在改革开放的先富行列。"温州模式"的是非曲直,与文化堕距有关,是后改革时代仍需吸取的教训;"诱致性制度变迁"是"温州模式"最大的社会历史功绩和文化史价值。"温州模式"的发展提升,需要激发新的精神动力,融入新的文化元素和价值理念,尤其应从生态文明、消费文化和创新推动等层面实现更高层次的生命质量和维度的提升。

【关键词】"温州模式";文化调适;文化堕距;文化变迁;文化转型

"温州模式"是我国改革开放进程中涌现的一种区域经济发展方式,是商品经济和市场化进程中个体创业致富和群体变革创新的典型。早在改革开放前夕的20世纪70年代后期,温州个体私营经济就已突破计划体制的边界而悄然蔓延。尽管"温州模式"的提出在20世纪80年代中期,但就私(民)营和创变行动而言,"温州模式"的发生发展至少是与我国改革开放同步的。而今我国改革开放走过了整整40周年,这期间,"温州模式"经历了风风雨雨,其意义和影响也早已超越了经济模式层面,成为一个具有独特和鲜明个性的区域文化发展范例。自21世纪以来,模式叙事渐趋式微,"温州模式"也在转型发展的语境中遭遇理论和实践的双重

作者简介:温州职业技术学院副教授。

困惑。为此,温州人经济研究,尤其是"温州模式"研究,需要我们在思维和理念上创新,寻求新的突破,实现新的转变[1]。在当前正面临坚持并扩大改革开放,亟须重振民营经济的宏观背景下,重温"温州模式"的历史经验,尤其是从文化学视域审视和思考其中的发生发展特点,仍具有现实的启示意义。

一、模式需求:"温州模式"的产生

法国社会心理学家塔尔德指出,社会上一切事物不是发明就是模仿,而"模仿是最基本的社会现象",人与人之间、群体与群体之间的相互模仿构成了社会互动的主要类型[2]。模仿可分为无意模仿和有意模仿,前者是人在不自觉状态下对他人行为的反射性模仿,而后者则是基于一定动机或目的的自觉仿效。"模式"一词在改革开放以后频频出现,正是在这场前所未有的经济社会大转变中,大家都是"摸着石头过河",摸索中前行的人们总是希望能找到可靠的信息参照和安全的行为方式范例,由此产生了对模式的需求。"温州模式"正是在改革开放和市场化初期区域间群体有意模仿的需求下催生、构建和传播的。

文化模式有特殊模式和普遍模式。特殊文化模式代表某一类地区和群体文化的特殊形式和结构,其凸显的文化特质往往成为文化比较的对象,因而引起人们关注。特殊文化模式产生和运行于特定的自然和社会环境,呈现为一种有效性生存发展形势,从而引起人们的关注和模仿兴趣。这种有效性在特定历史转折时期里首先呈现出来,就抢占和满足了模式需求的先机。

温州人在创业致富、发展个体私营经济方面的观念和做法正是应合了特殊文化模式几个方面的构成条件,即它是一种孕育于温州这样一个特定而典型的自然、历史和现实的环境,特质鲜明、有效的生存发展方式,恰又在改革开放的特定历史关头得以充分彰显。因此,无论温州人是否意识到他们自己所创造模式的存在,也不管他们想不想推广"温州模式","温州模式"的提出和反响都是历史发展必然需求的反映。一方面,改革开放需要一些模式,包括"温州模式"、苏南模式、珠江模式等;另一方面,"温州模式"更需要改革开放,没有改革开放,"温州模式"恐怕也只是沉睡在无数温州人身上的"无意识"。于是,在经历 20 世纪 80 年代前期的实践、考察和领导同志对以温州农村经济为典型的个体私营经济的一系列评价指导后,1985 年 4 月 14 日《中共温州市委关于温州农村发展商品经济情况的报告》提出,温州从实际出发,走自己的路子,形成了不同于苏南等地的模式[3]。同年 5 月 12 日,《解放日报》发表题为《乡镇经济看苏南家庭工业看浙南温州三十三万人从事家庭工业》[4]一文,"温州模式"正式见诸媒体,由此掀起了考察、研究"温州模式"的热潮。

"温州模式"研究热度从 20 世纪 80 年代持续到 90 年代,直至今天,其理论和实践意义仍值得进一步探究。虽然其间也伴随诸多争论,甚至进入 21 世纪以后,随着传统制造业的危机和产业结构调整时代的到来,有人还提出了"温州模式"过时论。但就超越经济发展的具体形式和方法这一层面,从文化调适和变迁发展的视角看,"温州模式"始终具有促进变革发展的生机和活力。

二、文化调适:"温州模式"中的"觅食方式"

文化的基本结构包括物质生产文化、制度行为文化和精神心理文化。其中精神心理文化内化于人类文化发展的各个层面,积淀在族群文化的深层,构成其独特的心理结构,左右其思维方式和行为习惯。透过"温州模式"的物质生产层面,可以看到其中的文化心理结构,即基于务实观念的创变思维和处事方式,一种在生存和发展的竞争态势中被激发出来的主动性和灵活性的思维特质。

所有生物为了延续生命都必须满足自身物质上的需求,而环境与资源是满足这种生存需求的基本条件,也决定了生物的"觅食方式"。如果生物和环境的关系难以正常维系,或者获得和使用它们的方法与工具没有发明和进化,那么它就面临着生存危机。如一头狮子所要捕食的动物都消失了,或者它的牙齿、爪子和消化系统退化了,那么它就有可能被饿死。人类有时也面临同样的问题,所幸的是与其他生物相比人害有一种压倒性的优势——创造了文化。倘若肉食供应不足,可以改吃蔬菜或别的什么,如大豆,并把它加工得像肉食一般;当工具失灵了,就发明更好的替换它们;即便胃不能有效消化食物,也会设法将食物软化和烧制成更容易消化的形态。人类像所有生物一样受制于生存的需求和压力,从这一点上来理解人类的行为,包括"温州模式"中温州人的创业经济行为,是十分重要的。而理解这一点的关键概念是调适(adaptation),即有机体在其环境方面造成的变化与环境在有机体体内造成的变化之间的相互作用过程。调适过程确立了人口的需求与其环境潜能的动态平衡。处理和维持这个动态平衡是所有文化的基本事务,从而产生了使他们持续生存下去的观念、活动和技术途径。也就是说,人类通过文化调适,形成各种做事的方式,这种方式适合于他们拥有的可用资源。在特殊地区,生活于类似环境的人们往往借用在那种环境中看来有效的方法,一旦获得成功,调适可能长期被肯定下来,成为一种文化基因[5]。可见,文化的基本职责就是保证那些按其适合的规则生活的人们持续生存下去,这种保证就是文化调适,也就是通过变通、变革来超越现实环境和种种不利因素的制约。

"温州模式"中包含的穷则思变、因利而制权的创业经济思维,正是文化调适理论的典型例证。因此,"温州模式"本质上是一种文化模式,其思想原型被认为是永嘉学派的功利实学。永嘉实学就是基于上述原理将儒家传统义利思想调适为经世致用的功利文化观,很好地协调了儒教与商业文明之间的关系。这种文化调适不仅促进了宋代温州经济社会的繁荣,也在支撑南宋政权的延续中发挥了重要作用[6]。而温州人也在个体私营经济模式与公有计划经济体制的博弈中建立了"温州模式",使温州走在改革开放的先富行列。值得注意的是,"温州模式"不但调适自身,也调适和转变政府的理念与思维,从而推动制度变迁和经济社会发展,其中许多事例和做法成为中国改革开放以来市场经济体制与现代文化构建的经典与传奇。

三、文化堕距:"温州模式"的是非曲直

文化堕距又称文化滞后或文化落后。经济发展带动社会和文化发展,但有时文化具有滞后性。众所周知,"温州模式"的发展并非一帆风顺。"温州模式"伴随种种冲突和争议,包括姓"资"或姓"社"的政治伦理冲突、假冒

伪劣和"炒房团"等引起的道德和制度冲突等等,温州人好像总是行走在体制边缘,游刃有余,又时不时作茧自缚。进入21世纪后,"温州模式"又遭遇产业结构瓶颈,面临转型发展危机。如何理性地看待和分析"温州模式"中的是非曲直,深刻汲取经验教训,仍是后改革时代需要思考的问题。

如针对儒家提出的义、利矛盾和取利有道的要求,永嘉学派主张义利并举、以利和义。义、利如何同时实现,叶适的观点是"四民交致其用而后治化兴";按亚当·斯密的说法,乃利己即利人。"我们每天所需的食物和饮料,不是出自屠户、酿酒家和烙面师的恩惠,而是出于他们自利的打算。我们不说唤起他们利他心的话,而说唤起他们利己心的话;我们不说自己需要,而说对他们有利。"[7]因此,逐利无罪,而取利有道也不能只从个体道德层面考察,从宏观上看,经济和社会发展的良性机制的建立和运行才是更为根本的"道"。在旧的体制尚未让位于新的体制,抑或新的"正道"还没有形成或者尚不完善的情况下,长期禁欲而没有很好的疏导方法,冲决毁道、"歪门邪道"就很难避免。对处在这样的转型期的温州创业者而言,结果有两种:一是投机冒险,虽然获取暂时利益,但付出沉重的道德乃至法律代价,被扣以"原罪";二是敢为人先,为新体制投石问路、抛砖引玉。"温州模式"中许多引发制度改革的全国先例正是属于后者。

1987年,那场火烧温州鞋的质量诚信危机,不只是对温州某个企业、某个行业的毁灭性打击,更是整个温州经济、温州形象的灾难。或者更深刻地说,这是一场历史性悲剧。而这个悲剧之所以发生在温州人身上,当然不能不说与温州人逐利性的文化性格有关。恩格斯认为,悲剧的表现是"历史的必然要求和这个要求的实际上还不可能实现"[8]之间的矛盾。致富和诚信都是历史的必然要求,但在特定的历史阶段二者可能会处于某种尴尬的矛盾状态。20世纪80年代,温州还处于作坊经济时期,尽管那时市场对产品的要求不高,但由于作坊生产效率低,一些作坊主为了追求廉价成本而放弃了质量要求,导致温州产品落下了"劣"的坏名声。当然,对某些行业而言,由于缺乏相关的技术和设备条件,也没能力追求高质量。因此,质量危机给予温州人的教训不仅是针对诚信意识层面的,也是对温州人诚信能力的拷问。假冒伪劣商品的出现固然有诚信意识薄弱的一面,但诚信意识加强了,如果还是缺乏生产优质产品的技术条件和管理文化，诚信仍会落空。可见，要实现产品质的飞跃，不学习先进的生产技术和管理文化是不行的。于是，对温州人诚信能力的拷问实际上又转换为对温州人反思和学习能力的挖掘。

生产技术和管理文化的落后，造成了这样的矛盾：如果诚信经营，就很难满足迅速致富的欲望，甚至还要亏本；如果抛弃诚信，用短期行为和侥幸心理取代诚信品质，就等于自断后路，自掘坟墓。在改革开放后的一段时期内，这种二者难以同时实现的尴尬和矛盾，不能不说也与文化堕距有关。在社会文化变迁中，各个部分的变迁速度是不一致的，其中物质经济及其观念的变迁总是先于非物质文化。这种失衡、差距或者错位必然会导致社会问题。当温州人的功利观念和逐利性能量随着改革开放的号角被充分释放出来的时候，引导和规范这些能量的技术和制度轨道却还来不及铺设，结果必然是失控出轨。温州为此付出了经济、道德和形象的代价。当然，代价换来的是诚信意识的觉醒和"二次创业"中诚信能力的提升，从而迎来 20 世纪 90年代温州制造业的更新换代和黄金时期。

四、文化变迁："温州模式"的社会与文化史意义

社会变迁是社会在一种发明打破旧均衡状态后，调节以寻求新的均衡的过程。由于调节并不是迅速发生的，所以常常导致文化滞后。在我国开始实行改革开放，从计划经济体制逐步向市场经济体制转变的过程中，许多观念、制度的转型与最活泼的生产力发展相比总是处于滞后的状态。这对向来习惯于求实务进的温州人而言，无异于戴着镣铐跳舞，怎么也无法获得轻松自由的舞姿。于是，挣脱"镣铐"，突破和改写"舞蹈"规则，成了温州创业发展过程中频频触发的火花。这些火花产生的亮点缀成了一连串敢为人先、创造先例的"全国第一"。

马津龙将"温州模式"推动制度改革的特点称为"诱致性制度变迁"[9]。国外学者帕立斯从博弈或者压力反应等角度解读"温州模式"中百姓、地方政府、中央之间的关系，以及在群众的创造、市场流动和经济结构空隙中"改变传统体制以适应现代形势"，认为"温州模式"——或者温州人创业和发展

中的许多改革成果,正是老百姓、地方政府官员和中央政府三方博弈的结果,其中地方政府起着特殊作用[10]。这一改革进程表明,先行的国家制度和意识形态是如何去适应地方行为的,最终在个体和私营利益合法性有限地不断增加的过程中,促进了地区经济的发展。或者说,在地方需要和地方积极性的基础上,新的经济体制形成了。因此,改革不仅可以自上而下,也可以由注重实惠,为满足当地需要而对国营控制的经济不足做出反应的个人、家庭和群体自下而上地发动[10]。

20世纪90年代末,传统制造业从黄金期走向微利时代,温州经济发展遭遇产业结构瓶颈。但也恰在此时,解决了温饱问题的人们开始关注居住条件的改善。这一经济社会发展的趋势又被敏锐的温州人所捕捉,从而为正处于膨胀压力下的民间资本找到了决口,投资房地产逐渐演变为全民"炒房"。先期积累的巨大的民间资本能量一旦被调动起来,本地有限的房产资源自然满足不了其获利需求,加上温州人喜欢"扎堆","炒房团"挥师出征的壮观景象就出现了。

"温州模式"也从作坊和推销经济,进入制造、营销和资本运作并行的时代。在"温州模式"的观念、思维和温州人群体行为推动下,新的经济现象和热点不断被发掘和制造出来,旧体制和规则不断被挑战,而经济社会和市场体制不断走向成熟和完善,乃至政府也从中学会了许多。

在把温州人种种突破边界的行为看作其在特定历史阶段和情境下生存发展博弈的同时,也不能忽视其客观上成为改革开放进程中制度文化变迁推动力的社会历史价值。可见,"温州模式"具有显著的社会发展和文化史意义。

五、文化转型:"温州模式"的发展提升

正确认识和评价"温州模式"仍具有现实的启示意义,而如何在当下发展语境中创新和重构"温州模式",则是近年来人们更为关注的问题。为此,有学者提出"新温州模式""后温州模式"等概念,在反思式微论和困境的同时,提出"新温州模式"构建的路径,涉及产业结构调整、技术提升、体制机制深化改革、人才战略等各方面。如营造和完善现代企业制度,改革金融制

度[11]；建设先进制造业基地，深化金融体制改革，引导民营企业建立现代产权制度，提高利用外资，突破发展瓶颈[12]。值得注意的是，文化反思和价值重建也越来越引起人们的重视，如更高层次的商业文化、合作文化、现代契约文化的构建，成为"后温州模式"的呼唤[11]。如何突破发展瓶颈，实现产业和技术升级，同时构建一种更高层面、更加先进的文化理念作为新的引领和动力，成为"温州模式"发展的重要课题。

"温州模式"在我国改革开放和市场化进程初期具有明显的创新性和先进性，但随着市场化的发展，其促动制度创新高发的优势不断削弱。因此，作为经济发展具体形式形态的模式，在完成其阶段性历史使命后，只有积淀和升华为精神文化价值，才能融入新的文化语境和价值体系，实现可持续性发展，如坚持改革开放的信念，坚定以民为本、藏富于民的宗旨，发扬民间路径的优势，秉承务实创变的思维，激发个体创业和民营企业的活力等。同时要努力摆脱实用功利思想导致的传统与现代的双重悖论，在从农耕文明、小农经济向现代工业文明，尤其是当代知识经济、信息社会、智能化时代和创新型国家转型中，增强全球化意识、科技意识、创新意识和合作意识等思想观念[13]，以克服在前期实践中存在的封闭性家族意识、"宁做鸡头不为牛尾"的封建老大意识、产品和技术的模仿和跟风陋习、泛人情观念、目光短浅的功利主义行为等痼疾，实现精神心理的现代化。

当"温州模式"中为求温饱而吃苦耐劳的动力逐渐消失时，新一代温州人的创业创新和温州经济社会发展就需要新的精神力量，这就使温州文化发展面临一个转折，即需要激发一种更高层面的价值理念并用其引领温州发展。这也就是向更高层次的生命质量和维度的提升。为此，"温州模式"应融入新的文化元素和理念，才能得以发展提升。

一是树立生态文明理念。"温州模式"一度陷入先发后滞困境，发展环境建设的迟滞落后是一个重要原因。发展环境包括生产环境、投资环境、生活环境、社会环境、生态环境、文化环境等诸多方面，构成相互关联的系统。发展环境首先诉诸感官形象，实质反映一个城市和区域的文明程度和文化内涵，并决定其发展动力和前景。环境问题的根源在于文化观念问题，即文化观念停滞固化在对以永嘉学派为代表的事功实学思想的原有认知和有效体验上。因此,要化解这一问题,仅从经济手段着眼显然不够,还需要以"美丽温州"为目标,调整"温州模式"的文化构成。在文化资源上,从山水人文启蒙角度看,东晋谢灵运等携道家文化和魏晋玄学思想,以讲学、游踪和诗文对瓯越人文予以启迪的作用同样不可忽视,其为后世温州人转换对自然山水和生态环境的功能认知和价值判断视角,塑造温州山水旅游休闲品牌做了文化铺垫。山海地理孕育的"经世人文"和从秀美山水中引导而来的"超逸人文",前者经世致用,追求人生的物质存在;后者休闲审美,享受精神生命的升华与永恒。就其生存意志和生命意识而言,二者异形同构。前者在历史发展中与儒家积极入世和实学事功思想合流,形成温州人勤勉刻苦谋生的性格;后者思想源流上本乎老庄生命哲学,至魏晋滥觞,经谢灵运等士人以山水游历的身体力行和山水诗文的酬唱传播得以自觉,并与前者相得益彰,整合成温州人既实干逐利,又慷慨挥洒,不吝于消费和享受的总体特征。山水文化、生命哲学与实学功利文化一起构成"温州模式"的文化基因,通过这种文化基因的传递和文化观念的实践转换,可以助推产业转型和"美丽温州"建设。

二是商业模式和消费文化的引领。产业结构调整、供给侧结构性改革,就是要让经济发展模式从生产驱动型转向消费和服务驱动型。"温州模式"是典型的营销和生产驱动,尤其是"以商带工",在传统营销方面积淀了丰富的经验。然而,网络经济下传统营销模式早已面临网络电商的冲击,因而温州人应增强互联网思维,努力实现商业模式转型,以适应新时代。另外,"温州模式"的发展提升还需要先进消费文化的构建和引领。从企业发展看,经历了假冒伪劣的教训,走向质量立市、品牌和企业文化建设,但仍是着重于生产和销售端的提升;从产业结构看,文化创意产业薄弱,有待普及发展;从消费视角看,"耗费"现象仍比较普遍,文化消费、精神消费的自觉性仍不足。因此,"温州模式"的发展提升不仅是商业模式、生产模式转型和产业结构调整,还需要消费文化的引领。先进的消费文化,必然反馈到产业结构的调整和技术文化的进步上,二者相辅相成,互为促进,可以有力推动温州经济社会转型发展,使温州具备创业城市、商业城市和消费城市、山水旅游和历史文化城市等多重品性。

三是创新与文化驱动。山海地理环境和边缘化历史沿革作为温州文化的自然和文化基因，孕育了温州人为生存和发展而拼搏的"经世人文"和"商性人格"。在这种精神内驱力下，温州人积极投身财富经济，敢为人先、勇于创业，抱团合作、灵活变通，拓展适应、勤劳致富，造就了独特的"温州模式"。但综观发现，温州现代化进程中文化发展的一个显著特点是创业驱动创新，由此成为改革初期制度和模式创新的高发地。变革创新精神本是永嘉实学和温州区域文化的灵魂，但在"温州模式"实践中，变革创新是自发和"诱致性"的，并非主动和引领性的。这在创业经济初期，我国由计划经济向市场经济转轨阶段是必然和有效的，但制度变迁的爆发期过后，市场体制逐步规范完善，这种驱动模式的效益就大大降低了。因此，在市场发展中、后期，"温州模式"要从资源驱动型、创业驱动型、营销驱动型向投资驱动型、创新驱动型、品牌与文化驱动型转变，实现经济发展模式和文化的转型，才能获得新的可持续发展动力。这些转型需要集聚资金和人才等要素，这又使得生态转型和环境优化成为关键。

就文化意义而言，"温州模式"在当下并未过时，只是仍需重新回顾和进一步思考。激发个体和民间创业创新活力，推动个体和民营经济的繁荣，实现富民强国，是改革开放的最大成果，也是"温州模式"的成功经验；作为改革开放先驱，自下而上地推动制度文化变迁，是"温州模式"的历史功绩和文化成就；"温州模式"遭遇的坎坷和困顿，也将继续为今后我国改革开放和经济社会发展提供警示；向更高层次的生命质量和维度的提升，将为"温州模式"的发展提供新的文化元素和价值理念，引领温州进一步发展。

［参考文献］

［1］洪振宁.温州人经济研究的三大新课题［J］.温州职业技术学院学报,2015(1):1.

［2］郭庆光.传播学教程［M］.北京:中国人民大学出版社,1999:97.

［3］《温州民营经济发展 30 年》编写组.温州民营经济发展 30 年:发展综述卷［M］.杭州:浙江人民出版社,2008(1):37-38.

[4] 张也平,桑晋泉.乡镇工业看苏南家庭工业看浙南温州三十三万人从事家庭工业[N].解放日报,1985-05-12(1).

[5] 哈维兰.文化人类学(10 版)[M].瞿铁鹏,张钰,译.上海:上海社会科学院出版社,2006:161-162.

[6] 沈潜.区域文化视域中的温州创业创新现象[M].北京:中国社会科学出版社,2018:10.

[7] 斯密.国民财富的性质和原因的研究(上)[M].郭大力,王亚南,译.北京:商务印书馆,1972:14.

[8] 马克思,恩格斯.马克思恩格斯选集(第 4 卷)[M].北京:人民出版社,1972:346.

[9] 马津龙.温州市场经济与股份合作企业[J].温州论坛,1993(S1):23-25.

[10] 史晋川,朱康对."温州模式"研究:回顾与展望[J].浙江社会科学,2002(3).

[11]李修科."温州模式"和"后温州模式":温州经济中的温州人意识[J].中国证券期货,2011(9).

[12] 胡飞航."温州模式"的演化与"新温州模式"的构建[J].生产力研究,2007(1):74.

[13] 洪振宁.永嘉学派与今日温州[J].温州大学学报(社会科学版),2001(2):18.

(原刊于《温州职业技术学院学报》2018 年第 4 期)

历史编

南戏首先产生于温州不容否定

徐顺平

【摘　要】刘念兹在《南戏新证》一书中,从漳州禁戏、刘克庄诗词、《中原音韵》、蔡中郎故事和福建传存古老剧目五个方面立论,提出南戏并非首先产生于温州。本文详作辨析后认为,其所述理由与实际情况不符,结论难以成立。

【关键词】南戏;温州;发源地;《南戏新证》

一、南戏首先产生于温州否定论者之理由

据有关文献记载,北宋末、南宋初,南戏于温州产生,温州是南戏的故乡与发源地,学界对此有较为一致的认识。但近些年来,有学者质疑与否定南戏首先起源于温州,引起了学术界不同意见的争论。其中,最有代表性的意见见于刘念兹先生《南戏新证》一书中的看法。他在该书第二章第二节中说:"根据历史文献的记载及中华人民共和国后古老剧种的发掘、调查。我们认为南戏是在闽、浙两省沿海一带同时出现,而相互影响。具体来说是在温州、杭州以及福建的莆田、仙游、泉州等地。"[1]很明显,刘念兹先生认为,南戏首先产生于温州一地的说法是错误的,而应该是在闽、浙两省东南沿海一带许多点同时出现。刘氏的主要依据如下:

1.漳州禁戏史料记载

清道光《漳州府志》卷三十八《民风录》记载:"朱熹于宋光宗绍熙元年(1190)知漳州,有禁止当地演戏之事。"明何乔远《闽书》卷一百五十三"高

作者简介:温州医学院副教授。

德"引陈淳《上傅寺丞论淫戏书》所载云：某窃以此邦陋俗，当秋收之后，优人互凑诸乡保作淫戏，号曰"乞冬"，群不逞少年，遂结集浮浪无赖数十辈，共相倡率，号曰"戏头"，逐家哀敛钱物，豢优人作戏，或弄傀儡，筑棚于居民丛萃之地，四通八达之郊，以广会观者，至市廛近地四门之外，亦争为不顾忌。今秋七八月以来，乡下诸村，正当其时，此风正在滋炽。其名若曰戏乐，其实所关利害甚大……谨具申闻，欲望台判按榜市曹，明示约束，并帖四县，各依指挥，散榜诸乡保甲，严禁止绝。

　　依据上述材料记载，刘氏认为，"南宋时漳州的戏剧活动已经是很盛行了，并且影响很大"，故"为朱熹、陈淳这样的大人物所禁止"，"其时间与'南戏始于宋光宗朝'的时间正是同时"。[1]

　　2.刘克庄诗词中记述

　　刘克庄《后村大全集》卷一百八十八《生查子·元夕戏陈敬叟》词中云："繁灯夺霁华，戏鼓侵明发。"又在卷四十三《观社行和实之韵》第二首云："陌头侠少行歌呼，方演东晋谈西都。淫哇奇响荡众志，澜翻辨吻矜群愚。狙公加之章甫饰，鸠盘缪以脂粉涂。荒唐夸父走弃杖，恍惚象罔行索珠。效牵酷肖渥洼马，献宝远致昆仑奴。"又在卷十《田舍即事》十首之一云："儿女相携看市优，纵谈楚汉割鸿沟。山河不暇为渠惜，听到虞姬直是愁。"根据所引材料，刘氏认为："诗中所描写的，似乎已经不是北宋杂剧的情况，而是南戏演出情形了。"而且还认为《东晋》《西都》《夸父逐日》《鸿门宴》《霸王别姬》等都为南戏演出之剧目。最后又推论说："从以上材料看来，可以说在宋光宗同时，或者更早时期，在福建已经出现了南戏。"[1]

　　3.周德清《中原音韵》所载

　　元周德清《中原音韵》云："南宋都杭，吴兴与切邻，故其戏文如《乐昌分镜》等类，唱念呼吸，皆如约韵。"又云："沈约，字休文，吴兴人……盖其地邻东南海角，闽、浙之音无疑。"刘氏据此推论，南戏演唱的方言是"闽、浙之音"。因而，又认为："南戏产生的地区，不仅在浙江一带，而且还有福建的一些地方。"[1]

4.刘克庄诗记述蔡中郎故事

刘氏认为："关于'死后是非谁管得,满村听唱蔡中郎。'这两句诗的作者究竟是谁,从明代至今存在着两种说法,一说是刘后村(克庄),一说是陆游。"刘氏列举明徐渭《南词叙录》、明黄溥《闲中今古录》、明田艺蘅《留青日札》、明徐复祚《曲论》等所记述及《莆志外纪》等有关记载,认为："不能排除(陆、刘)各自成诗的可能性,如果刘克庄也写过这首诗的话,就说明莆田当时已经有《赵贞女蔡二郎》这个故事流传了。"[1]接着刘氏又列举莆仙戏、梨园戏还保留了《赵贞女》《王魁》这两个剧目,认为："很可能当时已经成戏","在莆田、仙游、泉州等地也应该有这两个戏的剧本"。并说："因此我怀疑《南词叙录》所说'南戏始于宋光宗朝,永嘉人所作《赵贞女》《王魁》二种实首之'的说法是不全面的。"[1]

5.南戏古老剧目、剧本的传存

刘氏将明徐渭《南词叙录》中记载的南戏剧目与福建梨园戏、莆仙戏传存的剧目进行对照后发现,梨园戏有十六本、莆仙戏有七十三本与之相同的剧目流存,而且大部分现在还能演出,甚至有的还有剧本传存,像早已失传的南戏《朱文太平钱》如今还在福建梨园戏中保存。因此,刘氏认为："梨园戏、莆仙戏应该是宋元南戏的遗音。"[1]

根据上述五个方面,刘氏认为："因此我认为南戏发生的情况,应该是宣和之后已经分别在闽、浙沿海许多点上同时产生,即出现在温州、莆田、仙游、泉州、漳州这一条线上。"[1]又认为："随着两宋经济中心的南移,以及中原文化的南移,就必然给泉州一带的文化带来繁荣。所以南戏在宋杂剧的基础上结合当地的民间艺术,分别出现在泉州、莆田、仙游、温州一带不是偶然的。"[1]

二、南戏首先产生于温州之辨正

实际情况究竟如何呢? 现就刘氏引以为据的几方面材料分析辨正如下:

1.禁戏时间不同于南戏的产生时间

朱熹于宋光宗绍熙元年(1190)知漳州,陈淳尝从朱熹就过学,宋宁宗庆元三年(1197)知漳州,他们的禁戏时间就在此时。朱熹到漳州后即发《劝谕榜》云:"约束城市乡村,不得以禳灾祈福为名,敛掠钱物,装弄傀儡。"在其《晓喻居丧持服遵礼律事》中规定:"若忘哀作乐徒三年,杂戏徒一年。"可见其禁令之严、态度之坚决。《漳州府志》卷四十六"艺文"引陈淳《朱子守漳实迹记》中云:"俗之淫荡于优戏者在悉屏戢奔遁。"朱、陈禁戏与赵闳夫榜禁南戏"温州杂剧"的时间相接近。但朱熹、陈淳所禁究竟是什么戏?《上傅寺丞论淫戏书》中只说"优人互凑诸乡保作淫戏","或弄傀儡",所指究竟是宋杂剧还是南戏,尚不明确。更重要的是,禁戏时间与戏的产生时间属于两个不同内容概念。温州南戏从北宋末、南宋初产生至朱、陈禁戏的宋光宗、宋宁宗朝已有七十多年,不能因漳州禁戏之事就凭空上推七十年前此地已产生了南戏。

2.刘克庄诗词中所述并非南戏表演

刘氏所引刘克庄《生查子·元夕戏陈敬叟》《观社行和实之韵》《田舍即事》等诗词中所述,经分析其实际情况应是:"方演东晋谈西都"属演谈,为说唱历史故事,并非《东晋》《西都》等历史剧之演出,现知宋元南戏亦无此剧目。"淫哇奇响荡众志,澜翻辩吻矜群愚",前句说淫哇奇响的歌唱,后句形容夸谈雄辩之能事。"狙公加之章甫饰,鸠盘缪以脂粉涂",前句系猴子衣冠表演,猴子戏,后句"鸠盘"即"鸠盘茶",恶刹名,这里形容相貌丑陋,用脂粉任意涂抹化妆。"荒唐夸父走弃杖,恍惚象罔行索珠"中的象罔,典出《庄子》,指似有像而实无之意,整句说夸父追日奔跑弃杖与扑朔迷离的魔术荒唐表演。"效牵酷肖渥洼马,献宝远致昆仑奴"指特技表演泥涂牵马和舞蹈表演昆仑奴献宝。"纵谈楚汉割鸿沟……"中的"纵谈",至多是说唱表演,决非《鸿门宴》《霸王别姬》等南戏戏剧表演。综上可见,刘克庄诗词中所反映的只是说唱、杂技、猴子戏、傀儡戏、魔术、舞蹈表演等,其样式繁杂分散,犹如宋杂剧,看不出南戏表演的舞台风貌。刘克庄《生查子·元夕戏陈敬叟》词作于宋理宗宝庆元年(1225),比宋光宗朝又已晚三十多年。退一步而言,即使刘克庄诗词所述已属南戏,但它距温州产生南戏的时间已晚七十至一百年,在无其他史料文献佐证的情况下,是无法推论福建早此七十年以前已经与温州同时产生南戏了。

3."温州腔"应是南戏最早的地方声腔

元周德清《中原音韵》说戏文《乐昌分镜》等"唱念呼吸,皆如约韵",主要是说明南戏演唱采用南方音韵,福建自然属于南方范围,但未见早期南戏有福建地方声腔的记载。这里所说的与福建某些地方是否为南戏最早产生区域根本是两回事。明祝允明在《怀星堂集》卷二十四《重刻中原音韵序》中云:"不幸又有南宋温浙戏文之调,殆禽噪耳。"这里所举"温浙戏文之调"的"调",即声调、腔调,亦即声腔。"温"置"浙"前,突出了"温腔""温调",即为南戏最早的声腔"温州腔"。温州为南戏首先产生之地,有戏曲即有声腔,中国最早的戏曲为"温州杂剧",其声腔自然为"温州腔"。因温州地属浙江,故称之"温浙戏文之调"。所以,南戏的最早声腔"温州腔"是客观存在的。叶德均在《明代南戏五大腔调及其支流》一文中说:"宋代产生的南戏最早只是流行温州的地方戏,它最初当是用温州地方的腔调来演唱的。""温浙戏文之调',却证实了有温州腔调的存在。"[2]"温州腔"当以温州方言之音歌唱通俗粗犷的歌谣与曲化了的宋词。徐渭《南词叙录》云:"'永嘉杂剧'兴,即又村坊小曲而为之,本无宫调,亦罕节奏,徒取其畸农、市女顺口可歌而已。"又云:"南曲固无宫调,然曲之次第,须用声相邻以为一套,其间亦自有类辈,不可乱也。"这就是"温州腔"的特点,《张协状元》剧中歌唱组合情形亦与此相似。"温州腔"的俗词俚曲唱念为民间群众所深深喜爱,故以"鹘伶声嗽"赞美之。士大夫与知识分子却蔑视它,贬之为"禽噪耳"。明周祁《名义考》云:"南戏出于宣和之后,南渡时谓之'温州杂剧',后转为余姚、海盐、弋阳、昆山诸腔。"即说明了"温州腔"转化为其他声腔的流变过程。王国维《录曲余谈》云:"至南曲,则为温州人所擅。"吴梅《曲学通论·自叙》亦云:"迨温州、海盐、昆山诸腔继起,南音靡靡,几至充栋。"所以,张庚、郭汉城在《中国戏曲通史》(上)说:"作为一种声腔源流来看,南戏音乐最初起源于东南沿海一带的民间歌曲,具体地说,它最初只是温州的一种地方声腔。"[3]上述就是"温州腔"客观存在与可稽之文献。反之,由于早期南戏"温州腔"的存在,从而便进一步证明了温州是南戏的最早发源地。

4.记载蔡中郎故事之诗并非刘克庄作

刘后村(克庄)是否写过"死后是非谁管得,满村听唱蔡中郎"这首诗,论者颇致疑。大都认为此诗为陆游所作,非后村之诗。《剑南诗稿》卷三十三、《宋诗别裁集》都收有陆游这首诗,题作《小舟游近村舍舟步行》,而在刘克庄《后村大全集》中查无此诗。钱南扬在《琵琶记》校注本前言中说:"其实这两句诗并非刘后村作,乃陆游《小舟游近村舍舟步归》诗中句子。"周贻白在《中国戏剧史长编》中亦说:"《南词叙录》作刘后村诗,误。"刘氏则认为"不能排除各自成诗的可能性",并说:"如果刘克庄也写过这首诗的话,就说明莆田当时已经有《赵贞女蔡二郎》这个故事流传了……很可能当时已经成戏。"完全属于假设与推论。实际上,刘后村与陆游这两位著名诗人各自写出句式内容相同的两句诗是不可能的。明祝允明《猥谈》云:"南戏出于宣和之后、南渡之际,谓之'温州杂剧'。"又云:"予见旧牒,其时有赵闳夫榜禁,颇述名目,如《赵贞女蔡二郎》等亦不甚多。"即使按刘氏所说,此时福建莆田已有该故事流传,并且已成戏演出,但在时间上已是宋光宗时赵闳夫榜禁之后,属于温州南戏向南流传的结果。

5.福建所传存的南戏剧目是流而不是源

福建梨园戏、莆仙戏中确实保存了许多古老南戏剧目,如《赵贞女》《王魁》《张协状元》《刘文龙》《陈光蕊》等,甚至有的还有剧本流存并在舞台演出。这是事实,被称为"古南戏的遗响",但均属于南戏流传到福建后的改编本或移植本,并未找到文献记载证明其为福建编创的早期南戏剧本。福建梨园戏、莆仙戏等古老南戏剧目或剧本,是温州南戏向南流传以后的遗存,是流不是源,所以,不可以此论证福建为南戏最早产生地域之一。

由上述辨析可知,《南戏新证》依据所举材料论述福建同为南戏首先产生的地域,存在以下问题:第一,所举文献材料在时间上均为南宋光宗朝以后,最多只能说明南宋光宗朝及其后福建漳州、莆田、仙游一带城乡戏剧活动情况,即使此时的戏剧已是南戏并盛行,也不能说明它产生在宣和与南渡之际,已与"温州杂剧"同时产生。刘氏所说:"应该是宣和之后已经分别在闽浙沿海许多点上同时产生""福建在北宋已产生南戏"等,均属主观推想,没有文献材料依据,不能成立。第二,书中论述往往自我矛盾,如既说:"温州杂剧最初兴起于温州……温州杂剧在浙闽沿海地区流行之后,再进一步发展成为比较完整的戏曲艺术。"肯定了温州是源,其他地方为流的关系;可在另一处却又说:"南戏是在闽浙两省沿海一带同时出现。"又自我否定了源和流的关系。第三,作为中国完整的最早戏曲南戏,首先产生的地点只能是一个,非此即彼。绝无可能在两处或多处同时出现,这里有一个源和流的问题。刘氏提出闽浙两省东南沿海许多点同时产生的说法,混淆了源和流的关系,是不科学的,也是不符合客观实际的。

[附　记]

关于南戏产生于温州的依据(有关文献记载、温州编演南戏的活动及早期南戏剧本)和原因(温州经济的发展繁荣、文化艺术的兴盛、民间艺人的创造等),笔者另有专文论述,可与本文相参证。

[参考文献]

[1] 刘念兹.南戏新证[M].北京:中华书局,1996.

[2] 叶德均.戏曲小说丛考[M].北京:中华书局,1979:6-8.

[3] 张庚,郭汉城.中国戏曲通史[M].北京:中国戏曲出版社,1980:405.

(原刊于《温州职业技术学院学报》2008 年第 1 期)

蒋叔南和《雁荡山志》

卢礼阳

【摘　要】蒋叔南作为民国时期知名的旅行家,为雁荡山的经营开发做出了巨大贡献:不仅维护古迹文物,改善交通条件,还邀请康有为等名流入山考察,着力扩大雁荡山的知名度与美誉度;而且精心编印摄影集、地图、导游册,重修山志,竭尽全力,嘉惠各方,因而受到社会各界赞赏,被世人推崇。客观评价其历史贡献,整理出版《雁荡山志》,对于当今世界地质公园雁荡山的建设,不无借鉴意义。

【关键词】温州;蒋叔南;《雁荡山志》;旅游

蒋叔南(1885—1934 年),名希召,字叔南,一字邵生,别号雁荡山人、雁荡亦澹荡人、仰天窝人,浙江省乐清县(今乐清市)大荆镇东里人,以字行。他早年从父读书,光绪廿七年(1901 年)补县学生员。先后就学于浙江武备学堂、保定陆军速成学堂,归里应聘为温州师范学堂教习;辛亥投笔从戎,参与上海光复之役,任第八十九团团副;嗣后担任浙江第五区禁烟监督(驻绍兴)、北京大总统府军事处咨议官等职。袁世凯谋帝制,他毅然离京,投身护国运动。出任上海时事新报馆经理、温州旅沪同乡会名誉董事;民国十三年(1924 年)当选浙江省自治法会议代表。

蒋叔南酷嗜旅行,于家乡雁荡山的开发建设,廿余年如一日,不遗余力,可谓敬其乡而乐其山者。因而广受社会各界赞赏,被誉为"徐霞客第二"(梁启超)、"中国近代第一旅行家"(《旅行杂志》)、"雁荡山主人"(《申报》)、"雁

作者简介:温州市图书馆副研究馆员。

荡山中兴主"(黄炎培)、"此山之知己"(李书华)等。蒋叔南著有《蒋叔南游记第一集》《雁荡新便览》《雁荡山一览》《雁荡亦澹荡人诗稿》及《雁荡山》《武夷山》图片集等,各有刊本行世;修纂《雁荡山志》,未刊。

1930 年蒋叔南制造了隘门岭事件,策划杀害数以百计的战俘,违背了 1929 年 7 月《关于战俘待遇之日内瓦公约》规定的国际准则,罪实难逭。然而他长期致力于雁荡山的振兴大业(尽管是政治上不得志而为之),功不可没。随着时代的变迁,辩证地看待其人其事,不因其政治立场而抹煞他的社会贡献,是历史工作者应尽的职责。当下整理出版《蒋叔南集》和《雁荡山志》,并非为他树碑立传,而是旨在提供一份尽可能翔实可靠的参考文献,"存其文而原其人",以还原一段复杂曲折的历史,活跃温州地域文化研究;更重要的还在于满足社会各方面的需要,促进雁荡山世界地质公园的保护建设。

蒋叔南的家世与生平事迹①,详见拙撰《蒋叔南年谱》(收入《蒋叔南集》,黄山书社 2009 年 2 月版)。本文主要探讨蒋叔南与雁荡山的相关著述,侧重评介《雁荡山志》的特点、流传、影响及其他情况。

一、编写出版物

蒋叔南经营雁荡山,坚持两条腿走路,在维护名胜、改善交通、吸引游客的同时,花大力气编写出版物,以期扩大雁荡山的社会影响力。

1.编制摄影集

蒋叔南作为民国初期的摄影家,注重风光照片的直观效应,身体力行,购置相机拍摄。1916 年夏间,他拍摄完成一批雁荡山风光图片。同年 8 月

---

① 关于蒋叔南生平与著述的述评文章,除蒋德闲 1985 年作的《蒋叔南与雁荡山》以外,近年主要有顾志兴《蒋叔南及其雁荡山志稿略识》(《浙江方志》1988 年第 6 期,40—43 页)、柳和城《蒋希召开发雁荡山》(《情系中华》2002 年第 11 期,41—42 页)、薛冰《雁荡山一览》(《纸上的行旅》,山东画报出版社 2006 年版)、日本西上实《从"仰天窝集锦卷"看黄宾虹和蒋叔南》(《黄宾虹研究文集》,浙江美术出版社 2008 年版),以及拙稿《蒋叔南生平的几个问题》(《温州学刊》2008 年第 2 期)。又,雁荡山旧志情况,可参见陈适《雁荡山水纪要附山志考》,收入王志成编《陈适文存》(中国民族摄影艺术出版社 2006 年 3 月版,92—93 页)。

中旬,他两次通过国会议员、前时事新报馆经理陈叔通与商务印书馆洽商图片的出版事宜。商务印书馆董事兼编译所所长张元济决定:"以一百元购入版权,另送书五十部。"[1]不久,他还邀请蒋维乔为该图片集作跋。图片集正式定名《雁荡山一集》,列为"中国名胜"系列第十种,计风光图片 24 幅,加中英文说明,次年正月由商务印书馆出版 16 开本。

同年 5 月,蒋叔南以为"较之去年所编之《雁荡山》,风景实有多寡精粗之别,乃分编二册,为中国名胜第十种之二集、三集"[2]。二集、三集各收雁荡山风光照片 25 幅,每幅仍加中英文说明。1918 年 1 月、3 月,《雁荡山二集》《雁荡山三集》仍署名蒋希召编纂,由商务印书馆出版。一至三集合计74 幅,游客成行之前可以先睹为快,或者入山之时随身携带比照观览。

2. 出版导游册

1917 年 8 月,《雁荡新便览》脱稿。全书包括雁荡之命名、雁荡之开山、雁荡之境界、雁荡之景目,并重点介绍雁荡之游程:一是双峰寺至穹明洞;二是北合至仙亭山;三是南阁至散水岩;四是五峰山至谢公岭;五是灵峰;六是五牌岩至净名寺;七是翠微嶂至灵岩寺;八是灵岩村至马鞍岭;九是马鞍岭至大龙湫;十是罗汉寺至筋竹洞;十一是东岭至西石梁;十二是梯云谷至本觉寺。为编写此书,蒋叔南夏间偕胞弟季哲及两子德耀、德中遍游各峰嶂、溪涧,常常摩绝壁、下深潭,躬探其险。某些溪流,一水而二名,实地考察后,蒋叔南校正了旧志中的不少错误。年内由上海吴承记印书局铅印发行。此书后来转交中华书局重印,封面题作《东瓯雁荡名胜便览》①。

1921 年,蒋叔南在《雁荡新便览》的基础上,加上《续雁荡十记》《雁荡之游程》《游雁荡日程概记》《游雁荡须知》等,合计 5 组文章,总题为"雁荡山游记",收入《蒋叔南游记第一集》出版(略去单行本《雁荡新便览》自叙一篇)。此外,蒋叔南先后撰写《登上龙湫记》《显胜门湖南潭散水岩视路记》《苦竹洞

---

　　①　民国重修《浙江通志》稿,第九编名胜古迹考首冠引用书目,包括"《雁荡指南》,民国蒋希召撰","《东瓯雁荡名胜便览》,蒋叔南"。正文第五章"浙南名胜"提到:"近时乐清蒋希召,补辑《雁荡指南》一册,而雁荡史实,备载无遗。"《雁荡山志》永嘉区征辑遗著会钞本收录《雁荡指南自序》,经比照《雁荡新便览》自叙,两者内容相同,则《雁荡指南》与《雁荡新便览》同书异名。

记》《大雪下长春洞记》《癸亥春日过净名寺记》《飞泉寺幻境追记》《登连霄岭至梅雨潭记》《仙岩洞记》等游记 10 多篇,前 3 篇发表于上海《旅行杂志》,其余刊发情况未详。

1932 年春,鉴于新景观不断出现,蒋叔南决定修订《雁荡新便览》,配以图片,重新出版。恰好同年秋天,上海陶昌海、王文魁、王少棠、郁子峰、曹翔海、张菊生等 6 位客人来游雁荡,"历诸境几遍,三月后各以所摄影片见寄","所未备者"。他本人又增补一部分,直至 1933 年初冬才定稿[3]。次年 4 月改名《雁荡山一览》,由上海西泠印社出版发行。增订本分雁荡一览、雁荡古代文艺之流传、雁荡之游程、游雁荡日程概记等四部分,配有图片 77 幅。其特色是图片随文插配,属于真正意义上的插图本,而卷首交通大概图、东谷分图、南谷分图、西谷分图、北谷分图,均为蒋叔南手绘,明白标示旅游景点与旅游线路。《雁荡山一览》结尾,蒋叔南提出两条意见:"正告当局者:一、雁荡之奇在于耐人观玩,汽车路应以不直达山中为宜;二、山中宜绝对不许有力者随便建筑,致蹈西湖、庐山之覆辙,则雁荡所深幸也。"[3]论者以为"极有见地"[4]。

3.绘制《雁荡山图》

蒋叔南《雁荡山图跋》介绍此事缘起:"北斗洞道人族侄宗松,与余商议,画一山图,以为游人导,请张君修父着手绘事。修父工写生,依据学理,非经年不能成,余乃参以意匠,定其方位叙次,修父执笔,考核删改,旋成此幅。惜为纸面所限,于百二奇峰尚多遗漏。游人得此,以与余前草之《雁荡新便览》对照,虽未能按以索骥,要亦可从而探骊焉。"《雁荡山图》纵 51.2 厘米、横 68.4 厘米,于 1920 年秋由温州美术印刷公司付印,北斗洞发行。印行之后,颇受世人称许。次年重九,他偕张修父登高"至百冈尖,俯视诸峰,如指诸掌。乃以罗针正其方位,重加修改",重印行世①。

---

① 温州市图书馆藏《雁荡山图》系次年重印本;天津图书馆藏品题《雁荡山全图》。《雁荡山志》永嘉区征辑遗著会钞本题作《雁荡山全图跋》,跋文与印本出入十多处。

二、脩撰《雁荡山志》

历时 5 年(1919—1924 年)脩撰的《雁荡山志》计 54 卷,全稿目次为:卷一总志,卷二至四山水,卷五建置,卷六至七物产,卷八至九人物,卷十至十五金石,卷十六至五十三艺文,卷五十四杂志。1924 年 2 月蒋叔南《自序》云:"希召生长雁荡山间,已四十年,爱兹山之雄奇,慨记载之错谬,蓄意重订山志,阅时五载。虽曰重修,实同创作。"康有为应邀为之撰序,称:蒋君叔南"据灵岩以为室,视雁荡若其家,凿山修道,种树筑桥,以便交通,又缒幽访古,成《雁荡山志》,以惠游者。有蒋叔南乎! 雁荡之胜绝,当大布露,而天台不能比数矣!"(《卷首》)《雁荡山志》的特点如下:

1. 注重调查,实事求是

正如其卷首例言所述:"重订山志,惟知于实地写实事,故于前志几有全行推翻之处。"最显著的例子为卷一中提到"山间最高之处为百冈尖,徐霞客登雁湖,所谓东峰尚高插云表者即其处也。旧志均谓最高处在雁湖,是则非惟未至百冈尖,且未至雁湖,而茫焉执笔者也。百冈尖为雁荡之最高,且为雁荡之最中。"这种实地调查在卷六、卷七物产中均有充分的体现。旧《雁荡山志》卷十二物产分 12 类收录 87 种,蒋叔南《雁荡山志》则扩充为 19 类(矿物以一类计)收录 222 种,不少条目来自亲身见闻。

2. 分门别类,体例明晰

《雁荡山志》一方面将山图、图说、雁荡风景一览表、雁荡山志艺文作者姓氏表等列于卷首,颇便查考;另一方面"旧志分山为东西内外四谷,旧志以雁湖为山之最高处,是于山之面积山之体积均属茫昧,何可作志? 今依最高之百冈尖为中心,依方位而区分为东西南北四谷"(《卷首》)。

3. 尊重前贤,决不掠美

其父蒋燮堂曾有《雁荡金石志》三卷之辑,"以事稽未印行",蒋叔南即照原稿抄录,作金石前三卷(卷十至十二),"以存先迹",理所当然(后续三卷,则其"历年搜剔而得者")。正文中引录旧志,注明出处。在山水、建置卷,于南碧霄洞、长春洞、蔗湖、莲花洞、宾秋洞、石佛亭、落屐亭、五色桥、灵异亭、上白云庵等仔细考索景观的建设者,记叙其姓氏年代,以表彰人物,激励后世。

此外,提供资料、审正书稿、誊清校正,陆续得到喻长霖、蒋同芳、干仲彝等13位同人的协助,在例言中不厌其烦,逐条交代;林竞将兰州购获的《雁山杂咏石刻》20章临摹相赠,他著录于卷十五(金石补遗卷之六),考订之际不忘交代,自是题中应有之义。

4. 取材丰富,功力深厚

《雁荡山志》不少条目为旧志所无,如金石门,"复有沈括、王子重庆历题名,苏某皇祐庚寅题名,常宝臣、苗伯起天窗洞题名,太守楚建中等嘉祐庚子题名,施景仁嘉祐壬寅题名,净名寺选山堂诗咸淳石刻,无年月之寿昌残石七种,并戴《志》及光绪《乐清县志》所未载"[5]。艺文多达38卷,依次为诗(词附)、赋、序、疏、跋、记、杂著,而且编排自成特色。"旧志载诗文于山水下,又以体裁分载诗文于艺文中,似嫌混淆,本志于山水仅载其方位形状,余概略去,以清眉目。"(《卷首》)《雁荡山志》美中不足有二:一是所收诗文未注明出处。而这一做法其实是以往众多方志尤其是山水志的惯例甚至通病。二是于地质方面未设专卷予以探讨。作者亦有自知之明:"余不明地质学,不能研究其真相。"[6]对此,我们不应苛求前人。

三、《雁荡山志》的流传

《雁荡山志》重修完成之后,一直受到社会各界的关注。书甫脱稿,南海康有为欣然为之作序予以好评。作为辛亥以后浙江地方志一代"佳作",《平阳县志》主纂刘绍宽1934年8月在《籀园笔记》率先披露:"乐清《雁荡山志》,现存有曾唯所著刊本,近人蒋叔南重修,凡旧志山川方向之谬误者,悉为改正,搜辑诗文亦甚富。"其《北雁荡山志序》更推崇备至,誉之为杰作:"余友蒋君叔南,居乐之雁荡,性嗜山水,尝著天台武夷黄山普陀泰山嵩山恒山诸游记,而雁荡山尤其生长之乡,数十年宴游栖息于其地,其于山之形状位置了然胸中,回视前人山志,谬讹百出,遂起而重修之。夫以超旷一世之才识,写其胸次具有之丘壑,其为有此山来之杰作可无疑矣。"①

1937 年,温州籀园图书馆(温州市图书馆前身)馆长孙延钊在《温州文献述概》(续)列表记载:"雁荡山志,五四卷,八册,乐清吴氏藏稿本。"[5]此文透露出相关信息:志稿一度交乐清吴家收藏。与此同时,刘绍宽主持的浙江省永嘉区征辑乡先哲遗著委员会(下文采用当年简称永嘉区征辑遗著会),安排专人,节录志稿,卷首与前七卷钞本现藏于温州市图书馆古籍部②。

抗日战争期间,浙江省政府委员兼民政厅厅长阮毅成。游览雁荡,曾向蒋家借阅志稿。阮毅成的《浙江名山记游》称:"说到雁荡,不能不提到蒋叔南先生。他为了要整理雁荡的风景,花去了半生的心力。而结果是他在雁荡外的石门,跳水自杀。自杀的原因,至今不详。他编了新的《雁荡山志》,也至今没有人付印。我曾经托人在他的家属处借来读过,并且抄下来其中最精彩的几卷,放在浙江行政图书馆中。"[7]夏承焘旅居雁荡山,从成圆上人处得悉蒋叔南有《雁荡山志》稿,即急切表示"当求得读之"[8]。

1944 年底,《永嘉县志》总纂刘景晨重修《大若岩志》,感慨:"余友乐清蒋叔南希召,生平经营雁荡山甚力,山中阒区及荒碑冷碣,因之先后发现者不少。30 年来知雁荡山者,莫不知蒋叔南,则人物亦因山水而传也。尝重修《雁荡山志》,稿而未梓,余甚惜之。"[9]

20 世纪 80 年代初,洪焕椿《辛亥革命以后编纂的浙江地方志》予以著录,注明"稿成未刊"[10]。宋慈抱原著、项士元审订的《两浙著述考》依据刘绍宽序著录于地志考,称"未见刻本"[11]。浙江省地方志编纂委员会办公室研究员顾志兴发表《蒋叔南及其雁荡山志稿略识》,认为"蒋氏《雁荡山志》是

---

① 《籀园笔记》:续(《瓯风杂志》第 8 期,1934 年 8 月 20 日版,丛录)。刘序原载《瓯风杂志》第 12 期。收入《厚庄诗文续集》,1937 年秋刊本,文二。高谊《乐清清代乡先哲象传》:"重修北《雁荡山志》,能订正前志之谬,横阳刘厚庄许为杰作。"载于《蕙园文钞》1938 年夏刊本,第 5 卷,22 页。

② 高谊《浙江省永嘉区征辑乡先哲遗书目录》(《文澜学报》第 3 卷第 1 期,目录)。于"雁荡山志五十四卷"注明"一册","近人乐清蒋希召,节录蒋氏藏抄本,有康有为、徐道政、李泳、刘绍宽叙"。除了前揭孙延钊文,近年仅陈增杰《李孝光集校注》(上海社会科学院出版社 2005 年 9 月版)有所援引。

记雁荡山最完备之一种,对于旅游部门和全国各地修山水志部门仍不失有一定参考价值,若加整理,得以排印问世,定能得到人们的欢迎"①。

《雁荡山志》脱稿至蒋叔南去世,长达 10 年之久,缘何一直未付印? 恐怕不是财力所困,而是另有原因。可以断定的是:他本人对志稿不甚满意,"自兹以往,倘更遇名山之珍藏,足为百二峰生色者,当继续搜求而增订之"(《自序》),期待"增订"。由于蒋叔南的慎重及其他因素,他身后迄今 70 余年亦未能付梓,而且在保藏书稿转递过程中遗失 8 卷(卷三十六至四十一,卷四十四至四十五),令人惋惜。据蒋德闲 1992 年介绍,"《雁荡山志》的手稿,解放后带到北京我一堂兄处保存,后带回杭州我处,'文革'之难,我寄放在一农民家,得免于劫,尚在我手中"②。目前由蒋德闲先生哲嗣蒋晓航保存。

2007 年《乐清文献丛书》整理项目启动,编辑部将《雁荡山志》稿列入首选,委托本人与詹王美先生点校。2008 年元月签订约稿协议,开始工作。鉴于艺文部分遗失 8 卷,既非完璧,现存 29 卷仅保留卷次、题目、作者姓名,而正文一概略去,可行无妨。其理由有二:一是前人诗文纯属抄录,未注明资料出处,不属于重修者原创,即使不收并不影响《雁荡山志》的特色,降低其实际分量。当年永嘉区征辑遗著会同人从事抢救整理时,仅节录前七卷及艺文部分蒋叔南本人的文章,而不是全部誊抄,恐怕亦出于类似的考虑。二是近年新出的《雁荡山诗文选本》与计划编印的《雁荡文汇》《雁荡诗汇》等若干乡土读物完全可以替代与弥补。此外,如此处理还能减轻读者的负担,有利于《雁荡山志》的发行。

---

① 顾文谈到曾"由乐清一叶姓人士携此书去云和借阅,途中被土匪劫去,以重金赎回归还蒋家(所缺一册即在此时失去)"。此册包括卷三十六至四十一。又,顾文言"杭州开西湖博览会时此稿曾展出",当为 1936 年 11 月"浙江文献展览会"之误植。查《西湖文献集成》第九辑《西湖博览会》(杭州出版社 2004 年 10 月版,第 16 册),西湖博览会特种陈列所各机关出品分类目录,登有《温州府志》1 件,《平阳县志》1 件(以上出品者均为浙江省民政厅),乐清雁荡山摄影 14 件(出品者为乐清县政府),而无《雁荡山志》稿。

② 1992 年 3 月 6 日,蒋德闲致卢礼阳函。

［参考文献］

[1] 张元济.张元济日记[M].北京:商务印书馆,1991:103.

[2] 蒋叔南.雁荡山二集[M].上海:商务印书馆,1918:1.

[3] 蒋叔南.雁荡山一览[M].上海:西泠印社,1934.

[4] 薛冰.纸上的行旅[M].济南:山东画报出版社,2006:103-104.

[5] 孙延钊.温州文献述概:续[J].文澜学报,1937,3(1):1-80.

[6] 蒋叔南.房山游记[M]//蒋叔南游记第一集(下册)[M].上海:福兴印书局,1921:4.

[7] 林若诗.阮毅成自选集[M].台北:黎明文化事业股份有限公司,1978:188.

[8] 夏承焘.天风阁学词日记(第2册)[M].杭州:浙江古籍出版社,1992:573.

[9] 刘景晨.大若岩志[M]//卢礼阳,李康化.刘景晨集.上海:上海社会科学院出版社,2006:54.

[10] 洪焕椿.浙江文献丛考[M].杭州:浙江人民出版社,1983:167.

[11] 宋慈抱,项士元.两浙著述考(下册)[M].杭州:浙江人民出版社,1985:1065-1066.

（原刊于《温州职业技术学院学报》2009年第3期）

东瓯国西界疆域考略

高启新

【摘　要】东瓯国是西汉初年在今浙南温州、台州、丽水一带建立的地方性封国,最早被载入《史记·东越列传》。公元前 192 年东瓯立国并建都,开启了温州行政建制历史的先河,对今天温州行政区划具有深远影响。通过史料文献和考古资料考察,东瓯国都城在今温州城区,并以此为中心向外扩展,但疆域面积有限。其西界疆域当难逾越飞云江流域,界限并不明显。

【关键词】东瓯国;温州;西界疆域;闽越国

东瓯国与闽越国之间的关系有时唇齿相依,又常常兵戎相见。这两个山水相连又彼此之间有一定血缘亲情的百越封国,200 多年来从封疆到除国,除了早期有限的史料记载外,到后来竟慢慢地淡出历史。20 世纪 60 年代,在今天的武夷山(原崇安)、福州等地意外发现了规模宏大的闽越国都城遗址,出土了大量文物,甚至一些瓦当上刻有"万岁"铭文。一座沉睡在地下的史书中记载的闽越古国都城大白于天下。由此也引发了与之相毗邻的温州、台州两地文史专家对寻找东瓯国都城的浓厚兴趣。

《史记·东越列传》记载:"闽越王无诸及越东海王摇者,其先皆越王勾践之后也,姓驺氏。"[1]闽越王与东瓯王同为越王勾践的后裔,越王勾践七世孙无强被楚威王战败而杀,在越人南迁过程中,一部分越人与今温州一带的瓯人融合,形成东瓯部族,首领为东瓯王;另一部分越人进入闽地,与闽人结合,形成闽越部族,首领为东越王。两个封国因在灭秦及楚汉战争中立下军

作者简介:温州市博物馆副馆长。

功,分别在公元前192年和公元前202年封王。公元前138年闽越国攻击东瓯国,东瓯国向西汉王朝求援。闽越国撤兵后,东瓯国四万余人内迁江淮流域的庐江郡(今安徽西部的舒城地区),结束了在浙南的统治。闽越国经过西汉前期近七十年的生产积累,实力达到顶峰,成为东南沿海举足轻重的政治势力。由于闽越国对外扩张称霸,威胁西汉王朝安全,公元前110年冬,汉武帝派四路大军攻入闽越境,计杀东越王余善,将闽越居民迁往江淮一带,至此闽越国灭亡。曾经显赫强大一度被写入《史记》中的两个封国,就这样在中国东南版图上永远地消失了。遗憾的是,后世对两个封国并没有系统清晰的记录,相较而言,因闽越国存国时间较东瓯国要长,故其历史比东瓯国显得清晰。近年来,在福建开展的田野考古,通过遗址与出土的大量文物,关于闽越国研究已取得不少新的成果。关于东瓯国的研究,虽然温州、台州两地学者依照文献资料和考古资料,也取得了令人瞩目的成果,但观点蜂起,依然莫衷一是。特别是东瓯王都城城址、东瓯国疆域分野、东瓯国人成分、举国迁徙后原东瓯土著人的去向等,争论纷纭。本文试图通过西界一带的史料和考古资料,考证东瓯国界域,以期抛砖引玉。

一

温州西界疆域指今天温州的行政区划含平阳、瑞安、苍南、泰顺、文成五县市。其中苍南由原平阳属地立县于1981年(文物考证,以下文中两县相互印证)。东瓯国之争缘起于近年温州、台州两地对东瓯国都城及国界等的纷争。关于两地对东瓯国都城所在地之争,温州学者以流传甚广的文献为依据;台州学者则立足近年界内出土的各类文物,特别是塘山大墓的文物,与大溪古城的印证,坚定地认为关于东瓯国都城目前温州无准确地点、无都城遗址、无东瓯文物。对此两地学者展开了多年的纷争,至今也没有得出一个令人信服的推理链。因此,关于东瓯国都城的争论,在文献资料奇缺的背景下,只能等待今后田野考古的进一步探索,出土更多有力的实物证据,以求最终水落石出。另外,对东瓯国都城的争议,还引申出东瓯国界的争论。既然称之为国,则有国界。按《说文解字》来解:"邦,国也。周礼注曰:'大曰邦。小曰国,邦之所居亦曰国。'"[2]"国"为会意字,从"囗"(wei)表疆域,从

"或"表字音。无四围之界，称不上国。东瓯国属地方方国，必有界域，但东瓯国的四围，从历代史料文献中无法考证。推测其原因大致有以下三个方面：一是南方百越广袤之地，长期的边缘化，秦汉以来，对其的归属仅为名义上的，因而疆域难有明确规划；二是东瓯国立国至除国，仅存世 54 年，时间短，其国域以都城为中心，向外以同心圆的形式辐射，离王权中心越近，对人口与土地的管理就越紧密，越远则越松散；三是被西汉王朝所忽视的边远小国，任其自治，王国核心人物安民守土即可，而在"率土之滨莫非王土"的大理念下，百越诸小国之间，相互制衡，相安无事，只要不触犯王朝即可，至于方国领土的界限及国王权力的大小均可忽略不计。在这点上，当闽越国攻打东瓯国，东瓯国向西汉王朝求援时，西汉王朝就出兵与否向大臣征询意见，太尉田蚡说："越人相攻固其常，又数反复，不足以烦中国往救也，且秦时弃弗属。"[1] 一种对边远小国落难之际见死不救的冷落与轻看显然可见。虽然，西汉王朝最后是出兵救援了，但其出兵的目的则是出于安抚。而东瓯国除，四万人千里迁徙至淮河流域，用的是"降"字，即没有给予小国寡民足够的待遇。从东瓯往北至淮河，也即离西汉王朝的政治中心近了，表明了是从劣地迁往优地，说明是王朝的一种恩渥，表现出关怀优渥的姿态（当时，越往南，离王朝中心越远，其政治待遇也越低，故闽越国、南越国能自立，抗衡王朝的能力也越强）。东瓯国处于原越国的过渡区域，汉王朝统一中国后，相较更往南的百越地区，其所受的重视程度要强些。等到东瓯国除，并入闽越国版图，闽越国利用其复杂的地缘，开辟为东部的屏障，休养生息。东越王余善的做法，使汉武帝产生尾大不掉的危机感，故分兵消灭它；对东瓯国从西汉国除到西晋设县，其疆域并没有让汉王朝重视，即便是经济的开发，也迟至西晋"五胡乱华"大量北方人口南迁后，东瓯国才真正地繁荣起来。

这些年，对东瓯国的问题，学界开始重视。关于东瓯国的历史，特别是都城问题，学界一直争论不休。笔者认为，在东瓯国都城的确定上，仅依据目前的史料文献和考古资料得出结论为时尚早，本着重新还原东瓯国历史为己任，两地学者还有许多基础性工作值得深入探究，如东瓯国疆域一直以来没有明确的界定。徐三见《东瓯国疆域北界考》认为："东瓯王国北界的分水岭为温峤岭——即今温岭县温岭山。"[3] 目前,关于东瓯国疆域北界争论大致有三种观点:一是宁波古鄞县一带;二是台州灵江以南;三是温峤岭为界。可见,东瓯国北界也无法界定,同样,其西界与西北界从史料文献中也无法考证。东瓯国南界、东界为海应无疑义,那么西界应至何处呢?

二

在明景泰三年(1452年)之前,温州西部含平阳、瑞安两县市。瑞安于三国赤乌二年(239年)设置。"温,在汉为东瓯国,而瑞隶于温,受地百四十里,逾于古之候封。汉时风气未开,而海噬茫茫,几成瓯脱。"[4] 这里"逾于古之候封"地,即为东瓯国。公元前221年,秦统一中国,实行郡县制,温州、台州及福建全境为闽中郡。西汉惠帝三年(前192年),因越王勾践后裔驺摇辅佐刘邦灭秦有功,而被封东瓯王。这是东瓯国第一次被汉王朝分封[1]。但东瓯国的封地并没有明确,原因是此所谓封国,为藩属,行政上是自治。《史记·汉兴以来诸侯年表序》记载:"高祖子弟同姓为王者九国,唯独长沙异姓,而功臣侯者百余人。"[1] 刘邦"白马之盟"确立了非刘姓不得封王的制度,因此刘邦在大刀阔斧的剪除异姓中,东瓯王与闽越王并不在此列。可见,所谓的王,其实与"功臣侯"的待遇是相同的。但汉王朝考虑到两国的历史背景,特别是"东瓯故荒,草昧蒙翳",地远人稀,以怀柔其王,由其自行管理。其实东瓯国并不是一个完备的行政体系。《汉书·百官公卿表》记载:"诸侯王,高帝初置,金玺绿绶,掌治其国。有太傅辅王,内史治国民,中尉掌武职,丞相统众官,群卿大夫都官如汉朝。"[5] 汉初,诸侯王的行政体系是汉王朝的缩小版,但其领地"大者夸(跨)州兼郡,连城数十"。那么,汉惠帝初年立的东瓯国,有否达到此要求呢?回答是否定的。汉代诸侯国,从刘邦国祚初定,即开始削弱其势力,到了孝惠元年(前194年),诸侯国所辖诸郡太守的任免权力收归朝廷,而景帝则彻底剥夺了诸侯王对封国的行政权力。

《汉书·百官公卿表》记载:"景帝中五年,令诸侯王不得复治国,天子为置吏,改丞相曰相,省御史大夫,廷尉、少府、宗正、博士官,大夫、谒者、郎诸官长丞皆损其员。"[5]

立国于西汉惠帝二年(前193年)的东瓯国,正处于汉王朝势力的上升期,也是西汉对诸侯国进行权力大幅削减的节点上,东瓯国疆域与王国权力大打折扣也在所难免。这种人为的削弱势力,对处于人力财力弱势的东瓯国来说唯有拥护西汉王朝,此时也只有识时务者才能在东南一隅有立足之地。这也为东瓯国其后参与至孝三年(前154年)吴濞的"七国之乱"埋下了伏笔。即东瓯国参与吴王之乱有着其深刻的原因,那就是从惠帝之诸侯国的改革,东瓯国的利益受到打压,而一旦受到吴王的鼓动,就会立刻加入到叛乱的队伍中去。闽越王却没有那么积极,原因就是疆域问题。东瓯国与闽越国同属东南丘陵地带,但闽越国立国的疆域为原闽中郡福建的大部,故其空间与地产均丰富于东瓯国。因此,对吴王的起兵,闽越王消极应对。那么,闽越国东部的边境至何处呢? 推测应不是现在浙闽两省的交界,而应当向东抵达飞云江流域。

其一,《嘉庆瑞安县志》记载:"受地百四十里,逾于古之候封。"[4]瑞安为东瓯国的西部边陲,东晋永宁年间建郡后,其东部直接为郡城,可以理解为,古时瑞安全境为东瓯国全部属地。但瑞安立县后的面积有了较大的扩展。扩展部分即是飞云江上游的义翔乡(后设泰顺县,成其主要疆域)。也就是说,今天这部分毗连两省多县的地理,并不在原来东瓯国的版图中。

其二,从飞云江往西,是平阳县(含1981年新设的苍南县)。平阳于西晋太康四年(283年)建县,建县之前,此地历史依然不清晰。从出土文物来看,平阳(今苍南县境内)一带最早的文物是三国时太子舍人朱曼葬妻薛氏所刻的随葬买地契约,年代是晋,同时还有平阳横河西晋元康元年(291年)墓中出土的大量瓯窑明器等,至今没有发现东汉时期文物。此外,重要的发现是,2008年平阳宋埠镇海滨村烟台山有4万平方米内寨遗址,有泥质灰陶、泥质夹砂红陶片、夹砂黑陶等。根据出土器物特征和表面的纹饰分析,年代为战国至西汉时期,但由于其文化内涵很少,虽说时间上是西汉以前,但并没有形成居落。烟台山(古称龙山)濒临东海,西面为三国时期中国三大造船基地之一横屿船屯遗址,故为一个临时性的居留点也很有可能。由此看来,西汉时期,从飞云江往西至分水关界(今浙闽界)的广大地区是荒无人烟的"飞地",东瓯国与闽越国的势力范围因此呈现一片空白。

其三,从海岸线的变迁来看,今天浙闽之间的交通坦途,是以中古时代以来沿海几大水系冲击而形成的平原为依托。吴松弟[6]认为:"东晋南朝时期今温州沿海平原的大部分均未成陆,大罗山以北在今温州城区东南吹台山以东的平原上还存在一片浅海湾,大罗山以南直到今平阳县城以北的地区,海岸线仍在今温瑞塘河—瑞平塘河一线以东远,塘河西侧不远便是今天瑞安、平阳两县市的前身安固县与横阳县。""(温州沿海河口平原)南朝宋以前,平原成陆范围有限,海岸线在今天的温州、瑞安、平阳等县市的城区不远。"因此得出的结论是:"今天的温州平原地带形成是比较晚的,今天看到的平原大部分是明代、清代形成的。"西汉时期的东瓯国地理上并没有今天所见到的沿海平原,当时的浙南沿海是由低山丘陵、河湾所组成。这从另外的侧面体现出东瓯国的疆域正如《山海经》里所说的"瓯居海中"[7]。也可能是,东瓯国周边有大量的浅海与滩涂,地理上并没有多少优势。

其四,从国家的强弱来看,东瓯国与闽越国的纷争,从史料文献看似乎是吴王之乱,东瓯王诱杀吴王后的反戈一击,吴王之子刘驹逃到闽越国挑拨离间而起。闽越国于武帝建元三年(前138年)发兵围攻东瓯国。可见,闽越王也蔑视东瓯国。被围的东瓯国,派人向西汉王朝求救,由此引发了太尉田蚡与中大夫庄助之间救与不救之争。太尉田蚡认为,东瓯国多次反复,不服从西汉王朝,他们之间的攻击无须出兵;而庄助则认为,既然附庸藩属来求救,如弃之,则难于对地方小国进行控制。后从会稽发兵浮海救援东瓯国,闽越王闻讯而撤。接着东瓯王请求举国内迁,经汉武帝同意,于是广武侯望带4万瓯人迁到江淮一带。如果是一个封国,而且有足够的人力和物力,也不至于忍气吞声地要求迁居,但东瓯王的确是看到与闽越国之间的交恶将引无数的麻烦。这里值得注意的一点是东瓯国的腹地到底有多大,发生战争后是否有足够进退自如的空间。如果东瓯国与闽越国的接壤边界是在飞云江的沿岸,那么,东瓯国的确是没有能力抗衡闽越国经常性的骚扰,但事实上,可以假设,闽越国与东瓯国的国都非常接近,正因如此,使得东瓯王下决心远离是非之地。事实上,东瓯王到望时期,也已降格为广武侯了。"建元三年(前138年),……东瓯请举国徙中国,乃悉举众来,处江淮之间。"[1]

足以表达出东瓯国的屈辱与无奈。从中透露出这样一层信息,即东瓯王的实力与闽越王有天壤之别。

由此可以得出大致的结论是:东瓯国作为一个地方封国,虽有国之名,却无国之实,并被汉王朝所忽视;东瓯国疆域面积狭窄,其最西界可能仅以飞云江作为天然屏障,既没有纵深也没有险隘可守,当闽越王从西进攻,越过飞云江后,仅可以都城为依托来抗击。"时大城名都民人散亡,户口可得而数裁什二三,是以大侯不过万家,小者五六百户。"[5]汉初,大侯的人口也不过万家,地处僻壤的东瓯国,立国时间很短,人口更为稀少。因此,东瓯国其实就是以都城为中心的一个疆域极为有限的小方国。东瓯国是无法与幅员辽阔的闽越国相抗衡的,其最终失败也是必然的。

三

从近年泰顺考古调查与发掘来看,闽越国的疆域东抵飞云江流域。林鹗是一个实证的地方史学者,他用 30 年时间调查写成的《分疆录》是反映泰顺的一部信史。林鹗《分疆录》记载:"唐以前僻在荒服中,多老林,供郡图材用而已,实闽括间瓯脱也,至唐始有山民烧畲辟壤。"[8]意思是说,唐之前的泰顺处于荒服,地理上它处于闽(福建)括(丽水)之间,到了唐代才有人类活动的历史。但 1988 年在飞云江上游发现的 12 处遗址推翻了以上说法,这些遗址时代的延续大约是从新石器时代末期一直到战国,甚至更晚到西汉。特别是其中的考古文化类型上,泰顺不少出土文物与闽之间有着千丝万缕的关系。在支流莒江水系的几处遗址中,最有特色的是在新山乡锦边山发现的一件三角形人字形石锄(锛),在福建闽侯县石山文化层中,下层的石器工具都以石锄(锛)为多,一般为粗磨器身和刃部,两层都有较多的横剖面为三角形石锄(锛),一面扁平,一面有条人字形弧背,器身厚重,这种典型的石锄(锛)主要出土于闽南、粤东、闽北,其他地方不见[9]。浙南其他地方目前也未发现,因此它应是从闽北传入的,时间上锦边山遗址应与昙石山文化中下层的年代相符,下层放射性碳素断代并经校正的年代为公元前 1300 年,数据似偏晚[10]。狮子岗也出陶器,有泥质红黄陶,质地较软,黄色为底,绘以黑色和褐黑色彩,花纹是几何形的,这一点与闽北所发现的彩陶也很相似。闽东福安县坡山和寿宁县武曲两处遗址,石锄(锛)数量多,彩陶分两种:"一种是橙黄色加彩,一种是灰色硬陶加彩,两种都是黑彩,彩绘花纹全是宽条几何形纹。"[11]从中可以看出,飞云江水系文化特征与闽北文化特征的相似性;泰顺与闽相毗邻,都是可以逾越的山地和丘陵。

　　在方言上,泰顺与闽关系密切,主要为蛮讲。有学者认为蛮讲为"闽讲",是谐音。其实,蛮讲应是一种土语,泰顺蛮讲有语言学家归为闽东语的一种,是吴语与古越语融合后产生的一种特殊吴语。泰顺境内闽语保留了古闽语及古汉语的一些特征,是中国东南沿海山地县泰顺的原住土语,是汉语与古越语融合的产物,带有孤立语与黏着语的双重特性,被一些语言学者看成是这一地区的原始土著语言。蛮讲是泰顺县的一种土话,分布在泰顺县的中部、南部和西部地区。蛮话和蛮讲被认为是土著语,很可能是吴语与古越语融合后产生的一种特殊吴语。蛮话和蛮讲的语音系统基本上向瓯语靠拢,因而有人误以为蛮话应同瓯语一样属于吴语系统,事实上,蛮话和蛮讲应属于闽东话系统。唐代著名诗人顾况任温州盐铁使时,游历浙闽周边,写下名诗《囝》,其中有"郎罢别囝,吾悔生汝"运用了当闽地的方言。蛮讲中呼子为囝,父为郎罢。今天,泰顺的蛮讲,依然保留这种称谓。而温州除了苍南的蛮讲区外,不见其他。由此可见,无论在考古发现上还是在方言上,泰顺各种特征都接近闽的特征。因此可以推断,西汉时期,泰顺地处边远,并不在东瓯国的属地内。

　　综上所述,东瓯国的疆域面积,今人常为地理区划所局限。但东瓯国作为边远的汉之属国,其国土面积比实际要小得多。从今日飞云江以西的出土文物来看,西汉时期,这一带依然处于荒服。从泰顺的新石器晚期、商周至西汉的遗址,以及其方言与闽地的千丝万缕的关系,足以推测出泰顺与闽关系密切,可以理解泰顺为闽越国的可控地盘。而西汉时期的东瓯国,从其无力与闽越国抗衡来看,推测其可控的区域,西部最远的界域甚至难逾越飞云江流域。东瓯国整体势力范围,是以都城为中心向外扩展的一个有限空间。而一国所能带走的仅为4万人,也可以旁证它的影响力是有限的。因此,可以大胆地推测,东瓯国北面到达温峤岭一带,抵达灵江流域,这在理论上是成立的。实际上,东瓯国短暂的历史更像是历史深处的足音。难怪惜墨如金的司马迁在《史记》中并没有给予更多的着墨,由此留给后人无数的联想。

[参考文献]

[1] 司马迁.史记[M].北京:中华书局,2005.

[2] 许慎.说文解字[M].南京:凤凰出版社,2007:489.

[3] 徐三见.东瓯国疆域北界考[J].东南文化,1990(5):182-185.

[4] 王殿金,黄征义.嘉庆瑞安县志·舆地:卷一[M].北京:中华书局,2010:1.

[5] 班固.汉书[M].杭州:浙江古籍出版社,2000.

[6] 吴松弟.温州沿海平原的成陆过程和主要海塘、塘河的形成[J].中国历史地理论丛,2007(2):5-13.

[7] 袁珂.山海经校注[M].上海:上海古籍出版社,1980:267-268.

[8] 林鹗.分疆录[M].香港:香港出版社,2010:2.

[9] 中国社会科学院考古研究所.新中国的考古发现和研究[M].北京:文物出版社,1984:58.

[10] 夏鼐.中国大百科全书[M].北京:中国大百科出版社,1988:514.

[11] 曾凡,黄炳元.闽东新石器时代遗址调查[J].考古,1959(11):633-634.

(原刊于《温州职业技术学院学报》2013年第2期)

温州港贸易的历史变迁

滕宇鹏

【摘　要】温州港已有一千多年历史。早在春秋战国时期,温州就出现了原始港口的雏形;唐代以来与日本有贸易往来;南宋—元时期设立市舶司,海上贸易兴起;明清时期受"海禁"政策影响,温州港闭关,直至1876年签订《烟台条约》,温州港再次被迫开放;抗日战争时期温州港曾出现过畸形繁荣。中华人民共和国成立以后尤其是改革开放以来,一系列事件给温州港带来了新的历史发展机遇,温州港逐渐发展成为一个现代化港口。

【关键词】温州港;港口;进出口贸易

温州古称瓯越或东瓯,"南控闽峤,北接台明,西为括苍";"瓯郡数县,倚山滨海,为浙东控,接八闽要地,列城相望,襟江带溪,形势雄壮"[1]。温州港地理坐标为 120°38′50″E,28°01′35″N,以瓯江水系和沿岸将近3.1万 km² 的流域面积作为经济腹地,在拥有丰富出口货源的同时,也肩负着浙南和闽北地区对外贸易港和交通枢纽港的重担。

温州港位于中国大陆海岸线的中段,与最北的营口港(1042海里)、最南的三亚港(986海里)距离几乎相等,而且与北面的上海港(320海里)、宁波港(219海里)和南面的厦门港(393海里)、福州港(236海里)距离也适中,并且靠近中国台湾地区和日、韩及其他东南亚等国家,有利于利用广阔的经济腹地和良好的海上交通条件发展中转贸易[2]。自古以来,温州港作为全国的重要港口发挥了巨大的作用。

作者简介:宁波大学人文与传媒学院助教。

一、近代之前的温州港及其贸易状况

1. 先秦—北宋时期

夏商时期,温州(瓯越)就居住了百越的一个分支——瓯越人。原始瓯越人居住在沿江一带的小山坪上,"鬏发文身",以渔猎为生,食海蛤、蝉蛇等物,习惯住在海边,过着海上生活。

周朝和春秋时期,中原文明开始向南拓展,居住在浙江吴越和瓯越的先民们逐渐被纳入中央政权的控制范围。唐欧阳询《艺文类聚》记载了"周成王时,於越献舟"[3]。"於越"是指现在的浙江沿海一带。可见,当时百越先民们掌握了较高的造船技术,这为温州港的形成奠定了坚实的基础。到战国时期,东瓯(温州)出现了原始的港口[4]。

秦朝末年,越人勾践后裔驺摇参加抗秦战争,辅佐汉高祖打败项羽,获封"东海王",定都东瓯。此时海上交通取得一定发展,南方的"海上丝绸之路"形成[5]。而后因统治者之间的斗争,东瓯国经济遭受严重打击,港口也开始萧条和衰败[2]。经过了两百多年,东瓯国社会经济才有一定程度的恢复和发展,始设永宁县。

三国时期,永宁县属孙吴管辖。孙吴的造船业和航海业非常发达,有四处较大规模的造船地——永宁县(今温州永嘉)、横屿船屯(今温州平阳一带)、温麻船屯(今福建连江)和番禺县(今广东广州)。其中温州地区就占了两处,表明当时温州港的重要性。造船地的设立促进了东瓯(温州)地区海上交通的发展和港口的建设。

两晋时期,南方局势相对稳定,吸引了大量的北方流民,由于需要安置的民众数量众多,不得不析临海郡设永嘉郡,温州港初具规模。到南北朝时期,由于远离中原战火,温州经济持续发展,尤其是制瓷技术得到了很大程度的发展,如"缥瓷"享誉海内外。温州也被世人称为"实东南之沃野,一郡之巨会"[6]。

唐代时期,温州港已成为中国对外贸易的重要港口之一[7]。唐高宗元年(649年)析处州置温州,其纺织业、盐业、酿酒业和以"西山窑"为代表的陶瓷业、以蠲纸为代表的造纸业等发展十分迅速。特别是造船业的兴起为

温州港贸易发展提供了前提条件。唐高宗显庆四年(659年),温州与日本开始有船舶往来。唐武宗会昌二年(842年),中国商人李处人在日本值嘉岛(现五岛列岛)造船,利用季风首先开辟了日本到温州的新航线[8]。当时出口的主要货物有经卷、佛像、佛画、书籍和药品等,从日本进口的主要货物有砂金、水银、锡等金属及棉、绢等[9]。同时,温州港与周边的明州港(今宁波)、福州港等已有海上贸易往来[5]。

五代时期,温州属于吴越国,温州港是吴越国的重要港口之一,设有博易物,主要出口瓷器、茶叶、蠲纸及漆器等[2]。当时因为浙江和福建诸侯割据,温州港与南方和海外的联系基本中断,但与北方的登州和莱州等滨海城市建立了直接贸易联系。

北宋时期,南方经济得到了较快的发展,位于东南沿海的温州港在社会、经济等各个方面都取得了较大的进步。温州的水稻、茶叶及柑橘得到大规模的栽培和种植,蠲纸和漆器的手工工艺愈发精良,位于沿海的温州盐业在这一时期也得到了较大的发展。当然最为著名的要数龙泉青瓷,极具典雅、端庄、古朴、青淳之特色,深受海内外民众的喜爱[10]。龙泉青瓷也成为温州港主要出口商品。虽然未在温州设立市舶司,但温州港通过明州港和泉州港的海外贸易往来逐渐活跃。

2. 南宋—元时期

南宋时期,温州社会经济发展达到了一个新高潮。由于北宋灭亡,中原的官员、商贾和普通民众都纷纷南迁,给温州带来了大量的人口和资金,为温州港的贸易奠定了坚实的物质基础。中书舍人程俱曾提到"其货纤靡,其人多贾"[11]。

南宋绍兴元年(1131年),温州设立市舶司,实行对外开放,为温州港的繁荣提供了坚实的政策条件,时任温州郡守杨蟠曾作诗称赞其为"一片繁华海上头,从来唤作小杭州"[12]。外国商船频繁往来于温州港,除日本外,高句丽、南洋等国家也与温州港有着密切的贸易往来,出口商品深受海外民众的喜爱,如龙泉青瓷漆器、丝织品、蠲纸等。南宋统治者为解决铜钱和金银等贵金属外流的问题,曾下令以瓷器等代替贵金属和钱币交换外邦货物[13]。可见,龙泉瓷器对当时南宋朝廷和温州港的重要性。同时,温州港还与明州港和泉州港来往密切[5]。

元朝初年,温州港亦设立市舶司,瓷器、漆器依然驰名海外。在海外市场的拉动下,瓯江上游沿岸各色瓷器的出口达到前所未有的高峰,它们通过温州港运到日、韩及其他东南亚等国家。元世祖至元三十年(1293 年),撤销温州市舶司并入庆元港,温州港停止对外开放[14]。虽然温州港官方对外开放已结束,但由于温州有良好的通行条件,还是吸引了不少外国商人前来进行贸易活动,如日本僧人无文、元造、元通等人搭乘着外国商船来到温州[15]。元朝使团于元贞二年(1296 年)二月二十日从温州载着龙泉青瓷出发到真腊(今柬埔寨)。据考证,1976 年在韩国新安郡附近打捞上岸的沉船残骸,正是从庆元港到日本博多港的商船。新安沉船文物中含 12000 多片青瓷,其中又以龙泉青瓷为主[16]。这些青瓷应该是由温州港经海道到庆元港再统一转外销的。

3.明清时期(1877 年之前)

明清时期,由于明政府采取"海禁"政策,加上倭寇犯边,严重扰乱和破坏了沿海地区人民的正常经济活动,使得海外贸易遭受严重挫折。另外,还由于只规定宁波、广州和泉州设立市舶司,始终未能在温州设立市舶司或其他官方性质的贸易机构。因此,温州港开始走向衰落。

清朝前期,由于郑成功抗清力量的存在,清政府宣布实施"海禁"政策,严禁沿海的居民和商人私自出海援助和联系郑成功,但收效甚微。继而清政府采取"迁海"令,阻断大陆民众和郑氏家族的联系,因而也阻断了温州与海外的贸易联系。随着郑克塽降清,台湾归附清朝,康熙二十三年(1684 年),诏开海禁,允许浙江等沿海地方的民众装 500 石以下的船只进行海上贸易和捕鱼,制定了征税则例,进行征税。次年,在宁波设立浙海关,下设 15 处关口,温州地区有温州、瑞安和平阳三处[17]。温州海关的再次设立给正处于停滞期的温州港带来了复苏的信号,温州港贸易逐渐恢复。

温州港设立海关以后,海上交通贸易往来逐渐繁荣,特别是与上海、宁波、福建等地的贸易往来日益密切。一方面,温州及其经济腹地的货物诸如木材、木炭、柑橘、茶叶、纸伞、药材、海产品等都通过温州港输送到全国各地;另一方面,全国各地的货物诸如红糖、干果、木耳、药材等又运往温州港[15]。

清朝初期,温州港除进行国内贸易外,也有一些温州商船驶往日本及其他东南亚等国,从事海上贸易活动。清朝初年,温州与日本的贸易关系密切。当时日本把来自温州、宁波等港口城市开往日本的船只称为"唐船"或者"口船"[9]。当时温州等地运往日本的主要货物有白丝、茶叶、瓷器、药材、纸和笔墨等,而从日本运回的主要货物有金、银、铜等贵重金属,后来日本由于铜等贵重金属产量减少,改为海参、鲍鱼、鱼翅等海产品[9]。虽然温州港有船驶向日本进行贸易活动,但由于日本正值江户时期(1603—1867年),德川幕府为了维护政权稳定,采取了"闭关锁国"政策[18]。所以,幕府时期日本商船从未驶向温州港进行过贸易活动。乾隆二十二年(1757年),清政府关闭了除广州以外的所有港口[19]。从此包括温州港在内的沿海各个港口均实施"闭关"政策,直至1840年鸦片战争爆发。

二、近代以来的温州港及其贸易状况

道光二十年(1840年),鸦片战争爆发,迫使清政府签订了中国近代史上的第一个不平等条约——《南京条约》,广州、厦门、福州、宁波、上海等五地被开辟为通商口岸,从此中国开始沦为半殖民地半封建社会。

1.1936年之前

(1)第一阶段:1840—1876年。温州港自古以来就是一个物产丰富的天然良港,自然温州港也成为西方殖民者的侵略目标之一。道光二十二年(1842年),英国政府派军舰对温州港水道进行测量,掌握了温州港航道的一些数据[20]。由于温州不是通商口岸,无法进行正常的贸易往来,因而外国殖民者不得不在温州港进行走私活动。咸丰九年(1859年)至同治元年(1862年),许多外国商船勾结宁波和福建的商人从事走私活动,运来白糖,运走明矾和茶叶等。

温州港的走私活动规模不大且很不安全,西方殖民者迫切希望将温州开辟为通商口岸。截至光绪三年(1877年),西方殖民者共有四次较大规模要求开辟温州港的活动。咸丰四年(1854年),英、美两国提出"修约",要求开放温州港,未能得逞[2]。咸丰十一年(1861年),普鲁士政府提出开放温州港为通商口岸,清政府亦未予同意[2]。同治八年(1869年),签订《中英新修条约》《中英新修条约善后章程》,温州港被开辟为通商口岸,由于该条约触及部分英国商人的利益,未被英国政府批准[2]。直至光绪元年(1875年),英国政府以在云南发生的"马嘉理事件"为借口要求增开温州、芜湖等4处为通商口岸,自《烟台条约》签订,温州港最终被开辟为通商口岸。

(2)第二阶段:1877—1919年。光绪三年(1877年),温州港开港通商,受到高度重视[21]。签订《烟台条约》以后,海关总税务司赫德立即委派英方的税务司好博逊(H. E. Hobson)来温州筹备设立温州海关事宜,1877年3月2日,好博逊乘坐海关巡逻艇来到温州。在当地官员的陪同下对温州港航道进行了为期半个月的测量,最终将港口定在朔门。同年4月1日,温州海关设立,温州港正式开始对外开放,好博逊担任温州海关首任税务司[20]。

温州港被开辟为通商口岸之后,轮船逐渐取代帆船,并且相继开通温沪线、甬温线和温州至椒江的定期近距离客运航线,北至营口、南至福建、广东沿海港口城市的航线,以及至香港、台湾和国外的客运航线。光绪十一年(1885年),新加坡英式帆船"特克里号"(Tekli)开辟温州经香港至新加坡的航线[5]。次年,有三艘夹板船从今马来西亚的槟城抵达温州港[20]。

除开辟新客运航线外,最重要的还是开港之后温州港商品流通的加快和温州港贸易额的增加,如表1所示。由表1可知,温州港进出口总货值1877年为263526海关两,到1919年为4062117海关两,将近翻了16倍;进口的洋货、土货及出口土货的净值分别比1878年多出9倍、近41倍和近69倍;出口的土货相较于进口的洋货高了将近8倍。这反映了温州自给自足的自然经济模式逐步瓦解,开始纳入到世界经济体之中。另外,在绝大多数年份里,温州港进口洋货和土货总值都远远大于出口土货总值,直接反映了帝国主义对温州的倾销行为。

表1　1877—1919年温州港进出口货值　　（单位：海关两）

年份	进口洋货净值	进口土货净值	出口土货净值	合计
1877	223 506	21 903	18 117	263 526
1878	180 733	22 787	21 847	225 367
1880	249 487	92 108	88 375	429 970
1885	296 343	90 037	101 490	487 870
1888	483 697	121 416	97 630	702 743
1890	317 163	150 613	135 385	603 161
1895	532 441	87 983	466 077	1 086 501
1898	727 894	261 077	448 757	1 437 728
1900	800 679	355 724	303 227	1 459 630
1905	1 044 621	461 570	729 068	2 235 259
1910	1 335 285	398 258	988 708	2 722 251
1911	1 177 603	462 024	1 008 370	2 647 997
1915	1 141 772	963 954	1 291 262	3 396 988
1919	1 639 789	919 679	1 502 649	4 062 117

　　这一时期温州港的进出口贸易方式主要通过上海港及其他港口进行转口贸易[2]。主要直接贸易伙伴是中国香港、中国台湾地区和日本、新加坡等东南亚国家[5]。另外，进口货物主要有白糖、煤油、棉布、棉纱、火柴、金属、玻璃、鸦片等，出口货物主要有明矾、烟叶、柑橘、纸伞、木炭、茶叶等[2]。

　　（3）第三阶段：1920—1936年。进入20世纪20年代，温州及邻近地区自然经济开始瓦解，商品经济已经开始替代过去自给自足的自然经济，此时温州港海外贸易得到较大的发展。由于纸伞技术得到改进，成功打入国际市场。皮革制造业在传统工艺基础上得到发展，皮箱出口量不断增加[2]。1923年日本发生大地震之后，日本轮船直接来温州港运走鲜蛋、菜子、桐油、木炭等货物，温州港出口贸易量大幅度增加[5]。温州地区商品经济活跃和日本大地震事件，带动了这一时期温州港贸易的繁荣发展。1920—1930年温州港进出口货值如图1所示。

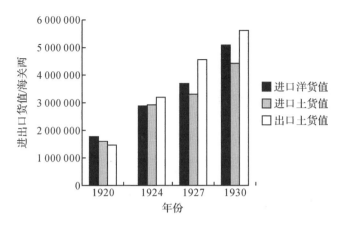

图 1   1920—1930 年温州港进出口货值

资料来源:《中国旧海关史料(1859—1948)》,京华出版社,2002 年。

由图 1 可知,1920—1930 年,温州港无论是总进出口货值还是其他各部分货值都有了较大幅度的提高;1930 年进出口总货值是 1920 年的近 3 倍。值得注意的是,从 1924 年开始温州港出口土货值开始高于进口洋货值,说明温州港在这一时期的贸易发生了较大变化。1930 年以后,温州港进出口货值开始走下坡路。1931—1936 年温州港进出口货值如图 2 所示。

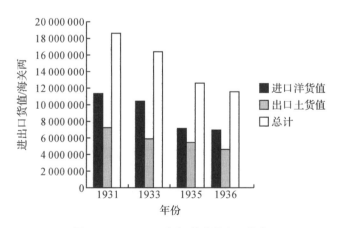

图 2   1931—1936 年温州港进出口货值

资料来源:依据瓯海关统计资料(1931—1936)绘制。

由图 2 可知,1931—1936 年,温州港进出口货值持续下降,导致这一时期进出口总额也在不断下降。持续走低的原因是多方面的,究其原因有两个方面:一是受国民政府税制变动的影响;二是受资本主义国家经济危机波及的影响[2]。这一时期温州港进口货物也有一定变化。进口货物中火柴和棉纱等已被国货所取代。进口货物主要有棉布、毛织品、金属、煤油、糖类、卷烟、海产品、玻璃、橡胶、石蜡、西药等[5]。

2. 抗日战争时期(1937—1945 年)

1937 年 7 月 7 日,抗日战争全面爆发以后,我国领土被大面积占领,许多沿海重要港口相继被日军占领,而温州港因为受地理条件等方面的限制,尚未被日军占领,暂时造就了畸形繁荣。

"八一三"事变以后,日军对中国沿海实施严密封锁,全国各港口的船舶被迫停航。除英国、美国等少数国家的船舶还在开行之外,温州港其他船舶基本陷入停航。虽然温州港船舶基本停航,但 1938 年却成为中华人民共和国成立以前温州港最为繁荣的一年,这一年温州港进出口总额达 816.3 万元(未包括已经在上海等地完税的进口洋货),其中出口额达 192.35 万元[5]。当时甚至瓯海关税务司摩尔根(H. C. Morgan)都惊呼温州港的畸形繁荣是做梦都想不到的[20]。温州港不仅贸易额增加,并且中转贸易也空前繁荣。温州港作为中间港,有部分货物可通过中转到国内其他港口和海外,也有相当数量的货物通过温州港转移到内地的抗战前线[2]。温州港中转贸易额不断增加的同时,其直接贸易额也有所增加。进口洋货主要有白糖、石蜡、氯酸钾、颜料、染料、皮革、煤油、柴油、润滑油、金属等;进口土货主要有棉纱、呢绒、针织品、卷烟、玻璃制品、药材等。出口土货主要有茶叶、桐油、鲜蛋、木板、纸伞、草席、猪油、木炭及药材等。

但好景不长,随着日军 1939 年 4 月开始空袭,温州港基础设施遭到毁灭性打击,对外贸易也随之衰落。抗日战争时期,温州港曾三次被日军占领。第一次是 1941 年 4 月 9 日—5 月 1 日;第二次是 1942 年 7 月 11 日—8 月 15 日;第三次是 1944 年 9 月 9 日—1945 年 6 月 17 日。温州港被日军占领期间,除木帆船及上海和舟山沈家门等港口之间的走私贸易外,与全国及海外其他港口官方贸易往来几乎陷于停顿[5]。日本在空袭和封锁温州港期间,木帆船的走私贸易主要是运送粮食、金属、木材、桐油、菜油、茶叶、苎麻、明矾、皮革等到舟山沈家门等地,再从舟山沈家门等地运回纺织品、人造丝织品、颜料、西药、人参、卷烟、润滑油等日常用品[2]。

3. 解放战争时期(1946—1949 年)

1945 年 8 月 15 日,日本宣布投降,中国人民终于迎来了抗战的胜利。温州港也迎来新的契机,再次开通温州至上海、宁波、厦门、福州、汕头等地的航线,还增开温州至台湾各港口的航线,温州港贸易得到迅速恢复和发展。后来由于内战和通货膨胀的波及,温州港对外贸易再次陷入萧条。

战后,温州港对外贸易状况发生了一定的变化。进口洋货中除战前进口的金属、煤油、颜料、燃料、西药、石蜡、纸张等外,还增加了金属制品、机器、工属具和烧碱、漂白粉等。战前进口的棉布、毛织品、卷烟、白糖等已被国货所取代[5]。进口土货中除棉布、棉纱、面粉、卷烟、麻类、木耳、干果、药材等外,还增加了白糖、棉制品、毛织品、化学产品、橡胶制品等。出口土货基本与战前一致,主要有茶叶、木材、木炭、柑橘、纸伞、草席、海产品、药材、桐油、菜油、明矾等[2]。

三、中华人民共和国成立以后的温州港及其贸易状况

1949 年 5 月,浙南获得了和平解放,温州港(瓯海关)也被新成立的温州市军事管制委员会接管。温州港于 1950 年划归上海海关领导,改为上海海关温州分关,随后改为温州支关;而后经历了浙江省航务局温州办事处和华东区海运管理局温州办事处等名称的变更,1957 年改称为上海区海运管理局温州港办事处。

1. 中华人民共和国成立初期(1949—1957 年)

中华人民共和国成立后,温州港出现了复苏的迹象。1949—1957 年温州港吞吐量变化如表 2 所示。

表2　1949—1957 年温州港吞吐量变化　　　　（单位:万吨）

年份	进口	出口	合计
1949	5.64	7.83	113.47
1951	12.63	10.28	122.91
1953	13.63	16.46	130.09
1955	42.76	23.66	166.42
1957	86.90	50.55	137.45

注:数据引自周厚才《温州港史》,人民交通出版社,1990 年,第 170 页。

由表2可知,1949—1957 年,温州港进出口总吨位数不断增加,特别是在 1955 年中国人民解放军解放浙江沿海岛屿之后,温沪线海上畅通,温州港吞吐量也随之迅速增长。当时出口货物主要有木材、纸伞、草席、屏纸、明矾等,进口货物主要有日用品,如棉纱、棉布、百货、化肥、豆饼、煤油、柴油等。

2.“大跃进”和人民公社化运动时期(1958—1965 年)

1958 年 5 月,中国共产党第八次全国人民代表大会第二次会议召开,提出“鼓足干劲,力争上游,多快好省地建设社会主义”的口号,发动“大跃进”和人民公社化运动。由于当时对国民经济发展趋势估算不足,导致国家和人民遭受巨大损失,温州港也不例外。在对内贸易方面,工业上,全国人民大炼钢铁,而炼钢需要大量的燃料煤炭,因而温州港煤炭运输量成倍增长;农业上,全国各地“放卫星”“浮夸风”现象严重,虚报粮食产量,因而加大了购粮任务,从温州和周边的丽水等地大量运送粮食出去,增加了温州港粮食吞吐量。虽然温州港吞吐量增加,但并不意味着温州港取得了好成绩。在对外贸易方面,虽然国务院 1957 年 2 月就批准温州港为全国 18 个对外开放沿海港口之一,作为浙江省唯一的对外开放港口[22],但温州港在开放后长达 7 年的时间里从未接待过外轮。这一时期贸易货物主要有粮食、日用品、煤炭、石油、钢铁、矿建材料、木材、化肥农药、水泥等[2]。

3."文革"时期(1966—1976 年)

1964 年底,国民经济任务已基本完成,温州港出现了欣欣向荣的局面,但随着"文革"的开始,温州港再次陷入萧条。1966—1976 年温州港吞吐量如图 3 所示。

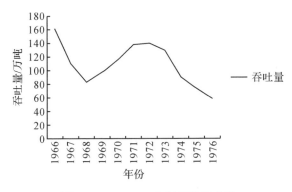

图 3　1966—1976 年温州港吞吐量

资料来源:周厚才《温州港史》,人民交通出版社,1990 年,第 214 页。

由图 3 可知,1966—1976 年,温州港吞吐量经历了从下降到回升再到下降的过程。但从整体来说,温州港总吞吐量呈下滑趋势,1976 年温州港吞吐量仅为 1966 年的约 1/3。这一时期的贸易货物主要有煤炭、日用品、钢铁、水泥、石油、木材、粮食、化肥农药等。温州港作为当时浙江省唯一的对外开放港口,从 1969 年恢复对外开放后,外轮可直接进入温州港。但当时进港只有中日一条航线,单一货种(化肥),单一流向(有进无出),这"三个单一"[22]是对温州港当时情形的真实写照。

4.现代化建设新时期(1977 年至今)

1976 年,"文革"结束。1978 年,中共十一届三中全会的召开,吹响了改革开放的新号角。1984 年温州被列为全国首批 14 个沿海开放城市之一,1994 年又被列为全国 20 个主要枢纽港之一,1998 年金温铁路建成通车,2001 年中国加入世贸组织。这一系列事件都给温州港带来了新的历史发展机遇。

从 1976 年开始,温州港无论是吞吐量、产品种类还是贸易额、贸易对象、贸易数量都有了极大提升。1978—2012 年温州港吞吐量如图 4 所示。

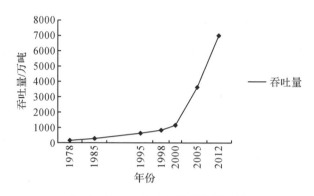

图 4　1978—2012 年温州港吞吐量

资料来源:《温州统计年鉴(1978—2012)》,温州市统计局。

由图 4 可知,自改革开放以来,温州港吞吐量呈现递增上升趋势。除原有大宗货物如矿石、钢材、水泥、粮食、煤炭等外,温州港有部分电器、眼镜、印刷品及服装、皮鞋、灯具、纽扣、拉链、箱包、打火机、伞等远销世界[23]。温州港现已与德国、英国、意大利、俄罗斯、美国、阿联酋、日本、韩国、印度、新加坡等国家的 50 多个港口有航运业务和贸易往来[24];水路货运航线直通上海、宁波、大连、厦门等沿海港口,以及长江沿线的汉口、九江、南京等地[23]。

综上所述,温州港是一个拥有一千多年历史的良港,从夏—战国时期的初步形成,经过汉朝—北宋的发展,到了南宋—元前期市舶司的设立,进入了繁荣时期,明清时期(1840 年之前)温州港走向衰落。随着近代温州港的开放,温州港在曲折中不断发展。中华人民共和国成立至改革开放之前,温州港再次陷入困境。改革开放以来,几经沉浮的温州港,伴随着状元岙港区、乐清湾港区、大小门岛港区等三大核心港区的相继建成,以及新金温、甬台温、温福铁路和金丽温、沈海、诸永及绕城高速等综合交通体系的不断完善,逐渐成为全国乃至东南沿海的重要港口之一。

[参考文献]

[1] 齐召南,汪沆,洪守一.乾隆温州府志[M].影印本.上海:上海书店,1993.

［2］周厚才.温州港史［M］.北京：人民交通出版社，1990.

［3］欧阳询.艺文类聚［M］.上海：上海古籍出版社，1982.

［4］章巽.我国古代的海上交通［M］.北京：商务印书馆，1986：11.

［5］陈定樑，龚玉和.中国海洋开放史［M］.杭州：浙江工商大学出版社，2011.

［6］六朝文洁笺注·永嘉郡教［M］.影印本.北京：中华书局，1962.

［7］桑原骘藏.蒲寿庚考［M］.陈裕菁，译.北京：中华书局，2009：4.

［8］杜石然，范楚玉，陈美东，等.中国科学技术史稿：下［M］.北京：科学出版社，1982：13.

［9］木宫泰彦.日中文化交流史［M］.胡锡年，译.北京：商务印书馆，1980.

［10］浙江龙泉青瓷［EB/OL］.［2013-05-08］.http：//baike.baidu.com/view/3069852.htm.

［11］程俱.北山小集：卷二二［M］.影印本.台北：台湾"商务印书馆"，1986.

［12］张宝琳.光绪永嘉县志·艺文·诗外篇：卷三三［M］.影印本.上海：上海古籍出版社，1995.

［13］脱脱，阿鲁图.宋史·食货志·香条［M］.北京：中华书局，1985.

［14］宋濂，王祎.元史·食货二·市舶［M］.北京：中华书局，1976.

［15］陈国灿.浙江城镇发展史［M］.杭州：杭州出版社，2008.

［16］刘恒武.宁波古代对外文化交流—以历史遗存为中心［M］.北京：海洋出版社，2009：153.

［17］嵇曾筠.雍正浙江通志·榷税：卷八六［M］.影印本.台北：台湾"商务印书馆"，1986.

［18］江户时代［EB/OL］.［2013-05-08］.http：//zh.wikipedia.org/wiki/%E6%B1%9F%E6%88%B7%E6%97%B6%E4%BB%A3.

［19］王先谦.东华续录：卷四六［M］.影印本.上海：上海古籍出版社，1995.

［20］中华人民共和国杭州海关.近代浙江通商口岸经济社会概况［M］.杭州：浙江人民出版社，2002.

［21］松浦章.近代温州与台湾的航运关系［J］.杨蕾，译.温州大学学报

（社会科学版），2010（2）：26-34.

　　［22］温州外事机构历史变迁［EB/OL］.［2013-05-08］. http：//www. wzfao. gov. cn/index. jsp？ id0＝ztzmt4g&id1＝ztzxb9q.

　　［23］王菁，徐小琴. 温州经济发展与温州港口吞吐量关系研究［J］. 物流科技，2009（10）：22-25.

　　［24］温州港港口介绍［EB/OL］.［2013-05-08］. http：//www. wzport. com/wzport/jituanjs/gangkoujs/.

（原刊于《温州职业技术学院学报》2013 年第 4 期）

明代温州白鹿社考

潘猛补

【摘　要】明代万历十七年（1589 年），温州出现了著名的诗社——白鹿社，它对温州当时的文坛有重大影响。由于代远年湮，文献稀缺，学界对温州白鹿社茫然不知，故就其成立时间、活动地点、成员组成、历史地位等进行辨析考订，以勾勒出温州白鹿社的大体面貌。

【关键词】明代；温州；白鹿社；诗社

明代中后期，江南文士结社之风盛行，温州在万历年间出现了著名的诗社——白鹿社。龙膺时任温州府学教授，为社长，何白、王光美、刘懋功为首倡，诸诗友聚集吟咏唱和，风靡一时。然而，由于代远年湮，文献稀缺，学界对温州白鹿社茫然不知，仅何宗美、伍光辉略有涉及[1,2]。白鹿社对温州当时的文坛（文人的交流和诗文创作）有重大影响，应受到重视和合理的评价。本文根据相关文献，对温州白鹿社的成立时间、活动地点、组成成员、历史地位等进行辨析考订，以勾勒出其大体面貌。

一、温州白鹿社的成立时间、地点

龙膺是白鹿社的首任社长，故白鹿社创立的时间，与其何时任温州府学教授有关。龙膺（1560—1622 年），字君御，一字君善，湖南武陵人，万历年间著名的作家和戏曲家。万历八年（1580 年）中进士，万历十四年（1586 年）在徽州府推官任上，因得罪权贵而谪贬为温州府学教授。龙膺任温州府学

作者简介：温州市图书馆研究员。

教授的时间,历来有万历十四年、万历十五年(1587年)、万历十六年(1588年)三说。万历十四年,徐朔方云,"今春上计,龙膺以言事贬一级,得温州府学教授","十四年补温州府学教授"[3]。将罢官之年定为任新职之年,显属无据。何宗美定为万历十五年,是据《何白年谱》,将罢官之后一年定为任职之年,属合理推测[1];汪超宏认为,龙膺于万历十五年冬入京候补,官温州府学教授,万历十六年到任,有"龙君御不复相闻,闻都人士多口未息。是冬入补,未为愆期"[4]为证。而伍光辉以龙膺《胜果园记》云:"越二年为戊子,母氏强之出,乃入长安,谪东瓯。"[5]其实龙膺佚文《茗岙陈氏谱序》明确指出了到任的确切时间:"万历戊子秋,一所龙子自岳阳楼问舟,登玉山,遵瀫水双溪,逶迤上丹峰,抵括苍,顺流而下,则白鹿城也。"[6]这一时间路径为当事人亲言,故龙膺于万历十六年秋到任是正确的。

至于白鹿社的成立时间,早在万历十二年(1584年),当时永嘉县令陈其志,字公衡,号景湖,莆田人[7],就与王光美、何白、刘懋功等有唱和。王光美《九日陈公衡令君携朱在明、张邦粹、洪从周、周文美、张英父、刘忠父、何无咎移酌阳湖分得灯字》,何白《陈公衡明府,招集同社泛舟阳湖,得云字》《同陈公衡明府集刘忠父将军紫芝山房,得开字》《人日同徐懋吴司理、陈公衡明府、刘忠父将军、王世周隐君集东山,分得来字》。虽有同社之实,却无白鹿社之名。而白鹿社之名,据龙膺云:"永嘉故称山水郡,俗尚文翰,有王谢流风。至辄与刘忠父、王季中、何无咎结白鹿社。广文先生无所事事,日以登临为期会,以倡和(同唱和)为簿书,以拍浮为法令,依然一楚狂也。"[5]据此似乎成立于万历十六年,其实龙膺到了温州并不是同年就成立白鹿社,而是成立于次年,即万历十七年(1589年)。万历十六年八月七日上任途中路过括苍缙云,龙膺偕次子得霖游仙都,还住宿在前胡成世方家,到温州时已过中秋。由于龙膺上任后还有熟悉过程,故不可能马上成立白鹿社。龙膺《秀上人诗集序》云:"往己丑,余谪居瓯骆,与王季仲、何无咎诸子结白鹿社于中山,适海虞秀上人自天堂至,入社称诗,抒思匠心,亭亭物表。"[5]龙膺《报家大人平安信》也云:"入春来,诗将成帙,得无咎偕处,更多扬扢","无咎辄书儿诗一卷附呈,庶见谪居近况"[5]。可见,结社的准确时间应是在万历十七年春。

万历十七年是温州文化史上重要的一年,诗社的唱和活动达到鼎盛。有关白鹿社的活动,龙膺《初秋与静父无咎夜集山中》《王季仲、何无咎夜谈》等诗中亦有抒写。温州又名白鹿城,故将诗社取名白鹿社。关于白鹿社,我们还可从王光美《王季中集》和何白《何白集》等当事人著作中了解其大致情况。特别是王光美《白鹿社草》有 53 首诗,记录了白鹿社的历史。何白《忆昔行寄龙君御》小序云:"君御昔以司理左迁永嘉广文,与余及二三子结白鹿社。"[7]也从中透露出不少白鹿社的信息。

当时白鹿社是在温州卫治后的中山成立的。"中山虽一小阜,而山势合围,水流环绕,形家咸谓灵气所钟,实郡城之主山。"[8]中山在鹿城书院侧,山边为鹿城书院即中山书院,是官府办的书院(今广场路温州六中内)。龙膺《忆昔行长句赠别何无咎还永嘉》有"何如畴昔客东嘉,十日中山坐落花"[5],《初秋同静父无咎夜集山中》有"列席中山阿,斗酒聊相酬"[5]的描写。然何白有"白鹿社成,同诸子集谢康乐西射堂,酬社长龙君御先生,得行字"之说。西射堂在何处,历来是个谜。《太平寰宇记》记载:"在府城西南二里,今基址不存","今西山寺是也"[9]。而据周行己《浮沚记》记载:"僦室净光山之下,古西射堂之遗址。"[10]西射堂应在雁池。其实明清的史料证明西射堂就在府署。何白有"池草寒未歇,园禽时变声",点明了白鹿社成立时间、地点:早春和梦草池。沈明臣《寄温州教授龙君善》也有"西射堂临梦草池"[11];又《光绪永嘉县志》有"李琬于府署筑中山亭、西射堂,皆有记"[8]的记载。可见,西射堂在梦草池边、中山旁。王光美《白鹿社成,诸君子集梦草池赋酬龙君善先生得扬字》也明确描写了"池塘生春草,园柳变鸣禽"的场景[12]。屠隆为王光美《友声草》序有"同梦草于西堂"[12]。"梦草堂",即西堂,西堂即西射堂。从东晋、刘宋始,旧温州官署的治所皆在原人民广场两侧一线方圆内。作为晋时府治之居所就是谢灵运梦弟惠边之处,池因诗传,楼以池名,后人临池建楼以为纪念谢公,名其楼曰"池上楼",其池曰"春草池",又名"谢公池",是"在旧郡治丰暇堂北"[8],即明代卫治后。但《太平寰宇记》有"其池在积谷山"之说[9],此为唐宋时说法,离晋时史实已有偏差。白鹿社成立在西射堂、梦草池,其实所指为同处,即中山书院。诗社诸人通过教书授徒等活动,促进了文人之间的交往,提高了诗人的诗歌水平,增强了诗社的凝聚力,扩大了诗社的影响。

白鹿社活动的主要场所除中山书院外还有东山书院。王光美有"中山日日酒如泉,太玉容成古洞天"[12]。容成洞和太玉洞天在华盖山。华盖山,在县治东,一名东山。北宋时期,温州王开祖在此创办东山书院[8],这是私人书院,清雍正十年(1732年)巡道芮复传移建于城东南积谷山麓,积谷山故也又名东山,山旁有衍生的春草池、池上楼等遗迹。白鹿社社友在华盖山聚会唱和,创作了不少诗歌,如王光美《同龙君御使君集华盖山得班字》《偕君善、忠父、无咎东山晚眺得山字》《偕杨木父、何无咎东山对雪得工字》《中元日同社集东山得筵字》等白鹿社草。

社长的住所自然是同社社友的赋诗首选,即龙膺在温州新建的知白斋,有《知白斋新成》阐述含义。王光美《君善先生知白斋新成,诸子同赋得新字》《同社集知白斋分七言排律得苍字》《同无咎夜集知白斋得知字》,何白《同黎从典、周文美、王季中、刘忠父、杨木父集龙君御知白斋,分体得歌行》《同刘忠父将军过龙君御广文斋中,分得官字》《同周文美、杨木父、黎从典、王季中、刘忠父集君御广文席上,各赋一物,分得笋韵得十四寒》《冬夜偕季中过君御知白斋,同用南字》。

诗社还以社友的书斋为活动场所。王光美家更是诗社祭酒常用的聚会场所。如王光美父王叔杲,在华盖山麓建的玉介园,布局优美,景致绝佳,亭台楼阁,小桥流水,青林翠竹,为文人结社提供了好的环境。可见王光美《君善、忠父、无咎玉介园坐月口占二绝》,何白《王季中光禄玉介园红白梅花盛开,是夕主人悬灯数百枝花林中,花下布席陈歌舞为高会纪胜八绝句》。王叔杲于城西筑的旸湖别墅,何白《湖上草》序云:"季中先大参公治别业于阳湖。余弱冠交季中时,比卜一廛渚浦山中,去阳湖若衣带,时时以琴酒相过从。"[7]还有刘懋功住所紫芝轩也是常用活动场所。龙膺《紫芝轩醉歌》,王光美《紫芝轩为忠父赋》《同龙君御使君过刘忠父斋中,作醉歌行》《同龙君御再过刘忠父斋中放歌》均有描述。何白中晚年择渚浦山雨阁,附近还有王赞夫别墅、项季舆别业等。此外,江心孤屿也是社友结集吟咏的胜地。王光美《夏日过江心寺》《将之吴,社中诸子,出饯江上,得还字》《同杨木父、王昭粹、邵少文集孤屿,分韵各赋九绝》均有记录。

二、温州白鹿社的成员组成

龙膺作为温州府学教授和白鹿社的创始人,对诗社的酬唱活动有组织领导之责,与诸位成员有师生之谊。何白云:"君御……与余及二三子结白鹿社。"[7]可见,龙膺、王光美、何白、刘懋功为白鹿社核心成员。

王光美(1556—1632年),字季中,号玉沧,永嘉二都英桥里人。"万历二十六年(1598年)因输粟助边,授光禄丞。凡海内钜公、学士、鸿流问遗无虚日。武陵龙君御先生左迁郡博,群郡中诸词客结白鹿社,扬扢风雅,以公为祭酒。雅以山水自娱。每遇花晨月夕,挟所善客棹讴歌上下鹅湖、阳湖两墅间,翛然人外之致。"[12]《王季中集》十卷,各卷序者校对者中不少冠以白鹿社"社弟"头衔。付梓时间最早的第一卷《雁山纪游》,为龙膺撰序,时间为万历己丑秋日。其序云:"不佞将与白鹿社诸子订游,命酒诵季中诗,如《片月千峰》'重云万壑初落眩,冰玉半洒落苍烟'诸语,令人神飞,卒难为和,讵不称奇哉?予游亦有纪,与刘、何二生各得诗若干,亦以是游为生平一奇,王生则其嚆矢也。"[5]第五卷为《白鹿社草》,序文作者为王穉登,校者何白。其序云"季中方用赀郎起"[12],可知作为万历二十六年后。这两卷集中收录了王光美与白鹿社有关的吟咏,凝聚了白鹿社同仁的共同记忆,记录了白鹿社的历史,为白鹿社的研究提供了十分珍贵的史料。

何白(1562—1642年),字无咎,生于乐清,迁居温州城区,自称丹邱生,又号鹤溪老渔。何白诗宗李、杜,二十八岁同创白鹿社,后游迹遍天下,所与酬酢,如王世贞、胡应麟、梅鼎祚、俞安期、王穉登诸人,多一时胜流,开启了温州的风雅之气。晚年归隐梅屿,重振白鹿社。《何白集》有不少诗歌与白鹿社有关,如从《白鹿社成,同诸子集谢康乐西射堂,酬社长龙君御先生,得行字》《同龙君御、刘忠父、王季中咏得松际露微月》等可看出白鹿社的活动情况。

刘懋功(生卒年不详),字忠父,号衡山,永嘉人,温州卫指挥,著有《紫芝馆集》。李维桢《刘忠父集序》评其诗甚详。龙膺有《紫芝轩醉歌》《再醉刘生歌》《同何无咎饮刘忠父得"蘑"字》,王光美有《紫芝轩为忠父赋》《送刘忠父之金陵》《送无咎游天台并简刘忠父》,何白有《同龙君御再过刘忠父斋中放歌》等。据何白《太白楼读王恒叔诗,慨然有作。因忆天台旧游,刘忠父、陈大期皆化为异物,时恒叔以司谏外补粤西观察》,考王士性(恒叔)万历二十年(1592年)后为粤西观察,刘懋功其时已卒于万历二十年,王光美、何白均有哭刘之诗。

此外,刘思祖、黎弘敷也为白鹿社主要成员。刘思祖(生卒年不详),字长孙,懋功子,绰有父风,著有《之罘山房集》。生于万历初年,由于父亲的关系加入白鹿社。柯荣《赠刘冠军长孙出镇三江歌》有“把臂论交同甲子”,与柯荣同年。何白有《送刘长孙都阃之官南昌》《送刘长孙将军守备三江序》。

黎弘敷(生卒年不详),字从典,号涵白,游击将军[7]。王光美《白鹿社草》有《四子咏附言志(龙君御得纸字、黎从典得屋字、刘忠父得觉字、何无咎得寒字)》《秋日从邻家饮,黎从典将军过访不值却寄》。何白有《同周文美、杨木父、黎从典、王季中、刘忠父集君御广文席上,各赋一物,分得笋,韵得十四寒》,还在《黎从典将军使者自四明来,不得一札,歌以奉寄,并怀旧游诸同好》回忆当年:“将军无事著兜鍪,武陵散吏神仙侣(龙君御)。刘生迭宕侠成癖(刘忠父),虬髯刺天瞪两眸。与君共结逍遥游,中川之上东山头。酒酣诗成狂不休,便觉一日当千秋。嘉会安能每如此,雨散云飞各千里。嗟予偃蹇卧空山,独立苍茫忆知己。龙君赐环归夜郎,南省犹含鸡舌香。刘生已槁祁连冢,面上苔深木成拱。”[7]龙已去,刘已亡,物是人非,不胜感慨。

白鹿社其他成员,有一些为致仕荣归者,如王叔杲、侯一麟、吴宗孔、洪从周、周文美、邵建章等。

王叔杲(1517—1600年),字阳德,旸谷,光美父,由于儿子的关系参加白鹿社。王叔杲《侯四谷社兄过饮玉介园和答二首》《何无咎筑居朱浦,将移家力田,持一扇索书,戏赠》为八旬后作。

侯一麟(1517—?),字舜昭,号四谷山人,乐清人,著有《龙门集》。万历二十七年(1599年)有《旸翁八十三岁歌》,与王叔杲尚有诗作往来,王叔杲《和侯四谷社兄来韵》:“与君同生丁丑春,两人共为一百六十六。”[13]王光美《白鹿社草》有《侯四谷翁过集池亭有诗见贻次韵答之》《冬日侯四谷吴鹿山二丈过访小园分得车字》。可见,侯一麟、吴鹿山均为社友。

吴宗孔(生卒年不详),字来源,号鹿山,乐清人,千峰元梅之子,著有《济伟集》。侯一元《吴山人诗序》:"吴山人者,雁山人也。徙居鹿城,号鹿山。独以诗名台、雁间。诗凡四卷,五七言古近体绝句、六言、诗馀合若干首。自其尊人千峰先生则为诗冠吾乡,而宗杜。故山人之诗亦似杜,为吾瓯诗人大家云。"[14]其有《春日游旸湖》[15]诗。

洪从周(生卒年不详),名孝先,永嘉人,著有《雁池集》《霍山集》《操舟稿》《甲乙稿》。周文美《寄怀洪从周社丈》以诗、书、画名重都下,与张居正文忠等公卿相善。李维桢《洪从周诗序》:"门人郝仲舆令永嘉,属问从周动定,而从周里人后进方子谦、何无咎两山人者,又以仲舆得交不佞,谈从周状具悉,从周故善诗,顾属子谦寄声不佞为序其诗。而从周自还山,所著诗益鲜少,然其集中于文忠父子三致意焉。文忠败,而门生故吏窜姓名,绝往来,甚者操戈入室,而从周不为讳。"[16]

周文美(生卒年不详),字才甫,号雁川,永嘉人,著有《雁川集》,隆庆辛末,青溪结社,又自为诗其上。诗才亦秀逸,后为白鹿社中人,何白与之唱和甚多。这些都是前辈社友。

邵建章(生卒年不详),字少文,号青门,永嘉诸生。"少文成诸生即厌诸生,胸中万卷书,情镕性冶,悉归之于诗"[17],著有《维宝堂诗集》。何白《维宝堂诗集序》:"余弱冠称诗,窃自幸与吾友邵少文生同时,居同里,聚首欢昵靡间也垂五十年。"[7]其诗最为何白所推崇,誉为各臻妙境,尤令人莫可窥测。邵建章为王季中《舫斋草》撰叙,题社友邵建章。何白有《邵少文社兄五十寿歌》《半石斋赋,寿邵青门社兄七十》,与之赓和之作甚伙。柯荣(生卒年不详),字茂倩,永嘉人。"十岁而工于诗"[17],著有《歌宜室集》。邵建章《歌宜室集叙》自称社弟。何白《歌宜室集序》:"所称畏友者,则必归之茂倩。茂倩髫髻负绝世之姿,天慧夙成,时里中诸子集为诗社,茂倩间出一篇,奇语辄惊人。"[7]

杨汝迁(1552—?),字木父,永嘉人,拔贡。何白《杨木父六十诞辰宴集,戏有此赠》中言其"中岁困明经,耻为章句缚。青衫脱还渠,瞥云纵雕鹗","木父诗高逸,颇有皮、陆风"[7]。周应期《歌宜室集叙》:"与何无咎、邵少文两先生为诗友,侯君霖、项懋德、刘玄受诸先达为文友,杨木甫、张叔上兄弟为酒友,夕月晨花,无非诗料,骚坛艺圃,狎主齐盟,宜其纬质综文,而极尽才人之致也。"[17]

戴宗璠(生卒年不详),字瑞乔,一字子鲁,永嘉人,著有《清适编》。以贡授学博,万历年间参修《温州府志》,校《玉介园存稿》。《游燕草序》:"万历癸卯七月,社弟戴宗璠撰"及"后学戴宗璠子鲁"一行。吕天成《曲品》著录戴子鲁所撰传奇《青莲记》《鞑鞨记》各一本,从中知其号金蟾,评戴子鲁作品为"绰有雅致,宫韵独谙","非凡俗,允为中之上"[18]。

姚虚焕(生卒年不详),字龙文,永嘉人,著有《山居稿》。刘康祉《姚龙文诗集序》:"其诗清新溪刻,绝出一世,务以独构苦思,与物态相掎摭,必得而后已,真有郊、岛之绝到,而兴适调谐,无其枯促,盖不啻逾胜之矣。"[17]

王家春(生卒年不详),字九灵,一字子乾,号涵虚,一号赘生,永嘉人,应道观道士。遍游五岳,禁足武当,注《道德经》,李本宁为之序,著有《校注古文参同契》《参同契补遗三相类》。何白有《九日同王九灵、王赞夫登塘栖大善寺钟楼四首。九灵托迹方外,赞夫游学北上,皆予社友也》。

王纯臣(生卒年不详),字赞夫,永嘉人。其父王一夔,张璁婿。王纯臣与王光美、何白、吴稼竳等人交游。家与何白近,据何白《项季舆传》记载:"时王赞夫别业在渚东,余亦卜邻于兹,距季舆居廑三里许。郑可贞亦移居相近,季舆兄叔定时过宿山中,文酒相倡和为常也。"[7]又见何白有《同王用敬过宿王赞夫渚浦别墅,时予将有卜邻之约》。

王继庄(生卒年不详),字用敬,号致虚,又号了真,庠生。英桥王氏十世,屡试不售,后修道仙岩而卒,著有《圆觉经注疏》《楞严直解》[15]。何白有《同王用敬过宿王赞夫渚浦别墅,时予将有卜邻之约》。

张叔相(生卒年不详),张鸣凤子[15],永嘉人。何白《三子诗》中的三子为王子赞夫,张子叔相,王子用敬。"赞夫被服儒者,恂恂质行;叔相赴义慷慨,所在贤豪虚左之;用敬暗无文矣,至谭名理,超超玄著。总之,博雅遒逸,实东南竹箭也。三子者,故相善,亦善予。"[7]三子均为社友,柯荣有《双虬歌,为张叔相先生赋》等。

吴光翰(1563—?),字十洲,又字宪甫,永嘉人。万历二十九年(1601年)进士,次年授龙溪知县,丁忧未赴。万历三十二年(1604年),起补上津知县。吴光翰为王季中表兄弟,万历癸卯孟秋望日为王季中《松鹤斋草》撰序。

王至善(1555—?),字昭粹,王光裕子。柯荣有《同无咎、少文集昭粹鹤林亭,得违字》,何白有《王昭粹舞剑伤足歌》《夜次金斗驿,忆王昭粹鹤林水亭》《同杨木父、王昭粹、邵少文集孤屿,分韵各赋九绝》《同杨木父集王昭粹池上》《避暑东斋竹下,忽忆鹤林旧游,怅然存没之感,寄怀邵少文、柯茂倩二兄》《登镇淮楼,寄怀杨木父、王昭粹、邵少文、柯茂倩》。

侯傅邦(1574—1612年),字君霖,一字君前,别号道华,乐清人,一元子。万历三十二年进士,广州知府[17]。《东瓯诗存》录有《秋日同王用敬诸君集何无咎山斋得山字》等四首。

周应期(1586—1664年),字际五,一字克昌,永嘉人。万历三十七年(1609年)进士,授礼部郎中。历任江西、山东布政使,晋右副都御史。明亡,杜门撰述,自号止庵,学者称"清节先生"[8]。柯荣与侯傅邦、项维聪、刘康社、周应期等为文友。古之人有五十而始为诗者,愿介我于何、邵二先生之门,其许之否?崇祯乙亥长至日,社弟周应期书于止止斋中[17]。

项守祖(生卒年不详),字叔定,永嘉人,项乔孙,著有《潜蓬集》《曼衍集》。与弟敬祖,字季舆,卜居渚浦,与何白山雨阁相邻,时有诗酒文会[15]。何白《项季舆传》记载其详。

方日升(生卒年不详),字子谦,永嘉人,李维桢子师。方子谦携其友生邵少文所为诗《半石斋诗跋》《王光禄林孺人寿序》,其外生方子谦、姻家邵少文征不佞言为寿。王光美《白鹿社草》有《夏夜偕无咎、方子谦集项季舆山斋》。

刘康社(生卒年不详),字以忠,号幼安,永嘉人,著有《刘幼安集》。工古文辞诗歌,与何白、邵建章颉颃词坛。何白有《送刘幼安社兄赴淮阳高公之聘》《刘以忠社兄以眼镜酸枣糕见饷,戏作长句以谢,并简邵少文兄,订山斋漈上精蓝之约》。刘康社有《留别无咎少文二丈》。

林隐之(生卒年不详),字逸民,永嘉人,著有《秋夜集王季中斋头》[15]。王光美《白鹿社草》有《白门秋色赋赠逸民之金陵》《秋夜同逸民、无咎对月闻歌用逸民韵》。何白有《白门送林逸民先归永嘉并简诸同好》。

吴云鸿(生卒年不详),字羽先,永嘉人。何白有《吴羽先社兄寒夜过宿山斋,因忆陈三有、邵少文、徐伯用》。《东瓯诗存》存诗二首。

郑石(生卒年不详),字可贞,著有《西爽斋稿》,何白为其作序云:"郑君可贞石隐阳湖之上,闭户读书垂二十年,发为诗文,标胜撮奇,深诣独创,未尝以一语寄人篱庑下。故文成一家,诗具众体,类皆精炼新警,与季舆项君雅协隐志,连衡对宇,余家亦仅隔数十百武。"[7]何白有《可贞社兄六十。时可贞赴郑宫保之聘初归山中》。

黄一庄(生卒年不详),字文强,永嘉人,隆庆辛未岁贡。任武义训导,著有《春暮同社载酒山亭》[15]。这里的同社即指白鹿社。

施元杰(生卒年不详),字天冶,平阳人,以准贡任通判[16]。何白《施天冶楚游诗叙》:"曩余社友施君天冶有楚之役,归衷纪游一册,题曰《杜若编》。"[7]

徐伯用(生卒年不详),永嘉人,生平不详。何白有《徐伯用社兄读书仙岩山中,四十初度,作歌自寿。余为作图,并成和章》。

张中美(生卒年不详),字汝阊,永嘉人,著有《饥驱草》《蔽席轩游草》,何无咎先生亟加称赏,为叙记其简首甚详。陈立政《驱饥草序》言,其同社董虞云为滨州守,以书招汝阊,汝阊欣然就道,立政壮其行,为长句送之。盖其时滨方苦饥,虞云欲得汝阊共治荒政。既而虞云一病不起,汝阊又经纪其丧。张中美与崇祯十三年(1640年)特赐进士滨州知州董卿同社,即亦同为白鹿社后期成员。

白鹿社成员由温州本土人士组成,主要由互有血缘、姻亲或师生关系的士大夫或致仕的官员,或暂未出仕的文人及不愿出仕的山人组成,几乎囊括当时较为活跃的文人,呈现出鲜明的地域性。

三、温州白鹿社的历史地位

白鹿社为温州文人骚客提供了舞文弄墨、切磋诗文技艺的平台,且集中在经济发达、风景秀丽、文化繁荣的城镇。诗社成员经常在一起谈诗讲学,相互交流,促进了温州诗歌水平的发展,特别是分韵诗的繁荣兴盛,对温州文学影响尤为突出。同时,以文会友,诗酒酬唱,附庸风雅,倡导悠闲雅致的生活,将城市的繁华和市井的风情融入诗情中,反映了当时温州的社会现实和丰富多彩的社会生活,具有时代特征。

白鹿社不仅影响了温州文坛,还扩大到当时的文化中心江南吴中。王穉登、屠隆在当时都是各领风骚的人物,白鹿社成员与这些最优秀最著名诗社的成员交往,促进了其与文化发展的最新动向同步,这是文化交流的重大成绩。正如王穉登《白鹿社草序》:"读王季中《白鹿社草》诸诗如胡宪作新丰社,鸡犬皆能识之。""读王郎草诗有凌轹千古气,及见其人白皙纤弱,似不胜衣","季中与仆同姓,贵贱相悬"。[12]王秀中《白鹿社草》有《寄赠王百穀》《等王百穀》《闻曹子念游闽中,寄怀一首》《送曹子念还吴下》唱和之作。特别是王光美通过表弟吴稼避,与江南吴中文人建立友谊。吴稼避字翁晋,孝丰人,与吴梦阳、臧懋循、茅维时称四子。万历三十二年三月,"过永嘉,为姨母王夫人寿,表兄季中欢然道故。"[12]宴会交游,吟诗赏景,酒畔放歌清修谈艺,文学性与娱乐性兼具。吴稼避《玄盖副草》有《王季中招同何无咎集山亭,亭面太玉洞天》《同王季中、何无咎、吴伯宗、邵少文、林思洪集王昭文太玉楼》《松鹤斋看月呈诸君子》《林思洪汪饯江心寺,赋此为别,兼贻邵少文》《同王赞夫、邵少文、柯茂情集何无咎山楼,得"云"字》《过访王赞夫,同王季中、何无咎、项季舆、邵少文、柯茂情宴集园亭》等[19],是其与白鹿社成员唱和之作;王光美《友声草》,是其与吴翁晋唱和之作,屠隆序。

白鹿社不仅得到各地诗友的纷纷响应,还得到了官方的支持;不仅府学教授龙膺首倡,且永嘉县令也积极参与。万历十九年(1501年),永嘉知县郝敬,在温期间时时还负召集之责。后因王、何、刘等人先后离开温州,社事时有中断,但始终绵延不绝。至杨文骢自崇祯十五年(1642年)任永嘉知县,又经其提倡,白鹿社再次兴起。虽然白鹿社后来逐渐消失,但其影响却一直回荡在温州文学界。

白鹿社先后连续活动三四十年之久,成员达三四十人之多,在明代文学史上也不多见。白鹿社不仅是文人之间的酬唱活动,更是温州文化精神的象征,推动了温州诗歌的发展,促进了温州诗歌整体水平的飞跃。

[参考文献]

[1] 何宗美.文人结社与明代文学的演进:下[M].北京:人民出版社,2011:261.

[2] 伍光辉.龙膺参与晚明结社活动考论[J].中国文学研究,2013(1):49-53.

[3] 徐朔方.晚明曲家年谱:第2册[M].杭州:浙江古籍出版社,1993:289.

[4] 汪超宏.明清浙籍曲家考[M].杭州:浙江大学出版社,2009:73.

[5] 龙膺.龙膺集[M].长沙:岳麓书社,2011.

[6] 潘猛补.浙南谱牒文献汇编:第3辑[M].香港:香港出版社,2008:62.

[7] 何白.何白集[M].上海:上海社会科学院出版社,2006.

[8] 王棻,戴咸弼.光绪永嘉县志[M].北京:中华书局,2010.

[9] 乐史.太平寰宇记[M].北京:中华书局,2000:112.

[10] 周行己.周行己集[M].上海:上海社会科学院出版社,2002:220.

[11] 沈明臣.丰对楼诗选[M]//四库全书存目丛书:集部:第144册.济南:齐鲁书社,1997:581.

[12] 王光美.王季中集[M].明万历刻本.日本内阁文库藏本.

[13] 王叔杲.王叔杲集[M].上海:上海社会科学院出版社,2005:152.

[14] 侯一元.侯一元集[M].合肥:黄山书社,2011:961.

[15] 曾唯.东瓯诗存[M].上海:上海社会科学院出版社,2006.

[16] 李维桢.大泌山房集[M]//四库全书存目丛书:集部:第150册、第151册.济南:齐鲁书社,1997.

[17] 刘康祉,柯荣.识匡斋全集·歌宜室集[M].合肥:黄山书社,2010.

[18] 吕天成.曲品校注[M].北京:中华书局,1990:88.

[19] 吴稼瞪.玄盖副草[M]//四库全书存目丛书:集部:第186册.济南:齐鲁书社,1997:6-711.

（原刊于《温州职业技术学院学报》2014年第3期）

近代温州开埠与温州海外移民

徐华炳　　刘凯奇

【摘　要】温州是个濒海向洋的港口城市,自宋代以来,几度对外开放,海外贸易较发达。同时,温州社会是个典型的移民社会,民众素有流动的习性。1877 年的温州开埠,更加剧了温州人移民海外。通过考察发现,近代温州海外移民在规模上呈现阶段性、缓慢式的增长态势。而以农民、手工业者和知识分子为主体的温州人,借助日益延展的海上交通线,奔赴日本、南洋及欧洲各国,掀起了近代温州海外移民的热潮。这也成就了现当代新移民的历史积淀。

【关键词】近代;温州开埠;海外移民;海洋性

　　温州①偏隅于浙东南,三面环山,一面临海,古称"瓯"。作为一个古老港口,温州早在战国时期就有一定的海上交通能力。唐初,温州海外贸易逐渐兴起,唐武宗会昌二年(842 年),中国商人李处人在日本造海船一艘,由日本嘉岛起航,直达温州,是有记载以来日本与温州的首次直航[1]。宋代,温州海外贸易继续发展,及至 999 年开始成为官方指定的对外贸易港口,1131 年设立了市舶司以管理海外贸易。元代,温州设立市舶司,进一步增强与东南亚地区的贸易。正是在面向海洋的地理条件、造船业日益发展和港口开放度不断提高等因素的共同推动下,温州人具备了显著的海洋性[2]。温州人不仅具有灵活变通的海洋性格、开放包容的海洋心态、开拓创新的海

作者简介:第一作者系温州大学人文学院副教授,第二作者系温州大学研究生。

　　① 　近代温州所辖范围不仅限于现在的温州地区,还包括今天丽水地区的青田县和台州地区的温岭市、玉环县等。

洋精神[3]，而且流动着不安、迁徙、远行、追逐的海洋文化基因[2]。近代温州开埠更诱发了温州人的海洋特性，他们以更强烈的冒险精神、重商意识和开放意识闯荡海外，从而掀起了多次海外移民高潮。

一、《中英烟台条约》与近代温州开埠

鸦片战争之后，清政府被迫签订中英《南京条约》，广州、厦门、福州、宁波和上海五口通商。温州虽未被迫开放，但亦已遭到英国的觊觎，因为宁波和福州两地的进出口贸易并不能满足英国市场的需求。其中宁波因与舟山港很近，将来舟山有事，其会起很大作用，所以贸易价值虽不足，却仍保持通商口岸地位。而福州"开埠后九年，并无洋商经营合法贸易，洋船虽有驶至该埠者，然其任务或为私运鸦片，以戈取不法之利益，或为护送船只，以防海盗之翅掠而已"[4]。正是基于宁波和福州的上述情势，英国政府多次向清政府提出修约，要求开放温州等港口。

1876 年 9 月 13 日，英国政府以"马嘉理事件"为借口，强迫清政府签订了中英《烟台条约》，其中通商事务部分规定："随由中国议准在于湖北宜昌、安徽芜湖、浙江温州、广西北海四处添开通商口岸，作为领事馆驻扎处所。"[5]至此，温州的大门终被打开，成为近代中国较早开埠的城市。1877 年 4 月 1 日，温州建立洋关，先称"温海关"，后称"瓯海关"，由英国人好博逊任税务司，温州由此正式对外开放。

温州开埠以后，各国洋行纷纷在温州开业，传教士纷至沓来，对近代温州的政治、经济、社会和文化等诸多方面产生了正反兼及的影响。一方面，它冲击了温州传统社会经济结构，导致家庭手工业和小农经济遭受严重破坏，乡村民众纷纷背井离乡谋求生存。其中一些从事手工业的山区村民"不得不通过亲友关系，离乡背井，长途跋涉前往国外谋生"[6]。另一方面，温州社会和民众对西方人的认知与态度并不像内地口岸或其他一些沿海口岸的人们那样具有对抗性、排斥性，"他们通常在码头碰到外国人也不会有荒谬的举动。欧洲人在大街上走不会遭妇女和儿童可怕的围观，也听不到男人的粗话，甚至连那极无礼的话语'番鬼''洋鬼子''红毛人'在这儿也变为较文雅的'番人'"[7]。"温州……其居民谦和友好。"[8]

开埠后的温州社会之所以会呈现如此与众不同的情景,相当程度上不能不归因于温州的自然环境及其所塑造的人文氛围。其中"瓯居海中"的海洋地貌既因狂风恶浪和变幻莫测的恶劣环境而锤炼了人们顽强拼搏的精神,又因海洋的可利用条件差而锻造了海民们娴熟的驾驭能力和协作抱团的意识[2]。正因如此,面对开埠后的西方资本主义的强势逼迫,温州人不畏艰辛,选择远涉重洋;面对开埠后的西洋人、西洋镜的蜂拥而入,他们不盲目排外,选择理性应对。

二、温州开埠后的温州海外移民历程

"七山一水二分田"的地貌使得温州境内人多地少的矛盾很尖锐,农民单纯依靠土地资源生存艰难,于是许多人被迫到异乡谋生甚至闯荡异国做苦力。如道光二十七年至同治五年(1847—1866 年),"有洋人到浙江温州府平阳县地方,招有十几人同到澳门"[9],再被作为猪仔拐骗到古巴哈瓦那当苦力。而 1877 年温州开埠,既为受教育程度本就不低的温州民众①提供了进一步认识域外的渠道,也为具有移民意识的温州社会孕育移民潮营造了良好的氛围。在此基础上,无论是招募途径还是华工身份出国的温州人逐渐增多。温州开埠后的温州海外移民历程主要分为四个阶段②。

1. 第一阶段:1876—1919 年

温州开埠初期,"形势非常乐观,人们对它像所有新口岸那样怀有同样的预期,但是,后来的贸易规模很小,与开埠初 3 个月的交易量所引起的期望相去甚远"[8]。之所以如此,一个重要原因是,近代温州港河道多蜿蜒曲折且多狭浅泥滩,帆船来此,稍一不慎就会搁浅。从沿海邻近口岸来的大型帆船或汽船,载运量超过 90 担者就无法进港。另外一个重要因素是,温州

---

① 据瓯海关十年报告(1882—1891)记载,当时"温州城区及其近郊的人口估计有87000 人;可以认为其中 3/10 有知识,5/10 受过一定的商业教育,还有 2/10 完全愚昧。"

② 关于近代温州海外移民阶段的划分,学术界尚无统一定论。本文的划分标准是在参照胡珠生《温州近代史》、张志诚《温州华侨史》和周厚才《温州海关志》等相关文献的基础上确立的。

所处地理位置不利,夹在福州、宁波和上海三个大商埠中间,它们开埠都比温州早,早已有各自通商和商业利益的辐射网,温州受其左右夹攻,对外贸易并不占有优势[8]。加上温州的厘金较重、管理混乱,外国商船宁愿通过海运先到上海、宁波等地再转陆路到温州,也不愿意直航温州港。这势必影响到温州港的顺利发展,使得温州对外贸易与人口往来在很长时期里都没有明显增多。此外,霍乱等多种流行疾病在温州地区的肆虐,以及温州社会存在以 1884 年"甲申教案"为代表的尖锐的民教矛盾,使得温州民众要有效、快捷地借助口岸和来华洋人实现移民海外的愿望,短期是难以奏效的。

尽管如此,"温州贸易起落跌宕着却令人满意地逐渐前行。虽说步履可能有点蹒跚,进展还是相当显著"[8]。伴随温州进出口贸易的逐年倍增,有利于温州人移民海外的条件也渐渐显露,尤其是海上航运业的兴盛提供了直接而便利的交通。如 1877 年温州开埠的当月,英国渣甸洋行的唐克斯特轮从上海驶入温州港。次年 4 月,中国招商局永宁轮自沪首航抵温。此后,温州港又陆续开通宁波、福州、厦门、汕头等沿海港口,南通、镇江等长江沿岸港口,以及日本、新加坡、苏门答腊等国家和中国香港地区的航线。1884年温州轮船招商分局在城区的朔门码头建成了第一座浮码头,增强了海运能力;1885 年英籍新加坡甲板船特克里号开辟了温州—中国香港—新加坡的国际航线。

在上述有利外部环境的催化作用下,在温州开埠后的 40 多年间,秉承移民基因的温州人不畏远途,以劳工身份到美洲种植园或南非金矿等地谋生闯天下。"一战"爆发后,英、法、俄等协约国向中国招募华工。1919 年冬,青田县政府开展招募"'一战'华工"工作,当地青壮年争相报名,共计招募2000 多人奔赴欧洲战场。这些华工中的大多数在"一战"后并未返回国内,而是选择定居欧洲,其中仅在法国的就有 1000 多人[10]。这批因"一战"而滞留法国的温州青田人,就成为了温州海外移民史上第一批真正的华侨华人。

2.第二阶段:1920—1928 年

虽然因"一战"而有不少温、处两地民众被招募至欧洲并长期侨居,但主动远赴欧洲的温州人仍然很少,温州民众依然习惯于到周边邻国谋生。1910 年一批具有革命思想的浙江籍知识分子掀起留日热潮,进一步引导了浙江农民或手工业者前往日本做工。"民国八年有陈某,带了些浙江处州青田特产的石货到日本行商,大受欢迎。"[11]这项生意也逐渐在毗邻青田的一些温州乡村传开。"民国九年有王某者也赴日本卖石货,带几把温州伞预备自己用的,在火车上被日人看中,给买了去。"[11]卖伞的生意也从此红火起来。"在1919—1921年间,许多青田人去日本制作女用纸伞或售卖冻石器皿。"[8]"从1920年冬到1922年春为止,赴日卖伞、石货的,光是温、处两地的人大概在三千五百以上。"[11]这些行商在新旧货不接时,还可以在日本做工,收获的工资不菲。因而一传十、十传百,从温州、处州两地到日本做工的工人数量暴涨。"根据1922年春的统计,新从浙江温州、处州两地来日之劳工突然增至五千余人,散处各地。"[11]这是温州历史上前所未有的出国热潮。

但好景不长,受世界资本主义经济危机的影响,日本自1920年起发生了严重的经济危机,国内生产总值下降近20%。与此同时,在日的华工因为勤劳、吃苦、雇佣工资低等原因,使其竞争优势远比日本当地人强,客观上给日本社会造成了就业压力。对此,1923年1月开始,日本政府将来日从商、务工的外国人驱逐出境。而同年9月1日发生的关东大地震恰巧成为日本全面驱赶旅日华侨的主要借口[12]。

这场地震不仅造成30万当地居民伤亡,也使温州、处州两地华工、商贩约4000人受灾[11]。不但如此,受日本军国主义煽动的日本暴徒还残杀受灾华工,其中"以温属工人为多,总数约七八百人"[11],制造了令人震惊的"东瀛沉冤"①。面对如此凶险的处境,旅日华工为了自身安全,纷纷要求北洋政府及日本当局派船送其回国。最终,温、处两地受灾侨民共3351人回国[12]。经此事件,温州地区一度掀起的出国热潮逐渐平息下来。

此后数年,受国民革命兴起的政治大环境影响,温州人也响应"拒绝洋货"的号召,促使瓯海关对外贸易迅速下滑。1925年温州港口的工人为了

---

① 1923年9月1日至8日,日本关东地区发生7.8—8.2级的大地震,温州、处州两地旅居日本华工5000余人,以及吉林省长春市留日学生、"侨日共济会"会长王希天无辜遭日本暴徒残杀,后经中国北洋政府与日本当局多次交涉无果。这一重大血案被尘封70年之久,直至1990年开始才由中日两国民间专家学者自发地通过有关部门调查研究此案,故被称为"东瀛沉冤"。

支持"五卅运动",拒绝卸洋烟洋货,迫使外轮原货返还;1927年2月以后,"排外渐烈,尤以排英为最,满街揭橥标语,举行市民大会以及各种示威运动,外侨舍日人有台湾驶来之日舰保护仍留外,余逐渐离埠,最后海关人员亦于4月20日去温之沪"[13]。在此情形之下,温州人出洋的踪迹自然难觅。

3.第三阶段:1929—1937年

1929年温州天灾不断。"始有飓风肆虐,继而洪水为灾,所有禾田,尽成泽国,其灾情之巨,殆为50年来所仅见。最惨者莫如禾田中发生之一螟虫,能于俄顷之间飞集成群,蚀稻立尽,其害比蝗虫尤烈。"[13]如此凶年,人民难求一饱,不得不再次铤而走险,出国谋生。如瑞安丽岙在1929年先后有9人出国[14],乐清县1930年因饥荒而有79人出洋谋生[15]。随着国共两党合作的破裂,南京国民政府因"剿共""内讧"和抵御日益进犯的日寇为名,到处抓壮丁,"兵祸"在温州地区亦尤为严重。"1936年12月,国民党抓壮丁,胡益蒙虽是独子,也不能幸免。在穷途末路的时刻,他只得哭别亲人,拿了东拼西凑借的六块银圆,跟着六位同乡一起到新加坡谋生。"[16]当时温州许多青壮年为了躲避抓壮丁而被迫逃亡出国。

与此同时,一些先期出国谋生的华侨在国外发财的消息反馈到家乡,引发了村民的羡慕,并很快传遍温州各地。"本世纪初叶,关于乡里亲朋在西欧靠'贩销青田石'致富的传奇故事,在温州人的津津乐道中,熏陶、美化了致富欧洲的移民幻想,诱发、刺激了当地的移民潮。"[17],这样,一批怀着出人头地和光宗耀祖心态的温州人又踏上了远赴海外之路。恰在此时,西方殖民主义者因"二战"爆发又来华招工,于是,"(今)文成县的玉壶、瑞安县的丽岙、白门、桂峰,永嘉县的瓯北等地,在30年代中期因此而先后形成了出国热潮"[11]。近代温州的第二次海外移民高潮就此出现。但在经历了1934—1936年的高潮后,温州海外移民又因为抗战全面爆发而锐减。

4.第四阶段:1938—1949年

抗战初期,因温州战略地位并不十分重要,所以在头四年里只是遭受了日军的空袭,从而使得温州港成为连接敌后战场与敌占区经济的罕见中转口岸。1938年外轮往来温州十分频繁,海上运输贸易兴旺,温州港出现畸形繁荣的局面。瓯海关全年税收达 301 万元,直接对外贸易值达8,163,325元,创前所未有的最高记录[6]。与此同时,当地民族工业迅速崛起。如温州鹿城布厂在 1939 年改名为富华染布公司后,陆续添置动力织布机 45 台,提花机 90 台,手拉木机 90 台,工人 400 多人。至 1941 年,永嘉县棉布工厂增至七八十家,织机数达 800 多台。制革厂、肥皂厂、造纸厂等企业迅速扩大规模,为穷困的温州人带来了劳动岗位。[11]

世界大战的危险、抗战初期温州港的异常盛况及地方经济的繁荣,使温州出国人数骤减,甚至已侨居海外的部分华侨因躲避欧洲战火和支援国内抗战而纷纷回国。而随着日军的 3 次入侵①,温州地区的相对安全和经济繁荣随即终结。在温州 3 次沦陷期间,日军疯狂地杀戮和掠夺。在此乱局之下,出国谋生或创业无疑困难重重,温州人出国几乎中断。

抗战胜利后,停滞多年的温州港运输逐渐恢复。"沿海客运量 1946 年为 32,020 人次,1947 年增至 61,824 人次。"[11]然而,旋即爆发的内战使出现短暂振兴气象的温州经济再次凋敝,瓯海关的航运船、船务行也纷纷撤离。原有的工厂纷纷陷入困境,工人大批失业,其中近代工业企业从 1946 年 74 家减至 1948 年春 29 家[11],城乡手工业者也大多面临破产。面对温州经济的窘境,通货膨胀、物价飞涨和工商业不振,不安于现状的温州人开始通过侨居海外亲属的帮助,又踏上了出国谋生的道路。

1949 年 5 月 7 日,温州宣告解放。至此,温州作为近代通商口岸的历史结束。

三、近代温州海外移民的特征

1.阶段性、缓慢式的增长趋势

近代温州开埠之后,其海外移民的发展并不如人们所预想般的呈直线上升趋势,而是呈现一种缓慢式上升、阶段性高潮的整体攀升趋势。在温州开埠的前 40 年里,只有为数不多的"殖民华工""战争华工"和留日学生;但后 30 年里,海外移民数量明显扩大,以至形成两次海外移民高峰。第一次

---

① 日军先后于 1941 年 4 月 18 日、1942 年 7 月 11 日和 1944 年 8 月三次入侵温州。

海外移民热潮发生在 1919—1923 年间,温州出现了历史上前所未有的成规模海外移民现象。仅 1920 年冬至 1922 年春,温州、处州两地赴日本卖伞和石货的行商多达 3500 人以上,到日本做工的乡民更是暴涨。但这次海外移民热潮因关东大地震及其期间的杀戮事件而未能持续。第二次海外移民热潮发生在 1929—1939 年间。如文成县在此阶段的出国者达到 640人,比 1920—1929 年出国谋生的 435 人增长了 47％[18]。尤以"1927—1936 年最多,占建国前 30 年移民欧洲华侨总数的 79.3％"[11],仅 1936 年1 月,在日本人控制的马来亚丁加奴龙铁矿公司当苦力的温州人就超过千人[11]。但第二次世界大战爆发后,国内外形势急剧恶化,温州人出国道路再度中断。

2. 海运为移民主渠道

温州"艰山海阻"的地理条件限制了温州与其他地区的通畅联系,尤其是经陆路与其他地区的交流十分困难,加之陆上交通工具的限制,使得海洋航路成为历代温州人走向周边乃至海外的主要途径。而温州开埠后,海上交通更是成为温州人域外之行的首选。1877 年 4 月,英商怡和洋行唐克斯特号客货轮开通了上海—温州—福州航线。这条航线不仅把温州与当时国内最大最开放的城市——上海连接起来,而且还与海外移民传统深厚和出洋人数较多的福州港相连。这无疑大大增加了温州人出洋的可能性和扩大了移民渠道的辐射圈。除增加多条国内航线外,温州还开辟了到国内香港、台湾和远至新加坡、马来西亚和印尼的海运航线,有些还直接由外籍轮船承担航运。同时,温州港的吞吐量和拥有的船舶数大大增加。这些良好的客观条件无疑为温州乡民出洋提供了更多的选择、更安全的机会。如旅波兰归侨王岩郎回忆,1919 年 9 月,他"到温州乘海轮去上海,……下旬乘外轮从上海启程,途经 32 天抵达法国马赛,再从马赛到巴黎";新加坡归侨胡有志则是在"1935 年农历正月二十日,……从温州乘货轮经过两天两夜到达厦门,船费是 7 块银圆。……从厦门出发坐了九天九夜的轮船到达新加坡"。[14]

3.农民、手工业者和知识分子成移民主群体

温州"穷山恶水"的地理环境已使民众身处窘境,而资本主义经济的涌入更将其逼入绝境。于是,文成、瑞安、瓯海等山区的无地或失地农民,以土靛染布等手工业为生的山区村民,只得闯出山林,远赴异国他乡,出卖劳力,以开矿、做木器、种橡胶、种菜、养猪及从事小贩、行商为生。旅居印尼和新加坡等地的乐清籍华侨虽靠做木工之技获得较固定的收入,却同样充满心酸。他们一天干活12多个小时,所得工资除去吃饭、住宿等费用所剩无几,晚上睡"料凳",生活之艰苦,实属罕见[15]。甲午战争后,一批才识之士受富国强兵和实业救国思想的影响,或为追寻革命或为深造学术而赴日本和欧美留学,成为近代温州海外移民中的特殊群体。1902年,平阳的陈蔚和乐清的石铎考取官费留学日本,成为温州最早的出国留学生。此后,温州社会留日风潮兴盛。1898年10月至1904年10月间,温州留日学生共有63人;至1911年,乐清籍留日学生有41人[19]。20世纪20年代前后,留学足迹由日本一国扩展到德、法、英等欧洲数国及美国、澳大利亚。无论留日还是旅欧,他们均偏重学习制度、立法、技艺、师范、商科、工程等。温州人归国后兴学校办实业,或创办杂志报纸,介绍西方新知识新文化,或倡立新学,推动新文化运动,走科学救国之路,或投身于国内新政新法之建立,或工程建设者,不一而足,建树非凡。

4.日本、南洋及欧洲为移民主输入地

温州自宋、元以来,时有与日本贸易往来,两地海程亦相近,加之"明治维新"以来日本经济快速发展,从而吸引了不少民众在温州开埠后循着历史惯性而前往日本行商做工。如瑞安桂峰乡于1915—1937年间移民日本179人,占全乡同期出国总人数的69.65%[20];20世纪20年代文成县出国华侨共455人,分布在日本的有261人,占该时期全县华侨总数的57.36%[18]。1920年随着日本当局排华活动的加剧,特别是无辜华工惨遭杀害所导致的巨大心理阴影,赴日人数几乎为零,甚至改变了温州的出口贸易重心。"土制雨伞运往外洋数量日益增多,以新加坡、爪哇二埠行销最广。"[13]温州移民的目的地以"一边倒"态势而转向就业空间更大的东南亚和经济优势更显

著的欧洲。如 1924—1949 年间,乐清县出境人数总计 670 人,其中前往日本的仅 40 人,到达印尼、新加坡和马来西亚的有 408 人[15];1923 年由于旅居新加坡的温州人数量可观,为了联络乡情,第一个温籍海外侨团——新加坡温州会馆成立;1927—1936 年间,移居欧洲的文成人有 306 人,占该县 1949 年前旅欧华侨总数的 79.3%[18];温州丽岙于 1929—1937 年间出国的 303 人中,除 1 人去新加坡外,其余全部流向欧洲的法国、荷兰和意大利[20]。欧洲成为当时和现在温州海外移民的聚集地。

综上所述,温州开埠作为近代温州社会遭遇的一种剧烈的外部力量,有力地促进了具有移民习性的温州人较具规模地奔赴海外,而且使出国谋生的观念深入温州乡村社会,以至中国实行改革开放政策后,"温州人的移民步伐是紧跟全国的,有时甚至还要快一步,因为他们能利用敢利用会利用的海外亲缘关系很多"[21]时至今日,温州成为全国著名侨乡,已有近 70 万温州籍华侨华人和港澳台同胞遍及世界五大洲的 115 个国家和地区[22]。经比较发现,同为通商口岸的北方沿海城市如烟台、天津等地,在近现代却没有出现连锁性、群体性的海外移民现象。事实证明,其中缘由并不在于开埠这一共同的外部环境的出现,而在于温州地域文化的海洋性浸染了温州人,直至成为他们自主移民海外的强大动力。

[参考文献]

[1] 杜石然,范楚玉,陈美东,等.中国科学技术史稿(下册)[M].北京:科学出版社,1982:13.

[2] 徐华炳.区域文化与温州海外移民[J].华侨华人历史研究,2012(2):44-52.

[3] 陈国灿.略谈江南文化的海洋特性[J].史学月刊,2013(2):5-9.

[4] 刘辉.中国旧海关稀见文献全编(第十分册)[M].北京:中国海关出版社,2009:311.

[5] 褚德新,梁德.中外约章汇要:1689—1949[M].哈尔滨:黑龙江人民出版社,1991:201.

[6] 周厚才.温州港史[M].北京:人民交通出版社,1990.

[7] 张永苏.近代开埠史的难得史料[N].温州日报,2010-04-24(6).

[8] 赵肖为.近代温州社会经济发展概况:瓯海关贸易报告与十年报告译编[M].上海:上海三联书店,2014.

[9] 陈翰笙.华工出国史料汇编(第一辑)[M].北京:中华书局,1985:583.

[10] 周望森,陈孟林.青田华侨史[M].杭州:浙江人民出版社,2011:32.

[11] 胡珠生.温州近代史[M].沈阳:辽宁人民出版社,2002.

[12] 方贤.日本关东大地震期间温州旅沪同乡会的作为[J].温州职业技术学院学报,2012(3):18-20,28.

[13] 近代浙江通商口岸经济社会概况[M].杭州:浙江人民出版社,2002.

[14] 张志诚.温州华侨史[M].北京:今日中国出版社,1999.

[15] 乐清华侨志编纂委员会.乐清华侨志[M].北京:中国文史出版社,2007.

[16] 李南星.难忘的峥嵘岁月:记新加坡老归侨胡益蒙同志和"温工"战友[J].浙江华侨史料,1986(1):39-42.

[17] 李明欢."相对失落"与"连锁效应":关于当代温州地区出国移民潮的分析与思考[J].社会学研究,1999(5):83-93.

[18] 朱礼.文成华侨志[M].北京:中国华侨出版社,2002.

[19] 王雄涛.清末温州留日学生研究[D].温州:温州大学,2011.

[20] 王国伟.瑞安市华侨志[M].北京:中华书局,2011.

[21] 徐华炳.温州海外移民形态及其演变[J].浙江社会科学,2010(12):80-84,90.

[22] 包璇漪,大山.60年的传奇历程[J].世界温州人:庆祝国庆60周年特刊,2009:序言.

（原刊于《温州职业技术学院学报》2014年第4期）

明代中后期温州沿海卫所与府县治理

宫凌海

【摘　要】明代府县与卫所的关系是历任行政官员必须面对的问题,而由此产生的制度互动及创新成为卫所地方化的前奏和基础。明代中叶温州卫所出现了一定程度的僵化和变异,给地方社会带来了矛盾和冲突。宣德之后,一些府县官员积极介入温州卫所管理事务,在司法管理、赋役均平、屯政调整等方面取得主导权,对温州卫所进行长期、多方面的改革。府县官员通过行政权力不断改变卫所管理体制,推进卫所制度的内在转变与地方化进程。

【关键词】明代;温州;卫所;府县治理;行政干预

明初行政制度架构中,卫所与州县的界限划分比较清楚,卫所管辖权在都司卫所,在未经授权的情况下,行政官员不能插手卫所军户的管理事务。但卫所并非完全独立于府县系统,二者又存在错综复杂的关系。对卫所制度与府县治理进行研究,对认识明代帝国制度演变有着重要意义。学界已有相关研究成果,但基本集中于内地卫所的探讨。相较而言,较少涉及沿海地区卫所,有分量的成果不多。温州位于我国东南沿海的浙江南部,因其特殊的地理位置与环境,在东南沿海的防务体系中占据着相当重要的位置,明政府在该地区建立起众多的卫所。本文选取明代温州为研究区域①,利用

作者简介:温州大学马克思主义学院讲师。

①　明代温州地区的卫所分布情况如下:温州卫与府同城,洪武元年(1368 年)建。洪武二十年(1387 年),汤和置宁村所于永嘉县,蒲岐所于乐清县,隶于磐石卫;置海安、沙园二所于瑞安县,平阳所于平阳县,隶于温州卫;又置蒲门、壮士二所于平阳县,隶于金乡卫。成化五年(1469 年),为加强乐清县城防御,移磐石卫后千户所驻扎白沙城。弘治时,温州卫下又新设新城所。

地方志、文集、族谱、碑刻等相关文献,考察明代中后期温州沿海卫所出现的问题,以及府县行政官员介入卫所管理事务的手段与措施,展现府县行政干预所带来的卫所地方化进程。

一、复"旧制"约束卫军

明初重武轻文,卫所军官的品级一般高于府县官员,成建制的军人和缺乏统一领导的民人相比,优势明显,基层社会形成军强民弱的格局。卫所军士利用军事特权,不时采用不法手段牟利,使军民关系日趋紧张,温州地区这种现象极为严重。正统二年(1437年),平阳知县章惠奏称:"沿海富豪、官军,多依法为奸,暴横生事,虐害善良,排陷官长,及诓骗兜揽为民患。"[1]章惠奏折中提到的违法官军可能与金乡卫有关,这些不法现象在磐石卫所属的宁村所亦有更多的具体体现。在隶属永嘉县永嘉盐场的一些墓志铭与族谱中保存了许多有价值的史料。如卫所官军建造房屋,需要木材,强行砍伐民户坟山林木。《王文权墓志》载:"先公丘木甚盛,戍海官率众伐之。"[2]卫所官军为了扩展土地,抢占民地,甚至不惜残害民户。《周裕墓志》载:"沙龙北抵教场南之沙村寨,为官税地,周氏庄址也。正德九年间,宁村所官军杀而夺之。"[2]如遇灾荒或缺乏粮饷,卫所官军强抢民户粮食的情况也时有发生。《前街陈氏宗谱》中《复庵公年谱》载:"永乐二十年(1422年)壬寅。我时年四十岁。是年大饥。正月,宁村所军兵应旗率众意在乞食,乃入我家,将所浸谷种抢去。"[3]

对于卫军犯罪,明政府采取的是约会制:"凡军官、军人,有犯人命,管军衙门约会有司检验归问。若奸盗、诈伪、户婚、田土、斗殴,与民相干事务,必须一体约问。与民不相干者,从本管军职衙门自行追问。其有占吝不发,首领官吏各笞五十。若管军官越分辄受民讼者,罪亦如之。"[4]此种审判制度的实行虽然可杜绝卫所官员的徇私行为,但实际上是为地方官员约束不法卫军、介入卫所事务提供了一个切入点。在军强民弱的态势下,基层执行并非易事。宁村所官军杀人夺地,周裕"角讼二十年,备尝苦艰,乃雪冤耻"。复庵公粮食被抢夺,乃赴磐石告理,幸时任卫指挥使戴公极为威猛严正,才公正判决,责罚强军。而当宣德元年(1426年)所军盗伐林木时,复庵公"遂同王珙字秉信二十余人联名告县,与军对理行勘,众军获罪"[3]。从以上事例可发现,面对卫军侵害民户的案件,受理诉讼的官员并不固定,民户在其中备尝艰辛。可见,明代前期,温州地区在处理军民纠纷时可能并未严格按照约会制,从而导致卫军侵害百姓的事件频发,给地方治安带来了极大的困扰。

宣德五年(1430年),何文渊出任温州知府,莅温伊始,即认识到:"温地与金乡、磐石等三卫邻,军士恃其不统于有司,肆为凶暴,凌轹有司,侵刻小民。"[5]府县官员此时指出卫所与地方矛盾并非偶然。一方面,卫所制度确实积弊甚重,特别是军事管理松弛之后,官军与地方豪强相互勾结,欺上瞒下之事层出不穷;另一方面,宣德以后,北部边境紧张局势升级,卫所制已出现严重问题。府县官员面对卫所军人的不法行为,开始想办法动用地方行政手段介入卫所事务,予以约束。宣德二年(1427年),担任温州府同知的尹宏采用严格的礼法管理境内的卫所军士:"军卫纵横,民罹暴虐。到任以来,一以礼法控制之,期月间,帖然驯服,民赖以安。"[6]何文渊对卫所人员"束之以法,军卫萧然"[6]。成化九年(1473年),刘清担任平阳县令,对辖区内的卫所军士实现了有效的约束,方志对其赞誉有加:"有治才,简词讼,均徭役,邑介千户所,军校横暴,清痛抑之,豪奸悉敛迹焉。"[6]

明代军户可分为卫所军户和原籍军户两大类,对居住在卫所附近的府县(非原籍)、购置有田产(非军屯)、平时在寄籍府县纳粮当差、对卫所正军有帮贴之责的称为"寄籍军户"[7]。因此,除了卫所正军之外,与地方社会发生直接关系或矛盾焦点还在于"寄籍军户"。明初大批军士的家属到经济、生活条件较好的卫所随住。由于卫所容纳能力有限,政府曾几度下令在卫亲属除本房家小外一概回原籍听差。但有大批亲属不愿回乡,纷纷移居到卫所附近。他们通过开垦荒地,或购买附近府县民户土地,巧妙利用余丁身份不断积累生计产业,俨然"化外之民"。尤其值得注意的是,明中叶之后的卫军和家属定居卫城,或军余家庭离卫城而居,他们是卫所军户和"寄籍军户"的具体形式。而"寄籍军户"与民杂居已久,勾结地方势力,易形成驻地社会网络,产生种种不端行为。

　　成化、弘治年间，曾担任永嘉县知县和温州府知府的文林①在奏疏中提到卫所军余的种种不法行为："又有无知军民谋同屯种；官舍、军余下乡居住，招集外处不明等人，成群结党；又或窝藏强窃、盗贼、娼妇，侵占民间田地、房屋，逼辄钱债，或奸占准折人家子女，或强夺农具、耕牛、水利，打掠鸡鹅，无所不为。"[8]文林对此提出了解决办法："如蒙乞敕该部行下都布按三司，除在营另住不编外，若有离城、离营与民杂居者，务要与民编排成甲，不必与民当差，但要互相觉察，其有非为，窝藏奸盗、生事无籍之徒，许该里甲老人、总甲人等指实，一体执拏赴府州县惩治，卫所不许占悋抢夺。其有户婚、田土、斗殴等事，亦如北方屯军事例，听于该管老人、旗甲处会问归结，如有不服，呈县剖理。"[8]

　　文林约束卫军主要采取以下措施：一是实行保甲法，将离城杂居的军户与普通民户共同编为一甲，彼此相互监督。他在后来发布的榜文中提出了更为具体的办法："不分城市乡村、官民军灶，但团聚一处居止相连者，每十一户或者十户置小圆牌一面，编作一甲，内举优者一人为首。每百户选金家道殷实、可为乡里表率者一人，立为耆老。如无原报，着民领之，称为一保。一里有二百户者，设立二人。每保选持铎老人一名，巡历告报。每十户之内，善恶俱要互相劝戒，患难俱要互相救恤。"[8]保甲制的推行，是府县官员借助行政手段，将原本游离于州县管理体系之外的军余纳入到地方治安体系之中，使之能有效约束卫所之外的军户行为。二是参照文林在北方地区任职时所接触到的处理屯军与民户诉讼纠纷的事例，强调里老与旗甲会同审理。文林在担任温州知府后，面对着"只如词讼一事，动接千余纸"的情况，发布《温州府约束词讼榜文》，详细规定里老在乡间诉讼中应担负的职责与注意事项。里老不仅在户婚田土等纠纷中具有审判权，同时对于人命贼盗等重情亦要协助办理[8]。在处理军民纠纷中，文林将其在博平县的治政经验运用于温州地区，采取里老与旗甲共同调解，尽可能维持判罚公正，借助里老制压制卫所强军，试图在司法上介入卫所事务之中，以防止卫所官员可能产生的徇私袒护。

---

　　① 文林于成化八年（1472年）中进士，初知永嘉县，因父丧而解职回乡，改知山东博平县，历迁南京太仆寺丞，后因病归家六年，复起任温州知府。

二、设"军图"以平徭役

洪武、永乐年间，"在营余丁"即已附籍所在卫所府县，如四川松茂、威
叠、小河等五所，"各军所支月粮，养赡不敷，以故丁多之家，先于洪武、永乐
间分房于成都等府州县附籍，种田纳粮，既当民差，又贴军役"[9]。当然，这
只是四川部分卫所的个案，未成通例。宣德八年（1433 年）之前，明政府奉
行"原籍主义"，对"在营余丁"的政策是希望他们回原籍承担民差、粮差。但
"原籍主义"执行也相当宽松，就"在营余丁"利益抉择而言，回到原籍需要应
役当差，而留在当地则免除差役，因而大部分"在营余丁"就留在当地生活。
宣德以后，政府放宽卫所"在营余丁"的人数限制，规定"凡军丁置买田产，许
于有司寄编辑册，纳粮当差"[10]。制度原则由"原籍主义"渐渐向"附籍政
策"倾斜。景泰元年（1450 年），兵部遂下令附籍户丁一律回归军卫系统管
辖，仅留田产于户下，由有司州县系统征收粮草，意在取得兵额补偿，"不分
年岁久近，除其该纳粮草仍于有司上纳，其人丁尽数发回军卫"[11]。景泰二
年（1451 年），户部制定的黄册攒造册式则显示了政策弹性，"其军卫官下家
人、旗军下老幼余丁曾置附近州县田地，愿将人丁事产于所在州县附籍、纳
粮当差者听"[12]。户部以"愿"为政策原则，显示了该规定的灵活性和可变
性。成化十八年（1482 年），制定的政策更具变通性，"凡有卫所之处，附籍
军丁无粮草者，尽发原卫当差；有则户留一丁应纳。丁老及有他故，仍于本
卫取回一丁顶户，其无籍续报，暨田地收除俱如奏"[10]。

附籍制度存在模糊空间，产生了诸多问题，文林、汪循等任职于温州的
地方官员在奏疏中均提到当时情形。"（温州）军民杂处，官舍、军余置买民
间田地甚多，少者七八十亩，多者三五百亩至三四千亩。且如一图有寄籍军
三四户，有例于均徭里役之年，每田一亩止出白银四分。其差役悉归民户，
故民日贫而军日富，理势自然。先年，一正一余卫所差操，其多余人丁报籍
有司，与民一般纳粮当差。续蒙事例，军丁尽数发回原卫所，田粮有司上纳。
以此钱粮连年不完，负累有司，里甲受责陪粮，十分艰苦。虽府县行移拘追，
卫所不能一一发遣。"[8]"永嘉县地方濒海卫所颇多，军民杂处。官舍、军余
置买民田地土，多至千余亩，少者不下七八十亩。先年，一正一余卫所差操

外,其多余人丁籍报有司,与民一样纳粮供役。续有事例,军丁尽数发回卫所。于里役、均徭之年,每田一亩只令出银四分帮助。其赋役悉归于民,似已欠均,况府卫、县所、地方镇连者,名虽发回,实不著役。"[13]

奏疏所揭示的内容相当丰富。一是温州卫所寄籍军是一图有三四户,他们人数虽然不多,但置产数目不少。二是温州府、永嘉县遵循军余附籍政策,"续有事例"指的就是成化十八年所更定的附籍事例,寄籍军丁发回卫所,导致占有田产与交纳田粮产生脱节,形成拖欠,而卫所又对此有所祖护,府县无法追讨。三是军余所承担的赋役由"多余人丁籍报有司,与民一样纳粮供役"向"里役、均徭之年,每田一亩只令出银四分帮助"转变。换言之,军余在里役、均徭之年,并不承担力差,而是以银代役,结果导致差役归于民户。对于田粮赋税的拖欠情况,文林制订措施强行追查。"其负赖钱粮之徒,有司行与该卫掌印并屯官负追征,如限外不完,申请上司照依土粮一体住俸。其田多官军之家,亦如有司优免官军、生员事例,指挥、千百户并旗军定与则例,该免几丁几亩,务从优待,此外一体当役当差。如此庶几,军民归一,钱粮易完,民不受害矣。"[8]

"寄籍军户""以银代役"的制度化措施,是"民日贫而军日富"的关键。在明代制度设计中,民户除了按规定里甲户负担正役之外,以各户户则为基准分别编金人丁从事不定期杂役。这些包括"均工徭"在内的名目繁多的差役因地而异,内容繁杂。役法为明代财政体系的独特部分,同时也是明中叶以后地方官员推行"一条鞭法"改革的重要对象。由于杂役繁多,民众负担过重,明代地方官员从正统年间开始重新查勘丁粮数,通过均徭以合理负担差役。按照明初规定,军户例得优免杂役,由于卫所军余"籍报有司"已转变为"纳粮当差"。从汪循奏疏看,卫所军余也在此改革之列,只是他们并非承担所有杂役,而是里甲正役和经常性差役。但其身份有别于民户,因而承担方式不是亲身应役,而是采取了"以银免役"。"以银免役"始于宣德,弘治、正德年间被推广普及,并在正德年间以"银差"之名区别于"力差"[14]。于是,温州卫所军余以"一亩出银四分"帮贴助役。相比于民户,卫所军余所占田地数量巨大,但差役负担则比较轻。军余自此借以统属卫所管辖,规避府县差役,增加民户负担。汪循作为地方官员对此有所不满,所以才指出卫所军余利用了政策的漏洞："名虽发回,实不着役。"

府县官员为了解决军民的差役不均,设置"军图"以调整矛盾。"军图"设置大致可分为两种方式:一是直接在卫城内设置"军图"。弘治五年(1492年),平阳县要求卫所军余承担地方差役,结果引发纠纷。《隆庆平阳县志》载:"金乡镇五图,弘治五年,奉例编将五所有官田、军舍、(军)余立里甲。后不服。吏陈纲奉行署印,周叙查复当差,凡五图。"[15]这是将里甲推行到卫所系统的尝试[16]。隆庆五年(1571年),平阳知县朱东光又在金乡卫增设九图,形成十五图(里)。金乡卫专门设立"镇"作为管理"军图"的机构。金以埈认为,金乡镇在地方赋役征收层级中,应当介于金舟乡和十五个"军图"之间,与"都"平级[17]。镇的设置可能是府县对卫所的让步,实际情况可能要复杂得多。"镇"并非与都平级,可能是卫所控制的独立的赋税征收单位。由于史料缺乏,尚无法深入考察其实施过程。从结果而论,金乡镇的权宜之计色彩较浓,并未彻底完成均徭均役目的,显示出卫所军户在抵制地方府县上的反作用。二是以军余填补虚脱的里甲而形成军图。嘉靖元年(1522年),平阳知县叶逢赐因二十四都地废,"以平阳所军余编补五图。(嘉靖)四十一年(1562年),(平阳)令文程又以金乡、沙园所军余编增三图"[18]。史载,平阳二十四都为海岛之区,"在海中□山及竹屿"。"□山"即"南麂岛",位于平阳县鳌江口外的东海海面上,拥有大小岛屿 23 个。"竹屿"位于南麂岛东 1.3 千米,为南麂列岛属岛。海岛原住居民此时"以避寇散入各都",而地方官员将军余以废弃海岛重修编入图甲,显然以完成赋役为前提。

以"军图"形式将卫所军余编入图册而承担徭役,在一定程度上达到了均平目的,其他各县也纷纷仿效。瑞安县"沙园、海安、瑞安三所官舍、军余置买民田拾万余亩,俱是膏腴实业,一向寄籍民图出办粮差。其沙园所查于嘉靖十一年(1532年)造册,因其与民杂处,差役不均,先任知县曹诰议申上司详允,将该所寄籍军余、所军民田类集一处约有三万余亩,分作两图,编入十六、十七都填补里甲,就以军里管军甲,督办粮料,号曰'军图'。其均徭里甲之年,免其丁口,余照田之多寡审编徭,若较之民役实轻数倍"[19]。曹诰为休宁人,嘉靖六年(1527年)至十一年任瑞安知县,其审议设立"军图",保持了相对独立性,"以军里管军甲",差役很轻。刘畿于嘉靖三十年(1551

年)任瑞安知县后,翌年即利用黄册大造之年,实施均平限田之法以编审丁田钱粮。《嘉靖瑞安县志》载:"里甲旧额,丁田多寡不一,隔厢里长一名带管田至六七千亩者有之,乡都里长一名带管田止一二十亩者有之。嘉靖三十一年(1552年)造册也,令刘畿立法均平,每坊长一名带甲约限田八百亩,里长一名带甲约限田五百亩,自是丁田适均,役无偏累。"[20]沙园所军余借助改革时机,以操差的借口企图逃避里甲差役,"其里甲人户计脱民差,混告把总衙门,呈称欲照金乡卫蒲壮等所立镇事例,将沙园所寄籍军余发回操差。其置买本县民田,钱粮就属本所自征自给"[19]。此举溢出了刘畿的均平计划,因而他反对将沙园所寄籍军余"计脱民差",列举了以下几个理由予以说明:一是影响地方赋税征收,增加民户的差役负担;二是造成府县图甲流失,易开诡寄之端;三是沙园所与金乡卫情形不同,不能相通视之;四是军丁应役民差,并不影响到卫所军差的完成;五是沙园所军人有"搀越"之嫌。刘畿的看法得到了上司赞同后,驳回了沙园所以"军图"而立镇的请求。刘畿重新厘定地处瑞安境内瑞安、沙园、海安三所军丁的附籍与占田情形,"止留壹丁寄籍办纳粮差,原听本县征并,余丁悉发回该所操差。其有原无田地,先年冒诡民田者,即与改正,除户还所,无容似前影射规避"[19]。他为防止以后"复有倡为立镇之说者",将奏疏全文录入新修方志中,以此作为地方成规,严格遵循。该事例说明,设置"军图"是为协调卫所军余与民户的赋役不均,其过程存在卫所军户与府县官员的复杂博弈。

三、清理军屯与调整屯政

屯田是明代卫所最基本的职能之一。朱元璋采取军屯制度,让军队且耕且守,希望借此达到自给自足的最终目标。明代浙江卫所屯田设立应始于洪武初,但该地区屯田制度的最终确立,则可能在永乐时期。"永乐五年(1405年),设浙江按察司金事一员,盘量屯田。"[21]温州地区的卫所只有温州、金乡二卫领有屯田:"温州卫原额屯田三万四千二十一亩,金乡卫原额屯田九千九百三十八亩五分二厘,地三亩,园四十三亩二分。"[6]

温州屯田通过"包种法"的形式将田地承包给卫所户丁耕种,他们只需每年缴纳定额的税粮即可。成化之后,卫所屯政开始遭到破坏。弘治五年

（1492 年），明政府曾对全国卫所屯田进行过一次整顿，"令清军管屯官将原系卫所营房、屯地、见在住种、空闲等项，逐一查明造册在官，候解到新军，及见军无栖止"[22]。嘉靖四十二年（1563 年），明政府将军屯管理权移交屯地所在地区的府县行政官员，由此地方官员开始直接介入屯地管理事务[23]。据方志记载，嘉靖之后，有一些温州地方官员介入卫所屯政的案例，他们针对其中的一些问题推出了相应的整顿措施。

其一，屯田肥瘠程度分配不均，许多卫军又苦于漕运，其田多为军豪所占。卫所屯田往往依据肥瘠程度分成三等，以此征收相应的税粮，即所谓"以田腴硗定则上中下科粮"。然而，涉及具体的分配时，则存在不合理的情况："致富强者悉得上则，贫愚者率领中下，或遇薄收则绝租税，或有坍没则赔粮，不无不均之叹也。"[6]另外，温州卫属于漕运卫所，需要完成相应的运粮任务。后来由于漕运繁重，金乡卫这样的备倭卫所也被用于粮运："浙江沿海金乡等卫所官军专为备倭而设。宣德七年（1432 年）以来，摘拨九千四百二十五名里河运粮，缘卫所经隔路远，致将备倭之务废弛。"[24]受漕运任务的拖累，给卫所军户带来极大困扰，"迩年各卫凋敝，而温州卫尤甚。盖以粮运被累，官军俱困"[6]。运军应役漕运在外，其原本的屯田很多为不法军官所冒占，"被奸猾军头每以老幼轻差冒滥，使历苦运军曾无寸土"[6]。

万历二十四年（1596 年），温州府知府刘芳誉采用"均票法"，对温州卫的屯田进行集中整顿："将温州卫屯田丈实亩数，合上中下三则，通融品搭，派成二千七百零二票，内除总小旗并正军田共五百九十一票，准折口粮外，该派给军带种屯田二千一百一十一票，每票派粮四石七斗二升，共田二万五千三百三十二亩，共征粮九千九百六十八石三升，并应征未并枪总小旗田二百一石六斗，通共该粮一万一千一百六十九石六斗三升，每石折银四钱，通共该银四千六十七两八钱五分四厘，比之旧额缺田一千四百七亩九分四厘，缺粮一百八十二石六斗，均敷纳粮。"最终这次整顿措施做到的成效是"田腴瘠品搭，缺额均敷，俾军无偏累，而粮有实，用法称便矣"。[6]

但屯政仍存在诸多问题，难以一次性完善处理。如"有民佃军田若干票，召民领种征租另贮，以为济边及津贴正军月粮之费。恐将来经理稍踈，疆界湮没，必至尽归豪右"[6]。这一现象展现军屯民田化趋势和最直接也最合法的道路,即官府召人承种军田,慢慢地转变为民户世业,最后并将屯田籽粒改为民粮,照民田起科。在此过程中,也会出现地方豪强侵占军屯而引发纠纷的情况。如《平阳县张侯去思碑》载:"武弛卒骄,吏不能制。恶少或窜田其中,徭勿事,租勿人。急之则什伍执兵而哗,吏因而柔之,偷以无事,民业益鲜。侯痛抑摔防制,烨烛霆击,民无敢复窜田军中者。"[25]

其二,管屯官员营私舞弊,屯田税粮征收长期缺额。明代地方上屯种生产的具体管理,实际上是由卫所军官担负。具体负责提督军屯耕作的管屯官(自下而上)有小旗、总旗、百户、千户、指挥佥书与都指挥佥书。他们都负有管理军屯的责任,屯田耕种的好坏,籽粒征收的多寡,与他们直接相关,形成从总官都指挥到屯种旗军层层负责的具体赏罚制度。职位不同,责任有别,赏罚有异。地方屯种事务单独依靠屯官负责,缺乏相应的监督制衡,这就为其贪腐舞弊提供了可操作的空间。"本卫管屯官意在营私,法多废弛,每征收不及十三,辄籍口以领运去,贻累后官,而后官亦复仍蹈弊习,迄无清楚,及奉参罚,则又以抵兑军粮,苟且塞责,屯政何由清也?"[6]由于卫所管屯官员的腐败,导致卫所税粮的征收不及定额的3/10。屯田税粮是卫所俸粮与漕运津贴的主要来源之一。若税粮定额无法完成,势必影响卫所防御与漕运职能的正常运行;若从府县补贴,对于府县财政则带来沉重压力。万历二十年(1592年),始任温州府知府的汤日昭曾对金乡卫的屯政管理体制进行过调整,其具体的细节由于史料所限,已很难知晓,但经过这次整顿,金乡卫屯田"军无租,官免参罚,迄今称便云"[6]。

明代军制的主干为卫所制度,其演变不仅对国家政治和军事有着重要影响,而且与区域社会变迁有极大关系。近年来,卫所制度的地方化进程成为学界所关注的重要命题,不少研究成果也展现出卫所与地域社会互动的丰富场景。温州地处东南沿海地区,分布着相当数量的卫所。卫所作为军事行政单位,它与府县关系极为复杂。府县与卫所的关系是历任行政官员必须面对的问题,而由此产生的制度互动及创新也往往成为卫所地方化的前奏和基础。明代中叶温州卫所的变迁节奏与其他地区卫所基本一致,出现了一定程度的僵化和变异,也给地方社会带来了矛盾和冲突。宣德之后,一些府县官员逐步采取措施予以干涉,打破原先比较清晰的管理界限,慢慢地渗透到了原本属于不同管理系统的领域。成化、弘治时期,"军强民弱"的格局消失,卫所对地方府县的依赖程度提高,一些富有改革精神的府县官员在推动地方社会转型的同时,也积极地介入卫所管理事务。他们在司法管理、赋役均平、屯政调整等方面取得主导权,对卫所进行长期、多方面的改革。可以说,府县官员通过行政权力不断改变卫所的管理体制,虽然在一定程度上瓦解着明初建立的卫所制度,但府县官员的实践行为又推进了卫所制度的内在转变。卫所活动与地方行政的逐步合流成为地方化进程的重要内容,直接为卫所制度下的人群、家族、社会组织、生计模式、信仰体系的历史变迁提供舞台。

[参考文献]

[1] 柯潜.明英宗实录:卷十四[M].台北:台湾"中央研究院"历史语言研究所,1962:253.

[2] 孙建胜.永嘉场墓志集录[M].合肥:黄山书社,2011.

[3] 郑笑笑,潘猛补.浙南谱牒文献汇编:第3辑[G].香港:香港出版社,2008:52.

[4] 焦竑.国朝献征录(卷二十四)[M].上海:上海书店,1987:992.

[5] 万历温州府志[M]//四库全书存目丛书:史部:第210册.济南:齐鲁书社,1996.

[6] 于志嘉.论明代的附籍军户与军户分户[M]//顾诚先生纪念暨明清史研究文集.郑州:中州古籍出版社,2005:81.

[7] 文林.文温州集[M]//四库全书存目丛书:集部:第40册.济南:齐鲁书社,1996.

[8] 柯潜.明英宗实录:卷一百五十七[M].台北:台湾"中央研究院"历史语言研究所,1962:3375.

[9] 张懋.明宪宗实录:卷二百二十七[M].台北:台湾"中央研究院"历史语言研究所,1962.

[10] 霍冀.军政事例:卷一[M]//北京图书馆古籍珍本丛刊:第51册.

北京:书目文献出版社,1988:510.

[11] 陈仁锡.皇明世法录[M]//四库禁毁书丛刊:史部:第 15 册.北京:北京出版社,1997:66.

[12] 汪循.汪仁峰先生文集[M]//四库全书存目丛书:集部:第 47 册.济南:齐鲁书社,1996:190.

[13] 岩见宏.均徭法、九等法和均徭事例[M]//朱东润,李俊民,罗竹风.中华文史论丛:第 18 辑.上海:上海古籍出版社,1981:57.

[14] 隆庆平阳县志:卷一[M]//中国方志丛书.台北:成文出版社,1971:51.

[15] 林昌丈.明清东南沿海卫所军户的地方化:以温州金乡卫为中心[J].中国历史地理论丛,2009(4):119.

[16] 黄忠鑫.明中后期浙江沿海"军图"初探[J].历史档案,2013(1):68.

[17] 金以埈.康熙平阳县志:卷三[M].刻本.东京:日本内阁文库藏,1694(清康熙三十三年).

[18] 刘畿.嘉靖瑞安县志:卷一[M].刻本.南京:中国科学院南京地理与湖泊研究所藏,1555(明嘉靖三十四年).

[19] 刘畿.嘉靖瑞安县志:卷三[M].刻本.南京:中国科学院南京地理与湖泊研究所藏,1555(明嘉靖三十四年).

[20] 李卫.雍正浙江通志:卷九十[M].北京:中华书局,2001:2120.

[21] 申时行.万历重修本明会典:卷一百三十七[M].北京:中华书局,2007:701.

[22] 阙名.嘉隆新例:户例[M]//杨一凡,刘海年.中国珍稀法律典籍集成(乙编):第 2 册.北京:科学出版社,1994:639.

[23] 杨宏.漕运通志[M]//四库全书存目丛书:史部:第 275 册.济南:齐鲁书社,1996:88.

[24] 侯一元.平阳县张侯去思碑[M]//吴明哲.温州历代碑刻二集.上海:上海社会科学院出版社,2006:991.

(原刊于《温州职业技术学院学报》2018 年第 4 期)

经济编

全球价值链视角下的温州制造业
集群升级对策研究

夏晓军　吴建明　方　芳

【摘　要】随着经济全球化进程的加快,温州制造业集群的升级必将在全球产业背景和全球价值链下进行。针对集群自身的诸多结构性缺陷,地方政府应该注意政策引导、公共服务和市场监管,营造集群升级环境;注重技术学习机制的完善,强化技术支撑与人才支撑,发展先进制造业,推进产业结构演化;提高研发强度,构建以企业为主的科技创新体系;发展循环经济,提高集群竞争力。

【关键词】全球价值链;温州;制造业集群;科技创新体系;循环经济

改革开放以来,温州制造业集群经济逐步走向成熟,温州区域经济的规模和质量不断得到提升,在全国赢得普遍关注。但集群的诸多结构性缺陷没有得到实质性改善。如何从价值链视角来研究温州制造业集群的升级问题,将地方的集群置于更为广阔的全球产业背景和全球价值链①下进行升级分析,成为温州区域经济发展所面临的一个重大的现实问题和理论课题。

作者简介:第一作者系温州职业技术学院副教授,第二作者系温州职业技术学院讲师,第三作者系温州市环境保护局工程师。

　　① 全球价值链是指为创造价值而连接原料采购、设计、生产、市场销售、服务、回收和处理等过程的全球性跨企业网络组织。其中价值创造量大的环节,被称为"战略性环节"。

一、从"新区域主义"到新集群发展观

自 20 世纪 80 年代以来,伴随以产业的网络组织为特征之一的区域经济新模式迅速发展,"新区域主义学派"学术思潮快速兴起。新区域主义对集群带动相关区域发展的现象进行了有价值的研究,强调产业集群中内部联系对于整个集群能力升级的重要影响,如集体学习、地理邻近、社会文化产生的信任和相互依赖。但在激烈的全球竞争中,有的集群继续繁荣,而有的集群则后劲不足、创新能力有限,甚至走向没落和终结,尤其是发展中国家的集群,在全球价值链中居于低端环节,没有自主知识产权和品牌,缺乏核心竞争力,面临着进一步发展的困境。对此,强调"内生生长因素"的新区域主义理论不能合理地给予解释。

近年来,许多学者在 Michael E. Porter 教授提出的价值链理论基础上,逐渐开始关注集群的外部联系、集群间互动、全球价值链管制等这些外生因素对集群的影响,开始将研究的视角扩展到全球范围,分析发展中国家产业集群的升级问题。研究者们认为,集群已经不能在封闭和孤立中发展,必须积极加强外部联系,在升级中求得发展。Dicken 等[1]、Gereffi 等[2] 和 Scott[3] 把价值分析嵌入全球生产网络的研究框架当中,探讨了地方经济和全球经济的互动关系,强调集群不能封闭发展,必须融入全球产业网络以实现持续的升级。Schmtiz[4] 和 Humphrey[5] 认为,价值链管制在市场进入机会、各环节利润分配以及技术能力的获得方面对发展中国家企业有很深的影响。伴随着经济全球化进程的加快,区域发展已融入全球框架。温州制造业集群的升级需要从关注内生生长因素扩展到外生因素,从地方视角转向全球视角,融入全球产业网络以实现集群升级,培育并提高集群在其所处产业中掌握和控制战略环节所需要的能力。

二、温州制造业集群发展现状及其结构性缺陷

1. 发展现状

温州经济是一种较为典型的集群经济,其制造业集群起步于改革开放后的家庭工业,以家庭的小规模生产经营,进行专业化协作生产。20 世纪

80 年代中期,相对稳定的专业市场的出现标志着温州民营产业集群的基本形成。温州制造业集群发展至今,面临着诸多升级障碍。在这些障碍中,既有外部的制约,也有集群发展到一定阶段所呈现出来的负效应,如自我技术创新能力不足和升级能力的缺失。笔者统计了 18 个主要制造业集群(鞋革、服装、电器、塑料制品、泵阀、印刷、汽摩配、锁具、眼镜、家具、船舶、制笔、打火机、拉链、纽扣、剃须刀、金融设备、五金洁具)的年产值,发现 2004 年已高达 2105.2 亿元,占全社会工业总产值的 69%,市场占有率高,并被中国轻工业联合会、中国机械工业联合会等命名为多个国家级基地。但温州的集群品牌(笔者认为被命名的国家级基地就是集群品牌)并不能高枕无忧,几年一轮的严格复评和国内后起之秀的步步紧追,迫使制造业集群升级。目前,国内潜在的竞争对手众多,据不完全调查,广州的锁具企业多,核心企业品牌效应明显,技术含量高;江苏的苏州、镇江的泵阀工业发达;浙江玉环则侧重实用阀门,是中国的阀门之都;浙江玉环的汽摩配工业发展迅猛;广东珠海、福建福鼎、江苏昆山的合成革行业正在迅速崛起;等等。

2. 结构性缺陷

多年来,温州的制造业集群在技术上缺乏实质性的进步,产业素质得不到应有的提升,以此为动力源的产业结构变化缓慢。

(1)在技术与技能结构上,表现为技术层次偏低、人才"重用轻养"、研发能力微弱。温州制造业集群大多以简单劳动密集型的轻加工产业为主,技术层次与科技含量低,进入壁垒不高。在温州 18 个主要制造业集群中,被浙江省列为高新技术特色产业基地的只有泵阀工业集群中的永嘉特种泵阀和电器工业集群中的乐清智能电器。这说明,温州制造业集群以中低技术为主。温州市统计局对 169 家规模企业的抽样调查显示,2002 年企业平均人才数为 25 人,而且引进人才占 50% 以上[6],这既说明温州受产业结构影响,人才积蓄基础较差,也说明企业在人才使用上"只用不养"或"重用轻养",对人才培养的重视程度不够。温州市第一次经济普查主要数据公报显示,2004 年规模以上工业企业中开展科技活动的只有 630 个,占 11.7%;科技活动人员中具有高、中级技术职称的有 0.40 万人,占全部科技活动人员的 26.2%;投入科技活动经费 15.96 亿元,其中用于新产品开发的为 9.22

亿元,占 57.8%,用于代表企业自主创新能力的研究与试验发展(R&D)的经费为 6.30 亿元,投入强度(指研究与试验发展经费支出与销售收入之比)为 0.35%[1]。

(2)在人才结构上,表现为人才数量少、密度低、结构失衡。据统计,至 2002 年底,温州制造业集群中企业人才约为 6 万人,占总人才数的 21.4%,与国际公认的经济腾飞所需要的 7% 的人才密度标准差距甚大。按国际一般标准,企业的人才配置应占人才总量的 80% 左右,而温州 2001 年的比例是 38.64%[6]。

(3)在投资结构上,表现为内源性资本占绝对主导地位。温州市第一次经济普查主要数据公报显示,2004 年第二、三产业企业的实收资本(指企业投资者实际投入的资本或股本,包括货币、实物、无形资产等各种形式的投入)总额为 1155.81 亿元,其中港澳台和外商投入的资本为 70.12 亿元,占 6%[2]。

(4)在产业结构上,表现为演进缓慢、高度化不足。温州制造业集群主要集中在轻加工业,以简单劳动密集型为主,其他规模经济显著的重化工业、高新技术产业比重偏低,发展滞后。在轻加工制造业中,以消费资料制造尤其是一般消费品为主,生产资料制造几乎是空白,其产业的结构性缺失十分明显。

三、温州制造业集群升级的对策

1. 转变政府职能,催化升级环境

世界各国产业集群的发展都离不开政府的支持。在产业集群发展中,地方政府的主要职能应该是在充分尊重市场机制的基础上,做好政策引导、公共服务和市场监管。

(1)政策引导。政府在产业集群升级中的重点是规划。产业集群的形成和发展是一个演化和变迁的过程,政府规划应该建立在现有产业发展的

---

① 引用数据来自《2004 年温州市国民经济和社会发展统计公报》。
② 引用数据来自《2004 年温州市国民经济和社会发展统计公报》。

基础上,用集群的理念和全球价值链的分析方法去考虑区域产业发展,制定经过充分论证的、恰如其分的产业政策体系,提出明确的发展规划和产业布局,发挥产业政策、产业规划的导向作用。需要指出的是,不能因为主要官员的调整而使得区域的产业规划朝令夕改,使得企业无所适从,干扰集群正常升级。

(2)公共服务。政府通常被视为创造生产要素的发动机制,集群的升级和转型需要巨大的成本,单靠企业无法承担,这就需要政府的"有为"。首先,在与生产要素有重要关联的领域,如基础教育、基础设施建设、社会保障等,政府要提高其服务的完善程度,为集群发展塑造良好的公共环境;在培育与集群发生直接关联的高级的和专业性的要素上,如专业人才培育和引进、提升地方大学研究能力和投资高级的基础设施等,政府要通过扶持培训机构和科研机构,为集群提供高质量的人力资源,突破集群共性技术难关,提高集群整体技术水平,提升集群在价值链中的位置。其次,政府要对区域内的专业化中介服务机构给予财政扶持,以促进产业集群发展。要支持商会、行业协会履行职责,使其在政府做不好、企业办不到的集群公共事务方面发挥越来越重要的作用,尤其是在应对国际市场和贸易规则方面为集群发挥导航作用。最后,政府还应该通过自身的形象催化集群升级环境。政府是否公开透明及其服务范围、服务质量和办事效率都直接影响到集群的效率和交易成本,也是影响投资者信心的重要因素。温州一些集群及核心企业的外迁既是资本趋利的注解,也是为地方政府在经济环境营造上敲响的警钟。

(3)市场监管。在现代市场经济中,政府本身的强制力和再分配能力,政府措施的权威性和普遍约束力,决定了政府是建立并维护与秩序有关的产权制度体系、市场法律体系和提供相应司法服务的最合适主体。地方政府应该通过市场运行的游戏规则对获取牌照的企业实施公平监督来强化社会的规则意识,以维护市场秩序。而现实中重审批(或者重认证、重登记、重许可)、轻监管的事例比比皆是,政府往往只有权力没有责任,由此产生行政惰性,或在利益掣肘下产生行政放纵与懈怠。事实上,一个区域的规则意识是降低经济环境不确定性的重要因素,直接影响着外源性资本是否进入地方产业集群,进而影响地方产业集群在全球价值链中的嵌入位置及其升级进程。温州的制造业集群中外资比例偏低与其区域的规则意识薄弱有着直接的关系,这也导致集群在较长时期内锁定在价值链的低端。

2.发展先进制造业集群①,培育并提高价值链战略环节的掌控能力

在全球生产网络框架下,温州制造业集群应该更加注重技术学习机制的完善,强化技术支撑与人才支撑,加快产业结构的演进步伐。

(1)强化集群技术学习,提高掌控能力。温州现有制造业集群的特点是以民营中小企业和技术层次中低为主、产品同构严重、市场占有率较高。而作为一个集群,在全球价值链竞争中,其优势归根到底是两种:成本领先和差异化。温州欠缺的就是差异化。笔者认为,要发展先进制造业集群,应该以具有比较优势的集群为基础,在保持成本竞争优势的同时,向差异型竞争优势转变,提高对价值链战略环节的掌控能力。要提高现有集群在价值链中的掌控能力,其根本途径是提高集群企业的创新水平,构建集群创新系统,有意识地建立和完善集群技术学习机制。一是充分依托集群环境,利用各种正式和非正式机制,从相邻的各种知识源获得所需知识,如竞争者、客户、供应商及公共科技部门等,不断扩充自身的技术知识基础。二是积极有效地获取外部知识源,吸收新知识来充实、提升原先薄弱的知识基础,增加产品技术附加值,如加入全球供应链、购买技术许可、企业联盟或合资、建立产学研联合体等。三是利用集群核心企业吸收外部知识,再在集群内部进行扩散。

(2)强化地方高校和科研机构的技术与人才支撑。根据区域比较优势理论,当不同区域之间资源的配置存在着差异时,产业势必会在效益高的区域形成集聚。效益高的区域往往是技术水平突出、人力资源丰富、创新能力强的地区,企业会有意识地在人力资源较密集的地区扎根,并逐渐形成制造业基地,这在先进制造业基地中会表现得更为明显。如美国的硅谷、北京的中关村,周围都有相当数量和实力的大学和科研机构作为其发展的

---

① 从集群的价值链竞争力视角看,先进制造业集群是指产业规模大、市场占有率高、技术创新能力强,能够掌握价值链战略环节的地方产业集群。

技术和人才支撑。在技术支撑上，通过对 2003 年浙江省科学技术奖的一、二、三等奖共 280 个奖项的主要完成单位进行统计，发现高校与科研机构（含部分职能机关）获奖的占 42.1%，企业获奖的占 34.3%，两者合作获奖的占 23.6%，涉及温州制造业集群的只有 7 项，仅为 2.5%，且均为企业独立完成[7]。由此可以认为，温州的地方高校和科研机构对当地制造业集群的技术支撑明显不足。在人才支撑上，地方高校尤其是职业技术学院与集群的互动较多，主要通过合作培训、教师兼职或下派锻炼与学生实习、企业员工兼职任教等形式进行。温州的制造业集群要沿着价值链攀升并进而掌控战略环节，产业工人的智力水平是关键因素，这也必然对地方的高职教育提出了新的要求。

（3）转移与承接并举，实现集群的"腾笼换鸟"。温州制造业集群相对于我国中西部而言较为发达，但在全球价值链中的位置和创造价值能力又处于微笑曲线①的谷底。加上温州的区位和土地等因素制约，"腾笼换鸟"势在必行，即转出部分已丧失比较优势和竞争优势、难以升级的集群，同时承接国际先进制造业集群。温州制造业集群在面临其他区域更低成本竞争时，集群式的转移是不可避免的，有的可能是集群整体性迁移，有的可能一分为二，留下的部分依靠建立差异化优势来提高竞争力，并逐步改造为在价值链中居于更高位置的新集群。与此同时，资本密集型和技术密集型的制造业已经成为国际产业转移的新趋势。2003 年，外商对我国制造业实际直接投资额占当年全部外商实际直接投资额的比重高达 72%，比 1998 年增长了 51.5%，主要集中在钢铁、化工、交通设备、办公设备、通信器材等产业。温州应该借助国际产业转移契机，充分利用集群经济来承接投资，发挥现有集群所形成的产业链、配套、信息和劳动力市场共享等方面的优势，实现传统优势集群与现代高新技术的有机嫁接。要重点选择产业链长、中间产品交易量大、迂回生产方式明显的集群，如电器、汽摩配、船舶等工业集群，优化外商投资结构，鼓励外商转让先进技术，强化外

---

① 产业价值链研究表明，附加值更多体现在设计和销售两端，处于中间的制造环节附加值最低，形成一条两头向上变曲的利润曲线，被形象地称为"微笑曲线"。

资的技术溢出效应,逐步实现从模仿创新到合作创新和自主创新的转变,培育先进制造业集群。

3.构建以企业为主体的科技创新体系,加强价值链管制

集群内企业的技术水平和研发能力,体现了企业竞争的最根本优势,居于价值链管理的中心地位。温州制造业集群如何顺应全球技术转移趋势,立足走基于技术能力的集群升级路径,构建起以企业为主体的技术创新体系,是加强价值链管制的关键。

(1)加大财政投入,带动企业投入,提高研发强度。2002年,我国研发经费总量为1287.6亿元,研发强度(R&D/GDP)为1.23%,处于相当低的水平,离进入技术创新阶段①还有很大差距[8]。2002年,温州研发强度仅为1.09%。根据国际成功经验,随着政府研发投入的增加和整体研发强度的提高,企业的研发投入积极性将得到空前的释放。一方面,温州地方政府要有高度的责任心,加大财政的研发投入,注重攻克产业技术瓶颈,解决集群共性问题。在研发经费资源分配上,应逐步加大高新技术的比例,但同时不能不考虑温州的制造业集群主要集中在传统产业的现实,一定时期的低技术创新也许更具实际意义。另一方面,要采取一些有效措施引导和带动企业的研发投入,如采取优惠政策促使大中企业建立日常化、组织化的研发机构;鼓励企业兼并科研机构,快速提高企业的研发能力;吸引社会资金,组建各类创业投资公司;通过建立担保机制和支持风险投资等联合手段,提高研究和创新的效率。

(2)突出企业的主体地位,构建技术创新体系。2005年,我国制造业500强的平均研发投入只占这些企业主营业务收入的1.88%,而同期西方发达国家的企业则高达8%—10%,这说明我国企业的研发投入比例过低。目前,温州在浙江省的科技地位与其经济地位是不相称的,截至2005年底,2004年底前批准创建的38家省级区域创新服务中心已有从业人员910人,其中科技人员680人,占从业人员的75%;中级及以上职称人员464人,占

---

① 技术性标志显示,研发强度低于1%,技术研发处于使用技术阶段;在1%—2%之间,处于改进技术阶段;超过2%,处于技术创新阶段。

从业人员的 51％；硕士及以上学历人员 89 人，占从业人员的 10％[7]。其中涉及温州制造业集群的只有 4 家，总人数不足，高学历人员比例偏低，如表 1 所示。如果行业协会可以联合高校共同组建区域科技创新服务中心这一类平台，既可以整合技术力量，又具有很强的研发针对性，那么将大大改善集群的技术能力。

表 1　温州制造业集群中的省级区域创新服务中心人员结构

服务中心名称及创建时间	总人数/人	技术人员/人	中级及以上职称		硕士及以上学历	
			人员/人	比例/％	人员/人	比例/％
永嘉泵阀业区域科技创新服务中心(2002)	12	9	12	100	0	0
苍南印刷包装业区域科技创新服务中心(2003)	7	5	1	14	0	0
鹿城鞋业区域科技创新服务中心(2004)	12	11	10	83	0	0
瑞安自动化设备制造业区域科技创新服务中心(2004)	9	7	7	78	2	22
合　计	40	32	30	75	2	5

地方政府要及时支持企业承担各级研发任务，改变目前研发力量主体在高校和研究机构的局面，解决研发和产业脱节的问题，构建以企业为主体的技术创新体系；要加强各种技术扩散平台建设，完善技术转移体系，使企业成为技术应用和受益的主体；要致力于形成自主创新的基本创新体系，改革科研院所，构建开放、流动、竞争、协作的科学技术研究和高等教育紧密结合的知识创新体系。

4.发展循环经济，提高集群竞争力

循环经济是传统经济模式转向可持续发展模式转变的战略性理论范式和全新尝试，将对价值链各环节产生巨大影响，是集群升级必须面对的问题。

（1）转变观念，增强可持续发展意识。随着工业时代走向纵深发展，经济极大增长,环境急剧恶化,人们对环境的认识也逐渐深化:从"先污染、后治理"到20世纪60年代的"防治结合、综合治理",再到20世纪90年代可持续发展概念的提出以及此后的循环经济。只有在循环经济理念下,源头预防和全过程治理才能真正替代末端治理,成为环境与发展政策的主流。在资源日趋匮乏、环境日趋恶化的今天,发展循环经济既是时代的迫切要求,也是集群升级的内在动力,尤其对于像温州这样的70%左右的原材料和燃料动力依赖外地供应的资源匮乏型城市更具意义。

(2)重视环境和社会成本,提高集群竞争力。在循环经济框架下,价值链中的采购、研发、生产、营销和服务等环节都会有不同程度的影响。例如,在研发上,目前,国外提倡生产的非物质化,就是尽可能以知识投入来替代物质投入,如利用互联网替代大量相应物质产品的生产,利用信息技术、生物技术、新材料技术、新能源和可再生能源技术及管理科学技术等减少物质和能量等自然资源投入。在生产上,循环经济最明显的影响就是增加了环境成本①因素。在这一框架下,如果集群内企业不能研制出环保、适用、先进的技术,企业就可能要付出高额的环境和社会成本,企业的利润就会降低,导致企业的竞争力下降,从而影响集群升级。因此,温州的制造业集群在升级过程中,需要牢固树立可持续的新发展观、集约式的新经济观、新型工业化道路的新生产观、废弃物再资源化的新消费观。

[参考文献]

[1] DICKEN P,KELLY P F,OLDS KAND YEUNG HW-C. Chains and networks,territories and scales:towards a relational framework for analyzing the global economy[J]. Global Networks,2001,(1).

[2] GEREFFI G,HUMPHREY J,KAPLINSKY R,STURGEON et al. Introduction:globalization,value chains and development[J]. IDS Bul-

① 环境成本是指产品生产制造过程中解决环境污染和生态破坏所需支付的成本,包括污染排放控制成本、三废处置成本、环境税、污染罚款、副产品处理费用等。

全球价值链视角下的温州制造业集群升级对策研究 ◎

letin,2001(32).

[3] SCOTT A J. Regional Push:towards a geography of development and growth in low-and middle income countries[J]. Third World Quarterly, 2002,23(6).

[4] SCHMITZ H. Global Competition and local cooperation:success and failure in the sinos valley,brazil[J]. World Development Special Issue on Industrial Clusters in Developing Countries,2000,27(9).

[5] HUMPHREY J,SCHMITZ H. How does insertion in global value chains affect upgrading industrial clusters? [J]. Regional Studies,2002, 36(9).

[6] 中共温州市委组织部,温州市人事局.温州人才发展战略研究[Z]. 温州,2003.

[7] 蒋泰维.2005 年浙江科技发展报告[M].杭州:浙江科学技术出版社,2006.

[8] 孙圣兰.美国研发经费投入分析及建议[J].中国基础科学,2005(2).

（原刊于《温州职业技术学院学报》2007 年第 1 期）

"侨贸"网络、跨国代工与企业国际化愿景

——温州民营企业国际化发展的纵向观察

任　晓

【摘　要】温州是中国大陆最先推进经济民营化的地区之一,温州民营企业的国际化经多年发展已初显成效。但由于"侨贸"网络的弊端以及偏重低端的代工模式,温州民营企业国际化正面临着新的挑战。必须从长期策略层面考虑,发展以跨国公司外包为主的加工贸易,才能实现温州民营企业国际化的可持续发展。

【关键词】温州民营企业;国际化;侨贸;国际代工;加工贸易

企业国际化是一个有着重要研究价值的领域,半个多世纪来,引起了大批学者的关注,出现了不少十分有影响的成果。但从理论提出的背景来看,几乎所有的研究均基于先进国的企业考察。在现今经济全球一体化融合态势之下,随着后进国的企业被国际化潮流不断卷入,早先的企业国际化理论便显现出了它的局限性。尤其是对后进国的企业国际化发展中出现的现象,无论是框架解释还是理论前瞻都出现了空白。温州是中国大陆最先推进经济民营化的地区之一,温州民营企业是后进转型经济国家中原生型企业国际化发展较成熟的代表之一。考察温州民营企业的国际化进程,初步分析普遍存在于温州民营企业国际化中的"侨贸"网络以及国际代工现象的形成、发展和长期趋势,对温州民营企业国际化的可持续发展具有重要的现实意义。

作者简介:中共温州市委党校温州发展研究中心主任,教授。

一、市场转移与"侨贸"网络

温州民营企业原初的国际化基本上是一种无奈的选择。20 世纪 90 年代以后,尤其是 90 年代后半期,虽然中国市场基本上由短缺向供求平衡逐步转变,但国内需求仍然严重不足。多数温州产品既没有足够高的技术含量,也没有品牌资源和分销系统,面对日渐微薄的单位加工收益,只能通过扩大生产规模来增加回报。市场萎缩与产能膨胀所导致的结果便是灾难性的产能过剩,这是当时温州民营企业普遍面临的困境。此时,寻找新的市场来释放过剩的产能是解决问题的关键。巨大的国外市场作为国内市场的替代性目标,成了手足无措的企业的最后希望。这一轮国内外市场的国际转换完全是受迫的结果,无意间,温州民营企业就是从这时候开始十分被动地完成了最初阶段的国际化努力。

可以说,寻找市场扩张的机会是温州民营企业国际化运动最为直接的动机,也是温州民营企业国际化发展最初阶段的动力所在。因此,绝大多数温州民营企业国际化的最初展开并不是有意的战略安排,而是因为受到国内市场挤压,受迫性地从国内市场转换到国际市场。如果企业国际化只是纯粹替过剩产能寻找释放空间,而不得不从国内市场"撤退"至较国内消费层次更低的国际低端市场的话,那么,国际化就成了企业消极回避竞争的权宜之计而不是有目的的战略安排。站在长期的立场分析,仅以终端商品市场份额扩张为导向的国际化即便能够取得暂时"成功",其结果也只可能是有市场份额却无市场控制力,难以出现有影响力的大企业。例如,2003 年,在全球市场中,温州的金属外壳打火机占 90%,剃须刀占 60%,锁具占 60%,太阳镜占近 50%,水彩笔占 30%多。这样的市场份额可能已接近顶峰,不易再增加。然而,温州产品在全球市场的高份额却与相应的影响力不对称,产品低端、价格低廉,所占市场份额比重很高但控制力很弱,可见市场风险依然很大。

温州民营企业进入国际市场的主要途径是"侨贸"。温州侨民遍布世界各地,这些移民或旅居海外的温州人与故土联系密切。在中国推行改革开放政策之后,在这种血地缘联结的平台上发展出一种沟通国内外经济的功能。遍布世界的温州人成了温州民营企业最直接的海外代理人。温州民营企业充分利用了这种独特的资源,成功地将这种特殊的人格化网络转换成拓展国外市场的有效手段。迄今为止,"侨贸"仍然是多数温州民营企业国际化发展所凭借的重要资源之一。

"侨贸"网络人格化属性也是它的优势所在,特殊而坚韧的信任机制降低了早期交易中的机会主义倾向,但这种人格化的网络关系对企业国际化的影响可能不全是正面的。一个企业在国际化进程中可能受到合作伙伴的影响,有时这种影响会阻碍企业的国际化。过分强调人格化网络关系在一定程度上可能会造成企业进入海外市场的某种"路径锁定"。囿于人际商业网络,企业的国际化可能只是空间地域上的国际跨越,却始终挣脱不开血地缘粘连下的人身依赖。

况且,一个倾向于自我封闭的内敛式商业群体相悖于国际化所蕴含的开放精神。国际化的本意就在于完成从文化制度到心理意识的国别跨越,企业需要的是快速融入异域陌生的非人格化交易方式中,而不是相反。温州人的人格化族群网络将温州人自我隔蔽于海外市场,它的空间伸展似乎更多地体现温州人群体分布的"国际化",而与真正的企业国际化背道而驰。没有充分的理由让人相信,人格化网络这种"低文本文化"的样式可以长久存在。这就是说,尽管企业可以将产品销往越来越多的国家和地区,但这与企业能不能成长为跨国企业毫不相关。相反,过于强烈的群体认同却会影响到企业的本地化融入,从而阻滞了企业的国际化推进。而且就长期而言,沿人格化商圈扩展的国际市场将随着可亲缘网络预期的收敛趋势而逐渐萎缩。

二、代工生产的效应

企业国际化通常表现为两种模式:代工模式和合资(作)模式。前者属于外向国际化,而后者则属于内向国际化。依据学者鲁桐和李朝明的国际化追赶模型,一般对于后发地区的企业国际化运动来讲,企业内向国际化应先于外向国际化发生,外向国际化是作为内向国际化充分发展的结果而表现出来的。然而,温州民营企业沿着与外方合资合作方面所展开的内向国际化进程长期不见进展,相反温州企业的代工生产却表现突出[1]。

　　无疑地,国际代工地位的确立表明,作为制造加工一方,温州民营企业在制造成本或加工能力方面具有相对比较优势。但在代工模式下,代工企业不直接面对终端市场,没有生产自主权、品牌、核心技术和原创能力,可能因此永久性地失去了确立自己在产品设计和品牌营销方面优势的可能。况且,制造加工的成本优势并不绝对,在经济全球化的今天,国际外包加工业务有很强的选择性。长期来看,代工地区的更替几乎是必然的。服装、鞋革、打火机、眼镜等传统"专业化产业区"虽然有着明显的柔性生产方式的优势,但这些带有强烈地域根植性的"专业化产业区",也会造成产业的地域封闭性和产业谱系的相对狭窄。而长时间地以"工厂化"模式换取微薄的加工附加值则会导致产业的低端锁定,进而延缓了整体产业的结构性升级。其结果可能是产业整体性深陷于低附加值的传统产业而丧失升级能力。而国际代工模式对成本的高度敏感性也使跨国外包业务难以长期稳定,进而导致现今后发地区常见的所谓"无根产业"或"飞地经济"。因此,如果不予重视,精致的柔性加工优势很可能反而成了套在企业国际化脖子上的绞索。另外,代工订单的内容主要是一些技术水平较低的劳动力密集型消费品。与外商直接投资(FDI)的方式不同,代工过程只是简单的重复,不能带来更多的学习机会以提升制造技术能力。从温州的主要出口产品角度看,皮鞋、打火机、眼镜、电工电器等制造业的国际化介入方式多属技术简单的低级重复加工,附加值普遍偏低,尤其是缺乏高技术附加产品。由于这些类别的加工制造业本身不具有技术密集性,因而产品的技术延展空间有限。正如Vernon[2]早已指出的那样,当产品趋于极端成熟之后,厂商之间的竞争就会从技术创新转移到降低成本上,因而完全可能发生生产外移到低劳工成本后进地区的结果。

　　颇多迹象表明,温州民营企业产品由低价直接表现的竞争力面临着诸多挑战。企业在海外市场上强烈地感觉到来自商品输入国本土竞争对手的排斥,这种压力正经常性地演变成各类防不胜防的针对性不友好行动,如频繁的反倾销诉讼和制裁。从长远来看,产品将很难在世界贸易组织框架内长期保持和倚重价格优势。近些年的统计数据表明,温州的服装、皮鞋在发达国家市场中的份额增速逐渐减缓。另外,价格竞争是一把双刃剑,出口廉价产品的背后代价不菲:恶劣的工作环境、苛刻的用工制度、微薄的劳力薪资、紧张的劳资关系等。但是,多数情形下这种隐性代价并不直接表现出来。

三、温州民营企业国际化可持续发展

从温州民营企业国际化最初目的、路径和参与方式来看,就国际化起点而言,虽然与一般企业国际化理论所提及的情形相去甚远,但实际上,无论是国内外市场转换、"侨贸"商圈还是国际代工,它们的确都是今日温州民营企业得以参与国际经济循环的前置条件。

然而,这并不意味着温州民营企业可以借此持久发展。相反,从商业史领域的研究来看,企业行为的历史性演变并无借由人际网络而发展成繁荣商业经典的先例。Chandler[3]从 19 世纪 80 年代以来欧美先进国家现代工业大企业兴起的历史中发现,所有那些令人尊敬的跨国企业在成长阶段几乎都具备同一特质——从自己专注的某个分工环节跳出来,通过整合研发、生产与行销来扩大规模,而不是依赖其他企业完成这些内容,更不会长期地囿于国际代工。

相比之下,温州民营企业国际化推进的轨迹与国内其他地区的企业所走的国际化路径完全不同,少见 FDI,对外贸易总额中一般贸易所占份额大大超过了加工贸易。从形式上说,温州民营企业国际化的发展采取了类似出口导向的策略,不过又与日本和韩国企业走的出口导向国际化道路不完全相仿。如标准的出口导向国际化战略目标强调占领国际市场制高点,塑造了国际化企业和世界性品牌,但从现状来看,温州民营企业似乎对如何以低价产品谋求市场份额更感兴趣。出口导向战略的本意在于利用相对廉价的生产要素先行进入国际市场,借国际化契机迅速提升竞争能力。而温州民营企业与之相悖,早年以低价产品冲开国际市场后,埋头价格竞争,不见整体竞争能力强大。不像当年的日本或韩国企业,先经由出口导向迅速成长起来,再将利润较低的加工环节外包给其他加工成本更低的地区。温州的商贸一直以来以利润稀薄的低价产品为主,随着市场竞争激烈程度的加剧,为维持所得,企业不可能让出加工利润给其他代工企业。换句话说,作为一种

普遍的状况,温州民营企业几乎必须将加工环节整合才有机会获利。

因此,从策略上分析,就先进发达国家市场而言,温州民营企业应注重更细分的市场,专注于那些跨国企业尚未涉足或差距较小的产业,通过长时间的坚持和努力来打造制造专业化深度,实现委托设计生产(ODM)乃至自有品牌营销(OBM)的可能性。至于早年已进入的那些后进发展中国家市场,则应适时适当地退出。这些市场多半所得低、成长慢且整合性差,市场开发成本高,无法提供经营上所需之规模经济,难以成为温州民营企业向更高级代工模式跨越的跳板,却可能因为长期以满足低端市场需求为目标,专事廉价低级产品生产而导致产业结构性陷于初级锁定。

从长期的策略层面考量,温州民营企业要实现国际化的可持续发展,应从以下几个方面努力:

第一,实现贸易投资国际化。以积极追求欧美主流市场份额为国际化动力,以实现全面的贸易投资国际化为战略愿景,改变为回避国内竞争而被动向国外低端市场转移的消极姿态。

第二,代工模式必须谋求升级。如果长时间滞留于贴牌生产(OEM)而不能向 ODM 和 OBM 跨越,温州民营企业会因为无法直接面对终端市场而丧失真正国际化的机会,企业的技术能力和行销能力将难以提升,更遑论自主知识产权与世界品牌。

第三,重视海外贸易在地化实现。应突破海内外温州人商圈贸易的人格化封闭,架构温州民营企业与作为输入方的当地企业的多元联系。尤其要强调与所在地企业建立生意上的往来,这种意向有时需要刻意为之。应在投资性贸易国际化中寻求更大的进展,加深海外企业与本土企业之间的技术经济联系和产业前后联系,同时也能够借此绕开日益频繁的贸易磨擦。

第四,发展以跨国公司外包为主的加工贸易。跨国公司拥有全球性的产销网络,融入这些巨大的纵横交织、无所不包、无处不在的全球网络体系,能够使温州民营企业在生产技术、工艺流程、企业管理、员工素质、质量控制、生产效率等方面迅速达到国际同行业的要求和水准,全方位缩小与先进国企业的差距。这对于因为缺少技术支撑而可能被边缘化的温州民营企业来说十分关键。

第五,重视吸引 FDI 发展转口加工贸易。在经济全球化的推动下,后进国的企业与先进的跨国企业被共同卷入全球供应链,越来越深地参与全球分工。加工贸易是将本地低成本的产能优势与发达国家资本技术优势相结合的最有效的方式之一。加工贸易也适应了国际分工从产业间分工为主转变为以产业内分工为主的趋势。随着加工贸易规模的扩大和产业链向上下游环节的延伸,本土产业将有更多的机会被纳入到加工贸易引致的国际生产活动中,从而获得不断提高产品技术含量和附加值的机会。温州民营企业应从简单地要求推进产业升级转变为推进产业链条的升级。可通过精心设计的政策配套,创造一个有利于发挥比较优势的投资环境。另外,为鼓励加工贸易发展,政府应在加工贸易政策方面予以特别的支持。

综上所述,民营企业的快速健康发展是中国改革开放以来经济制度层面成功转型的亮点所在。在许多竞争性行业,民营企业不仅在国内市场表现突出,而且在海外市场同样颇具竞争力。就温州民营企业来说,海外贸易起步较早,企业国际化经多年发展已初显成效。然而置于经济全球化下考量,今天温州民营企业的国际化依旧要面对很大的挑战,从国际产业分工定位到企业竞争能力等许多方面的问题都有待突破。今日经济全球化下的竞争强调的是民营企业全球产销网络的植入与镶嵌的可能,企业国际化发展的能力大小将最终关系到民营企业能否持续经营,关系到温州民营企业能否走出被全球日趋整合化的生产贸易体系所逐渐边缘化的阴影。

[参考文献]

[1] 鲁桐,李朝明.温州民营企业国际化[J].世界经济,2003(5):55-63.

[2] VERNON R. International investment and international trade in the product cycle[J]. Quarterly Journal of Economic,1966,80(2):190-207.

[3] CHANDLER A D. The United States:evolution of enterprise [M]//MATHIAS P, POSTAN M M. The cambridge economic history of Europe. London:Cambrdige University Press,1978:70-133.

（原刊于《温州职业技术学院学报》2008 年第 2 期）

温州改革开放 30 年的经验与启示

林孟清

【摘　要】改革开放以来,温州取得了令人瞩目的巨大成就。本文系统总结 30 年来温州经济社会发展的经验,对于温州全面落实科学发展观,构建和谐温州具有重要意义。本文从 7 个方面对温州改革开放 30 年的经验做了总结。

【关键词】温州;经济社会发展;经验启示

温州改革开放的 30 年,是经济发展实现新跨越的 30 年,是社会面貌发生深刻变化的 30 年,是人民群众得到实惠最多的 30 年。巨大的成就、辉煌的历史,必然蕴含着宝贵的经验。这些经验与启示,归纳起来主要有 7 个方面。

一、大力发展个体私营经济和混合所有制经济,构建充满活力的所有制结构

自 20 世纪 70 年代末始,温州各级党委和政府在实践中大胆突破单一公有制经济结构,放手发展个体私营等民营经济,培育充满生机与活力的市场主体,使民营经济从无到有、从小到大、从弱到强,成为推动全省经济发展的重要力量。在 20 世纪 80 年代,温州冒出了一大批个体私营企业。广大群众还创造了联户经营、挂户经营、合伙经营、合股经营、股份合作等新形式。

作者简介:温州大学马克思主义研究所教授。

1992年,邓小平南方谈话和党的十四大以后,温州加快了企业转股份化、公司化、集团化的进程。1997年以后,温州又积极探索公有制经济多种实现形式和途径,发展多元所有制企业。同时鼓励非公有制企业参与国有企业改造,大力发展股份制和混合所有制,使多种所有制经济各展所长、共同发展,并积极引导个体私营企业进行制度创新,进一步壮大了市场主体。一些大型民营企业,通过股份制改造,吸纳社会法人和个人资金,建立了开放的多元化的产权结构和法人治理结构,实行了产权制度的创新,正在向现代企业制度迈进。

经过30年的发展,温州一大批适应市场经济发展的多种形式的市场主体的培育,深刻地调整了社会所有制结构,也有效地调整了企业组织结构和产权结构。目前,全市有个体工商户23.7万户、私营企业4.4万家,非国有经济的工业产值占全部工业总产值的96%,上缴的税收占全市财政收入的75%,外贸出口额占全市外贸出口总额的95%,从业人员占全市企业职工总数的80%左右。在对国计民生影响重大的金融、通信、电力、交通和水利等领域,国有或国有控股企业日益壮大,对经济发展的推动作用日益凸显[1]。由此可见,温州在逐步调整所有制结构、探索公有制经济多种实现形式和途径中,走出了一条具有鲜明区域特色的路子,奠定了温州经济充满活力的微观基础。

二、大力促进市场体系的发育,确立富有效率的经济运行机制

温州经济快速发展的一个重要原因,就是大力培育完善的市场体系。其中,专业市场、民间金融市场在企业组织形式的演变和区域经济的发展中起到了重要的作用。

改革开放初期,温州各地专业市场蓬勃兴起并快速发展,较快地形成了覆盖面较广的各类商品市场和生产要素市场,使市场成为区域经济发展中资源配置的主要方式。1986—1996年是专业市场发展的鼎盛阶段,专业化程度也越来越高。温州人在发展市场的实践中尝到了"建一方市场、兴一个产业、活一片经济、富一方百姓"的甜头后,市场得到不断拓展与迅速发展,专业市场数量和市场交易额大幅度提高。专业市场的迅速发展,不仅

有力地促进了当地农业、工业的发展,同时也带动了第三产业的发展,加速了小城镇的兴起与发展,增加了地方财政收入,成为经济稳定发展的重要保证。

资本、劳动力、技术、土地等生产要素市场蓬勃发展。在温州的生产要素市场中,民间资金市场和信息市场是最先形成的。各地积极发展农村金融合作机构,探索并逐步规范民间信贷市场。他们根据中小企业的特点,形成了灵活、高效的信贷机制,成为当地个体私营企业融资的主渠道。在 20世纪 80 年代初,信息市场在温州就已形成,随着外出务工经商的温州人的逐渐增加,以及信息收集、分析、传输手段的现代化而不断发展。

在 20 世纪 80 年代中期以后,由于流入温州的外地民工日益增多,全市各种职业介绍机构发展迅速。遍布全市城乡的职业介绍网络,不仅为农村富余劳动力和城镇下岗失业人员以及新增劳动力提供了就业渠道,而且吸收了数以百万计的外来劳动力。与此同时,全市建立了各类技术交易机构,组织了多次技术交易会,把技术作为商品进入市场,为温州民营企业提供技术、管理、信息服务。尤其是自 1990 年温州市政府提出"科教兴市"以来,先后颁布了有关技术市场的地方性法规,而后又陆续出台了一系列促进技术贸易的政策,加强技术合同仲裁机构建设,保护知识产权。各种技术交易展览会、洽谈会、信息发布会也频频举行。

自 20 世纪 90 年代以来,包括土地使用权转让、土地批租、房地产开发、房产交易等在内的房地产市场在温州蓬勃兴起,盘活了土地和房产,筹集了巨额资金,促进了房地产业的大发展。今天,无论是企业用地、商店和办公室出租,还是小城镇建设、旧城改造、房地产开发、商品房出售,在温州都以市场方式进行。与此同时,包括证券交易、企业兼并、股权重组、资产拍卖等在内的产权交易市场也获得快速发展,为企业的优胜劣汰提供了规范化的市场渠道。

经过 30 年的发展,温州已形成了较完整的市场体系,各类商品市场繁荣活跃,信息、技术、资金、劳动力、人才等要素市场配套齐全,为温州经济的持续发展提供了保证。

三、自觉实现政府角色转换，创优发展环境，激发生产要素优化聚集组合

温州经济的发展，是广大人民群众奋力拼搏的结果，但也与各级党委和政府的积极有为是分不开的。为与市场主体和市场机制相适应，并对它们起促进作用，温州各级政府自觉实现角色转换，自始就把自己定位在4种角色上：

1. 民营经济发展创新的保护者和支持者

早在改革开放之初，温州就出现了个体户经营、雇工经营、合伙合作等经济社会现象。当时，国家对个体私营经济的政策尚不明朗，社会上对个体私营经济，对雇工、个体老板都有许多看法，甚至有严厉的批评和责难。在这种社会政治压力下，温州政府不从本本出发，不唯上是从，不消极观望，更不明哲保身，而是顶住压力，尊重群众的首创精神，为"草根经济"发展提供尽可能宽松的环境。1978年，温州市政府颁发了全国第一个《私营企业管理暂行条例》，确认"挂户经营"的合法性，默许农村民间融资市场的发展，并给股份合作企业戴上集体企业的"红帽子"。这些在政治上冒风险的举动，很好地保护了刚刚产生不久的个体私营企业，加快了孵化和发展民营企业的步伐。

2. 经济社会发展的促进者

1982年，温州市市委、市政府在袁芳烈主持下召开了温州农村专业户和重点户代表参加的"两户大会"，明确宣布了发展商品经济的鼓励措施。1987年，在姓"资"姓"社"问题还争论不休的情况下，温州各地就大胆确立非国有投资在投资计划中的地位；邓小平南方谈话之后，温州抓住机遇，出台政策引导民营企业向工业园区集聚。从1987年开始，温州市党政部门又先后出台了8个地方性规范性文件，对发展非公有制经济提出"四个不限""六个平等"，为商品经济发展提供政策性支持，从而在全市进一步形成适合个私经济发展的氛围。20世纪90年代中期，在温州经济尤其是民营经济的发展面临自身结构严重制约的紧要关头，温州市政府一方面审时度势，帮助企业进行自身产品结构、技术结构、组织结构的改造更新和升级，在企业

用地、信贷、投资、税收等方面予以保护支持;另一方面加强引导管理,提出"质量兴市、科技兴市、立法治市"和"名牌温州""诚信温州"的口号,下大力气抓产品质量,制止无序竞争。如果没有政府强有力的介入,温州私营企业难以有今天的高质量发展。

3. 企业和公众所需公共服务的提供者

温州市各级政府抓住群众呼声最强烈的审批制度作为政府职能转换的突破口,大刀阔斧改革审批制度,科学设置审批事项,简化审批程序,规范审批行为,推广政务公开,让权力在"阳光"下运行。2003 年,在温州机关各部门蓬勃开展了一场以硬措施改善软环境、以软环境促进硬发展的"效能革命",积极解决群众反映强烈的热点、难点问题。此外,政府通过采取行政化和市场化相结合的办法大力推进基础设施建设,交通运输、水利电力、市政设施等与人民群众生活生产密切相关的公用事业大有改观,人民群众生活的便利程度有了很大的提高。同时,政府主持实施"数字温州""信用温州""平安温州"等工程。目前,覆盖全市各县市的政府"服务网",如信息网、人才网、资金网、技术网、安全网等已经基本建立,政府为企业的生存发展创造了资金、人才、技术等生产要素集聚的新高地和一个公开的、稳定的、可预期的发展环境。

4. 社会弱势群体的保护者

温州市政府通过执行中央政策,制定适合地方特殊性的社会保障措施,努力构建社会成员迫切希望的生活工作"安全网",为社会弱势群体提供保护。自 1983 年始,在全民所有制和集体所有制企业推行养老统筹制度。1989 年,温州市率先推行全社会养老保险和职工待业保险政策。1991 年,颁发《温州市企业职工社会养老保险暂行条例》,率先实行一体化社会养老保险、失业保险、工伤保险和住房制度改革、住房公积金制度,形成了有效的社会保障体系,为本地产业结构的调整、劳动资源的优化配置创造了一个良好、公平、宽松的社会环境,为市场化改革提供了必要的保障。

四、充分发挥比较优势,打造区域性块状经济,不断推进产业升级,形成经济优势

温州的民营经济是块状经济。这种区域性块状经济,具有高度的社会化分工和专业化协作的产业体系,形成了温州企业的群体规模、技术和资金等生产要素的集聚优势,以及产品质优价廉、款式新颖的巨大竞争优势。

1.以小商品为基础,形成小商品、大市场,低成本、高效益的比较优势

温州经济总量不小,但生产的大都是与人民群众日常生活、工农业生产息息相关的不起眼的小商品,如纽扣、袜子、皮鞋、眼镜、打火机、编织袋、标牌徽章等。由于产品定位符合农村工业的生产力水平,适应市场需求,因而市场占有率很高,小商品做出了"大文章"。如今,温州已是全国最大的小商品生产基地。

2.以中小企业为主体,形成小企业、专业化、大协作的集聚效应

温州中小企业尤其发达。中小企业创办容易,管理成本低,但受资金、技术和人才的限制,势单力薄,竞争力弱。从这一实际出发,温州中小企业通常不搞小而全,而是围绕各种主导产业和产品,形成了高度社会化分工和专业化协作的产品群、产业群和行业群。如柳市电器、桥头纽扣、永中阀门、塘下汽摩配件、鳌江塑编、龙港印刷业,服装、打火机、灯具、鞋革、制笔等产品都形成了相当规模的生产、销售基地,初步形成了块状经济。柳市低压电器行业聚集了正泰集团、德力西集团和天正集团等明星企业,它们的周围拥有数百家协作企业。这些企业形成了以市场交换为纽带的企业群体,有力地推动了区域特色经济的发展。

3.以区域特色产业为支撑,形成小资本、大集聚的整体竞争优势

温州农村工业化的典型方式是从"一村(或乡、镇)一品"起步,就近建立专业市场。生产者之间相互模仿,生产技能和市场信息快速传递,使这类产品的生产像滚雪球一样越滚越大,最终形成了一个个产业集群。经过一次次产品档次的提升,主导产业不断壮大,构成了"小资本、大集聚"的区域特色产业。区域特色产业在温州经济发展中具有举足轻重的地位。同时,温州各级政府不失时机地提出了加快推进城市化战略,强化中心城市功能,积

极发展中小城市,择优培育中心镇,发展各类经济开发区、特色工业园区和工业小区,引导企业、人才、技术、资本向中心城市大规模有序集聚。

温州把小城镇与专业市场、工业园区建设有机结合起来,形成专业化分工、社会化协作的企业群体和特色产业集聚区,有效地促进了镇级产业从多样化转为特色化,形成了"小企业、大群体,小商品、大市场,小产品、大产业"的发展格局。区域块状经济把成百上千甚至成千上万的中小企业集聚起来,产生了意想不到的外部规模效应。

五、激活文化基因,弘扬温州精神,发挥文化力作用,不断增强综合竞争的软实力

改革开放的伟大实践,全面激活了温州人的文化基因,形成了"敢为人先,特别能创业"的温州人精神,哺育了温州人特别能适应市场经济的思想观念和行为方式,最终转化为温州经济发展的强大的物质力量。

1."义利并重"的价值观念和"工商皆本"的文化传统,孕育了温州人的经商意识和务实性格

早在南宋时期,以叶适为代表的温州"永嘉学派"提出"农商并举、义利并重"的观念,提倡功利实用。其功利、重商思想,不仅在当时影响很大,而且长远地影响着温州人的思想和行动,奠定了温州人重实际、讲实利、求实效的重商民风,使温州人有着精明的商业头脑与务实的群体性格。改革开放后,历史上重商的传统民风迅速发扬,温州人自谋生路,走南闯北,寻求商机,开拓市场,乃至跨出国门去参与国际竞争。

温州人的务实观念使他们踏踏实实地从小事做起,一步一步创业。他们凭着几十、几百元的本钱起家经商或合伙办厂,一分一厘地赚钱。在发展的初期阶段,即便是那些利润小、劳动强度较大的产品和行业,如纽扣、饮食、修理、制鞋、理发、服装等,温州人都胼手胝足,低成本启动,薄利多销起步,不断整合,积极拓展,最后取得规模效应,得到发展。温州农民的"第一桶金",是靠带着"五把刀子"(剪刀、劈刀、剃刀、螺丝刀和菜刀)走南闯北,从缝纫业、皮革业、理发业、修理业和餐饮业中淘出来的[2]。

2. 先天不足的资源条件和人口密集的生存压力,造就了温州人的自强意识和拼搏精神

到了改革开放时代,这种自强意识和拼搏精神就迅速转为自强不息、坚韧不拔、四海为家、顽强拼搏的创业实践。一代又一代的温州人,背起行装,走南闯北,漂流海外,从事各种别人瞧不起的艰苦行当。从擦皮鞋、弹棉花到裁剪衣服、经营针头线脑……他们走异乡,闯四方,闯中国,还走出国门去闯荡国际大市场,使温州边际收益达到极值。

温州人普遍不把致富的希望寄托于别人的扶持,不等待国家的特殊优惠政策,而是始终相信自己,依靠自己的努力。找不到国有企业的"铁饭碗",就办乡镇企业和个体私营企业,自己造一个"泥饭碗";农民没有城镇户口,进不了城,就集资建一个农民城;城里国营商场不卖温州产品,就把国营商场的柜台租下来自己卖;国家银行不给贷款,就创办信用社、基金会,发展民间金融,实行利率浮动,自己给自己找资金;传统观念认为的只能由政府投资管理的民航、铁路、城市基础设施以及教育等重要的公共产品和服务,在温州也主要依靠民间资金的投入并采取企业化运作来建设和管理。

温州人的自强意识和拼搏精神,在遇到困难时表现得更加突出。温州职工下岗失业,也是不找市长、找市场。在自立自强的奋斗中,温州人学到了"无中生有"的本领。龙港镇、宜山镇不产棉花,也没有什么纺织大企业,却成了再生布产品的生产基地;水头镇、郭溪镇畜牧业并不发达,却成了全国最大的猪皮革、牛皮革生产基地;温州没有汽车、摩托车类的生产企业,而瑞安塘下镇却成了全国四大汽摩配生产和销售基地之一。如此种种,被一些专家称为温州的"零资源现象"。

3. 对外交往的悠久历史和多样文化的相互激荡,塑造了温州人的开拓精神和创新意识

温州靠山临海,兼具内陆文化和海洋文化的特点,这种多样性的地理环境塑造出了温州人既有山里人吃苦耐劳、顽强拼搏的韧劲,又有滨海人勇于开拓、敢于冒险的胆略。温州在历史上曾 3 次被辟为对外开放口岸。悠久

的对外开放历史,有助于温州人开阔眼界,形成创新意识。

温州人作为一个富有创新精神的群体,其创新之举是有资料记载的,远溯可到南宋的拍卖行为,近举可指 20 世纪 50 年代中期的"包产到户",乃至后来全国闻名的以家庭工业、专业市场、农民购销员和小商品生产、小城镇建设为特点的温州商品经济。温州改革发展的历程,就是经济发展和体制改革结合创新的过程。在第一轮改革大潮中,他们就创造了许多"全国第一":全国第一批发放个体工商执照,全国第一个制定私营企业条例,全国第一个制定股份合作制企业法规,全国第一个金融利率改革试点城市,等等。正是这些创新,为温州的发展提供了源源不断的动力。

六、坚持以经济建设为中心,全面推进经济、政治、文化、社会全面发展

温州经验的重要一条,就是毫不动摇地以经济建设为中心,依靠经济的持续快速增长,为推动社会全面发展建立社会保障、及时化解社会矛盾,奠定了坚实的物质基础[3]。同时把科学的发展观贯穿于建设"三个温州"、实现"三次跨越"的全过程。

1. 坚持城乡联动

一是坚持和巩固农业的基础地位,切实抓好确保粮食安全和增加农民收入两大主题。二是大力发展农村的第二、第三产业,加快工业化进程;坚持依托城区和县城相对集中办工业,走新型工业化道路。三是积极推进城市化,切实保护农民的基本利益。

2. 坚持区域联动

温州市政府以实现共同富裕为目标,以市场配置资源为基础,建立起发达地区与欠发达地区的良性互动机制,在更高要求上实施"139 富民攻坚计划",加快欠发达地区发展。依托县城、中心镇和各类产业园区,积极组织和引导群众下山脱贫;引导欠发达地区农民走出去,大力发展劳务经济;进一步加大引导和扶持力度,增加财政转移支付,优先考虑欠发达地区的项目安排和交通、电力、通信、供水等基础设施建设。深入实施"百万

农村劳动力素质培训工程",改善欠发达地区发展条件,从根本上挖掉"穷"根,促其早日实现脱贫致富;深入实施"百亿帮扶致富""山海协作""欠发达乡镇奔小康"工程,引导发达地区加强与欠发达地区的合作,坚持部门挂钩帮扶、发达地区对口帮扶、企业结对帮扶制度,加快建立适应社会化帮扶要求和市场化运作规则的双赢机制,促进少数民族地区、革命老区和海岛地区加快发展。

3. 坚持经济社会联动

温州在注重经济建设的同时,更加自觉地积极推动经济、政治、文化和社会全面发展。大力实施民生工程,深化"平安温州"建设,加强"文化大市"建设,推进"法治温州"建设,搞好"生态大市"建设。

七、加强党的执政能力建设和先进性建设,实现好、维护好和发展好人民群众的根本利益

在发展社会主义市场经济的过程中,温州各级党委坚持党要管党、从严治党的方针,大力加强党的执政能力建设和先进性建设,不断开创党的建设工作新局面。

在具体实践中,温州突出抓好了以下几个方面:一是加强党员的思想建设。坚持用中国特色社会主义理论体系武装党员干部头脑,同时突出抓好党员干部理想信念、宗旨观念、服务意识等教育,不断提高党员干部的思想政治素质。二是加强各级领导班子建设和干部队伍建设。努力建设善于领导、善于科学发展、善于开拓创新、善于团结干事的坚强领导班子。三是加强党内民主建设。尊重党员主体地位,推行党务公开,健全党的代表大会制度,探索扩大党内基层民主的多种实现形式,以积极的态度推动加强党内民主建设各项措施的落实。四是把握好选人用人的原则。在导向上确立选用能干事、干实事、干成事,能解决实际问题的人,在途径上坚持民主、公开、竞争、择优,在机制上建立一套符合科学发展观要求的考核评价任用体系,不断提高选人用人公信度。五是进一步加强党管人才工作。打造人才开发平台,创新人才开发机制,为经济社会发展提供人才支撑。六是切实加强基层党建工作。坚持不懈地加强基层组织建设,以"三级联创""三项创建"等活

动为载体,不断提高农村各级党组织发展农村经济、带领群众致富的能力和水平,为新农村建设提供组织保证。七是健全完善惩防体系,扎实推进党风廉政建设。深化惩防体系建设,落实党风廉政建设责任制,细化工作目标,明确责任分工,狠抓工作落实,全面推进惩防体系构建工作[4]。

温州的一条重要经验,就是在一个民间力量高度活跃、人民群众的创造性实践层出不穷的地区,党的各级组织和各级领导充分尊重人民群众的意愿和首创精神,从解决人民群众最现实、最关心、最直接的利益问题入手,努力达到权为民所用,情为民所系,利为民所谋,把立党为公、执政为民的要求,全面落实到制定和实施方针政策的工作中去,落实到各级领导干部的思想和行动中去,落实到关心群众生产生活的工作中去。在帮助解决实际困难和问题的过程中,在破解"三大难题"(产业低、小、散难题,招商引资难题,欠发达地区发展难题)、打好"三场硬仗"(基础设施建设硬仗、创建文明城市硬仗、维护社会稳定硬仗)中,切实担负起新一代共产党人的历史使命,把温州的各项事业不断推向前进。

温州改革开放 30 年取得辉煌成绩的 7 个方面,归结到一条主线,就是温州广大干部群众在中国特色社会主义理论体系的指引下,在党的领导下,从实际出发,以市场为导向,以改革为动力,以"温州精神"为支撑,创造性地走出了一条具有时代特征、中国特色、温州特点的发展路子。尽管温州在前进道路上仍然面临诸多困难、问题和挑战,但我们相信,在党的十七大精神指引下,在科学发展观的统领下,温州人民必将一如既往地克难攻坚,锐意改革进取。温州,必将一如既往地充满生机,充满活力,充满希望! 温州的经验、面临的问题和解决问题的思路及办法,同样很值得总结、学习和借鉴。

[参考文献]

[1] 金浩,王春光.温州经济社会形势分析与预测[M].北京:社会科学文献出版社,2008:3.

[2] 中共浙江省委宣传部课题组.浙江经济社会发展活力探源[J].浙

江社会科学,2003(3):3-11.

[3] 中国社会科学院《浙江经验与中国发展研究》课题组. 浙江经验及其启示[J]. 今日浙江,2007(4):15-16.

[4] 王建满. 推进科学发展构建和谐社会为我市实现第三次跨越而努力奋斗[EB/OL]. (2007-03-13)[2008-11-01]. http://news. QQ. com.

（原刊于《温州职业技术学院学报》2009 年第 1 期）

企业社会责任与竞争力互动研究

——以温州民营企业为例

李　健

【摘　要】企业自觉履行社会责任,既是构建和谐社会的客观需要,也是自身持续健康发展的内在要求。企业履行社会责任能有效提升其竞争力,二者之间相互支持、相互影响。强化企业社会责任与竞争力互动,把社会责任纳入企业战略发展规划,是温州民营企业赢得竞争优势的必由之路,但在实际操作中不同的行业、不同的企业需要采取不同的方法和策略。

【关键词】企业社会责任;竞争力;民营企业;绩效

伴随经济全球化的发展,商业道德、社会责任已经成为提高企业竞争力的重要因素,企业的发展不仅要关注经济指标,而且要关注人文指标、资源指标和环境指标[1]。在民营企业发展的不同阶段,因其所处的外部社会环境不同,企业对社会责任的认知和履行情况是不尽相同的。同样,企业社会责任与竞争力互动的程度也因民营企业的特点而有所不同。在民营企业初创期,其目标是生存,多半只有履行内部责任的能力,不能去追求战略责任;到了成熟期,民营企业履行社会责任的能力可以达到最高峰,即战略责任和道义责任的边界。民营企业应该有与其发展相适应的履行社会责任的行为。温州是中国民营经济的发祥地,温州民营企业在经历了资本的原始积累和资源的优化整合阶段之后,有条件实施社会责任与竞争力互动战略,把追求经济效益与履行社会责任有机统一起来,从而提高民营企业竞争力。

作者简介:温州大学商学院教授。

一、国内外相关研究回顾

在国外,许多学者进行过相关研究,半数以上的实证结果证实,企业社会责任与企业绩效之间在一定程度上呈正相关关系,特别是那些以会计指标衡量企业绩效方法的实证文献。如 Moskowitz 选择 67 家公司对其社会责任表现进行赋值,研究发现,社会责任水平越高的公司其平均股票回报越高,二者呈正相关[2]。Cochran 和 Wood 在控制企业资产的持有年限后发现,以会计基础计量法计量的企业财务绩效与社会责任呈正相关[3]。Sturdivant 和 Ginter 选取 Moskowitz 所用的 67 家公司中的子样本与行业平均水平进行比较,并按 Moskowitz 的方法将企业社会责任分为"优秀""良好"和"最差"3 个等级,研究发现,社会责任为"良好"的公司财务绩效最佳,而社会责任为"优秀"的公司财务绩效一般[3,4]。

在国内,相关研究起步较晚,研究领域的深度和广度都不及国外,但也有学者进行过研究层次较高的实证研究。沈洪涛以 1997—2003 年沪深股市非金融行业的 A 股公司为样本,设置社会责任、市场业绩、会计业绩、公司风险 4 组研究变量,控制公司规模、行业、地区和年份,研究发现,当期公司社会责任与财务业绩呈显著正相关[5]。陈玉清和马丽丽抽样分析我国沪深股市上市公司的社会责任会计信息披露现状,设置社会责任贡献指标体系,研究发现,公司的社会责任贡献与公司价值呈不相关,但不同行业之间的差异显著[6]。刘长翠、孔晓婷分行业随机选取沪深股市 20％的 A 股上市公司为样本,研究发现,企业的主营业务收入增长率、资产负债率与社会责任贡献率呈不相关,但净资产收益率与社会责任贡献率呈显著正相关[7]。李宏旺对海尔集团、莲花味精等 10 家上市公司财务报表进行分析,以企业社会贡献率指标代表企业承担社会责任的水平,以资产利润率作为企业经营绩效的衡量指标,通过这两个指标间相关性的分析,说明企业承担社会责任与其经营绩效间的相关关系。样本的选取采用不重复抽样的方法进行。实证分析的结果表明,企业所承担的社会责任与其经营绩效之间确实呈显著相关关系[8]。越来越多的企业实践和众多的研究成果充分说明,企业承担的社会责任与其经济绩效呈正相关关系,而不是完全像传统经济学理论所认为的会加重企业负担、影响企业利益,企业完全可以将社会责任转化为实实在在的竞争力[9]。

在市场经济条件下,民营企业的社会责任是一个崭新的课题。即使在管理科学的研究中,这个概念也是一个年轻的研究领域。到目前为止,在这个领域上的研究也是有限的,研究的深度和广度存在一定的限制,有关的概念也比较混乱,存在以下不足:(1)控制变量不够全面,不能较为准确地反映企业绩效对企业社会责任的影响程度;(2)研究方法多限于选取横截面数据进行普通最小二乘法回归分析,未选取效果更好的面板数据进行多方法回归分析;(3)仅从理论上推论企业承担社会责任将提升企业竞争力,未运用定量及实证方法论证企业社会责任与竞争力互动的作用机理。

二、企业社会责任与竞争力互动的作用机理

1.企业社会责任的层次与企业经营战略

学者 Carroll 把企业社会责任分为 4 个层次:经济责任、法律责任、伦理责任和慈善责任[10]。陈志昂、陆伟[11]从企业社会责任的供给需求角度分析,发展了企业社会责任三角模型,以帮助管理者评估有关企业社会责任的战略决策,如图 1 所示。图 1 中用一条波浪线将其分为战略区与道义区两个部分,左边称为战略区,右边称为道义区。从两条垂线上看,这一层级的强制性与基础性都是最弱的。在法规层级,企业社会责任行为的供给是在法律与规章的强制作用下产生的,通过服从政策制定者的意愿来保护股东的利益,这一层级供给了绝大多数的社会责任行为,将其称作合轨行为;在标准层级,企业社会责任行为的供给受风俗、习惯及道德标准制约,是处于一种弱强制性下的适应性行为。而在战略与道义层级,管理者掌握着决策的主动权。虽然由于战略性与道义性行为难以区别,结果不易确定,但真正形成企业间社会责任战略差异的就在这一层级。

可以认为,企业社会责任与竞争力互动计划与方案的实施取决于企业经营战略,是在企业社会责任潮流的推动下企业做出的战略选择。在企业社会责任行为的三个层级上,供给是从下往上递减的,而需求却是递增的,二者之间相互错位。也就是说,企业社会责任行为的供需存在着结

构性失衡,正是这种结构性矛盾使企业社会责任战略的重点必须放在战略与道义层级上,这样才能形成企业战略的差异性,获得企业的声望和公共关系收益。

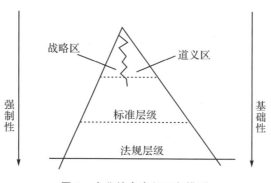

图1　企业社会责任三角模型

2.企业社会责任与竞争力互动的因果逻辑关系

企业竞争力涉及许多因素,有技术、管理、品牌,但最核心的是其理念、价值观。因为理念是行动的先导,理念决定思维和行为。做好产品和服务是硬实力,但企业间的竞争焦点则是软实力的竞争。企业应一手抓产品、服务、质量,拼硬实力;一手抓品牌形象,拼软实力。企业对内承担责任,增强员工的凝聚力和战斗力;对外承担责任,协调所有者、消费者、社区与政府等各种利益相关者的关系,从而提高竞争力。企业社会责任是企业竞争力建设的一个重要环节。可以说,企业通过社会责任与竞争力互动,使之变成一种企业的品牌投资、信誉投资及社会形象投资。

企业承担一定的社会责任,虽会在短期内增加经营成本,但无疑有利于企业自身良好形象的树立,形成企业的无形资产,进而形成企业的竞争优势,最终给企业带来长期的、潜在的利益。企业社会责任与竞争力相辅相成,相互影响,共生共存,没有社会责任感的企业不可能有竞争力。企业在强化自身社会责任的过程中,可以不断提高自身的竞争力,如图2所示。同时,在这一过程中,企业通过拥有良好的文化机制和较高的创新水平,也能够提高应变能力,有助于建立科学的风险防范机制,提高风险管理水平。

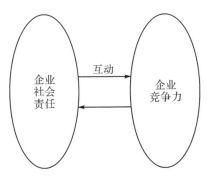

图 2　企业社会责任与竞争力互动

企业社会责任与竞争力互动的因果逻辑关系的核心在于成本、收益和风险的均衡：如果承担社会责任的收益大于成本，那么企业社会责任就可以提升企业竞争力；反之则只会侵蚀利润，降低绩效，使企业社会责任更难以对企业竞争力产生正向影响。因此，最大化企业社会责任收益的同时，减小其成本，避免其风险，将成为企业社会责任战略管理的主导思想。企业社会责任与竞争力互动关系的数学公式如下：

$$P = TR \times (1 - \alpha) - TC$$

式中，P 代表企业承担社会责任带来的利润，TR 代表企业承担社会责任的收益，TC 代表企业承担社会责任的成本，α 代表企业承担社会责任的风险系数。如果 $TR \times (1 - \alpha) > TC$，企业承担社会责任将产生积极影响（正向影响）；反之则会侵蚀利润，降低绩效，影响企业竞争力。

三、企业社会责任与竞争力互动的现状及制约因素

1. 企业社会责任与竞争力互动的现状分析

（1）企业社会责任与竞争力互动的宏观分析。北京大学民营经济研究院单忠东《中国企业社会责任调查报告（2006）》[12] 显示，"最具社会责任企业"获奖企业共有 20 家，其中，国有控股企业 8 家，民营企业 8 家，外资合资企业 4 家，民营企业与国有控股企业平分秋色，如图 3 所示。从汶川大地震捐款名单和"中国最受尊敬企业"以及其他企业社会责任评比的榜单中，也可以发现类似的结果。因此，虽然国有企业和民营企业在许多方面存在着巨大差别，但在履行社会责任方面，民营企业的表现毫不逊色。

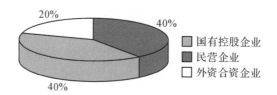

国有控股企业
民营企业
外资合资企业

图3　2006年20家"最具社会责任企业"获奖企业

中国社会科学院经济学部、社会科学文献出版社联合发布的《企业社会责任蓝皮书：中国企业社会责任研究报告（2009）》[13]（以下简称《蓝皮书》）显示，企业社会责任指数得分：中央企业为43.8分，国有金融企业为43.3分，其他国有企业仅为14.5分，外资企业为2.7分；民营企业平均为29.6分，低于中央企业、国有金融企业，但高于其他国有企业、外资企业。这说明我国大型民营企业经历国际化和市场化竞争后已具备较高的社会责任管理和责任信息披露水平，如图4所示。此次评价的中国百强企业由80家国有企业、11家民营企业和3家外资企业构成。同时，《蓝皮书》称，从2008年的分析结果来看，我国百强企业社会责任整体水平仍然较低，94家企业社会责任平均分为31.7分，约有2/3的中国百强企业社会责任意识淡薄，整体处于"起步"阶段。更惊人的是，有40%的企业在旁观，没有参与企业社会责任的实际行动。

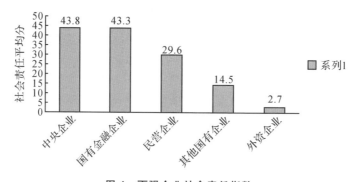

图4　百强企业社会责任指数

学者陈旭东、余逊达[14]就民营企业社会责任问题对浙江省企业进行抽样调查。结果表明，在浙江省规模以上企业中，民营企业的社会责任意识并不逊于国有企业和外资企业。如表1所示，民营企业对"利益相关者""企业社会责任""跨国公司生产守则""SA8000认证"4个概念比较了解和非常了解的比重均超过70%，远远高于从未听说和不太了解的比重。

表 1　浙江省民营企业对企业社会责任相关概念的了解　　　单位：%

概念	从未听说	不太了解	一般了解	比较了解	非常了解
利益相关者	0.3	3.3	26.4	53.3	16.8
企业社会责任	0.8	1.8	17.8	56.5	23.1
跨国公司生产守则	0.3	3.3	26.4	53.3	16.8
SA8000 认证	0.8	1.8	17.8	56.5	23.1

　　与其他企业相比,民营企业对"利益相关者"和"企业社会责任"的了解程度高于国有企业,也高于外商及港澳台投资企业;对"跨国公司生产守则"和"SA8000 认证"的了解程度高于国有企业,低于外商及港澳台投资企业。我国民营企业在承担社会责任方面已经走在国有企业的前面,为其他所有制企业做出了表率。

　　(2)温州民营企业社会责任与竞争力互动的现状。改革开放 30 年,民营经济已经成为温州最大的特色,成为推进温州工业化、城市化、市场化最基本的力量。温州民营企业数量、工业产值、上缴税款、外贸出口、从业人员分别占全市的 99.5%、95.5%、80%、95%、93%。温州已拥有民营企业 14万多家,其中企业集团 180 多家,年销售收入超过 10 亿元的企业有 31 家、超亿元的企业有 500 多家[15]。温州已经成为"中国电器之都"等 35 个国家级生产基地,拥有 118 个中国驰名商标和中国名牌产品。温州市工商局发布的《2008 年温州市市场主体信息报告》显示,2008 年全市个体户和民营企业数量实现了"双增长",比上年分别增长 6.72% 和 6.29%[16]。尽管遭遇国际金融危机的影响,但温州民营经济的创业热情依然高涨,这是温州民营企业社会责任意识强的具体表现。企业社会责任与竞争力互动对于民营经济发达、经济外向度高的温州影响尤为深刻。

　　温州民营企业注重社会责任形式的创新,率先提出和实施就业援助。"为灾区提供社会就业岗位"活动得到众多温州民营企业积极响应的同时,迅速波及全国企业,各大媒体的关注和报道更是把此次活动推向高潮,其影响之大、效果之好、赞誉之多是发起者和最初积极响应的民营企业家们所始料未及的。看似一个简单的举动,对我国企业社会责任的发展却具有十分重大的意义和价值[17]。资料显示,温州市纳税百强企业一年共缴纳税款 72.59 亿元,同比增加 11.8 亿元,其中民营企业正泰、德力西、森马名列前 3 名[18]。面对金融危机,温州民营企业也历经了一番洗礼,然而正泰、德力西、森马、华峰、报喜鸟、康奈、红蜻蜓、奥康等一批民营企业在危机中依然"逆风飞扬",为社会做出了巨大的贡献。在非常时期,这些上榜企业能直面挑战,迎难而上,不仅为温州民营企业做大做强树立了榜样和标杆,也充分展示了民营企业优秀的财富品质和社会责任。

2.企业践行社会责任的动因

中国企业家调查系统组织的第 14 次全国性企业经营者年度跟踪调查[19]结果显示,在企业经营者看来,企业履行社会责任的首要动因是"提升企业品牌形象",选择比重为 71.3%,其他被选项目按照比重从高到低的顺序依次是"为社会发展做贡献"(38.9%)、"获得政府认同"(37.7%)、"建立持续竞争优势"(33.4%)、"树立企业家个人形象"(29.1%)、"实现企业家个人价值追求"(25.8%)、"更好地创造利润"(17.8%)等,如图 5 所示。调查同时表明,大多数企业经营者比较关注履行社会责任的成本;还有部分企业经营者认为,企业社会责任是企业发展到一定阶段才能顾及的事;多数企业经营者将提升企业品牌形象作为企业履行社会责任的主要动因,说明企业经营者已认识到企业履行社会责任对企业的持续发展非常重要。近年来,企业经营的社会责任意识在不断提高,温州民营企业社会责任实践也在某种程度上印证了调查的结论。

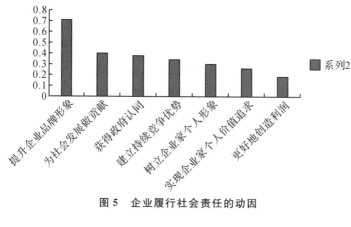

图 5　企业履行社会责任的动因

在温州市政府的高度重视和社会各界的关注与支持下,温州民营企业承担社会责任的总体情况和趋势是好的,但也存在着不容忽视的问题:满足于捐款捐物等社会责任的表层要求,忽视诚信经营、关爱员工、保护环境等社会责任的基本义务;缺乏承担社会责任的内外部制度保证;没有将社会责任内化为企业的价值观,没有把企业的发展战略与承担社会责任有机结合起来。这些问题直接影响温州民营企业的形象和发展,直接关系民营企业和社会的可持续发展。

3.企业社会责任与竞争力互动的制约因素

民营企业实施企业社会责任与竞争力互动,是经营成本、管理者的道德素质、企业规模与能力、相关利益者的重要性、企业文化等变量之间复杂的相互作用的结果,温州民营企业也不例外。温州民营企业在面对具体实际情况的时候,如何从社会责任的相关要素出发,权衡选择企业社会责任与竞争力互动的深度与广度,是企业社会责任与竞争力互动亟待解决的问题,如图 6 所示。

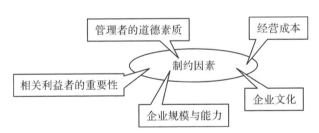

图 6　企业社会责任与竞争力互动的制约因素

(1)经营成本。从理论上讲,社会对企业社会责任的需求是无限的,但企业承担社会责任是有成本的,所以,企业在何种程度上承担社会责任,取决于管理者对利弊的权衡和其对社会承担责任的程度,意味着企业的活动对人和社会的负面影响应尽可能地予以公布和纠正,在此过程付出的代价即构成企业经营成本。经营成本的增加,会影响企业社会责任的供给,从而成为企业社会责任与竞争力互动的制约因素。其具体包括保护和改善生态环境的支出,改善职工工作和生活条件的支出,积极参与公益事业和社会福利事业的支出,提供满意产品或诚信服务的支出等 4 个方面的内容[20]。根据温州瑞安市食品行业协会发布的数据,实施《中华人民共和国劳动合同法》之后,瑞安市 9 个重点行业、31 家企业执行劳资支出的情况是,2008 年工业企业劳资成本增长幅度有了惊人的上升,31 家企业中职工工资比上年增长 15% 以上的有 18 家,增长 20% 以上的有 8 家,增长 30% 以上的有 5 家。年平均劳资成本每位职工同比增加支出在 4000—7000 元之间,最高的一家成长型企业,工人人均增加部分高达 9642 元。31 家企业劳资成本每年多支出 880 余万元,每位职工年平均增加企业支出 5422 元。由此推算,2008 年瑞安市工业企业预计需多支出劳资成本 16 亿—20 亿元。从以上数据可以看出,成本增加对企业履行社会责任具有制约作用[21]。

(2)管理者的道德素质。民营企业家的道德素质问题导致了许多违法行为:不遵守市场经济的游戏规则,缺乏对竞争对手和消费者的尊重;缺乏正确的竞争理念,把胜利和发展寄托于竞争对手的失败和垮台上,大搞不正当竞争,使企业失去信誉、丢掉朋友;缺乏诚信,道德素质缺失,以欺骗合作伙伴和消费者来实现发展,甚至编造业绩、欺骗股民、诈骗民众;不遵守法律法规,设立假账、逃避检查、偷税漏税,把员工视为买来的会说话"工具"等,阻碍了民营企业的正常发展。民营企业在环境保护、安全生产、职工权益等方面问题也比较突出[22]。企业社会责任与竞争力互动处于战略与道义层级,管理者们掌握着决策的主动权,而决策的正确与否往往取决于管理者的素质。温州市广大民营企业家在发展企业的同时,积极参与社会主义新农村建设和各项公益事业,以实际行动回报社会,涌现出一大批爱国报国、诚信守法、热心公益慈善的先进典型。为表彰先进,树立榜样,进一步激励民营企业自觉承担社会责任,温州市人民政府决定,对 2005 年以来在本市累计捐赠额 100 万元以上的民营企业予以通报表彰,授予奥康等 20 家民营企业"温州市回报社会模范民营企业"称号,授予楠江、报喜鸟、红蜻蜓、红黄蓝、杰豪等 53 家民营企业"温州市回报社会先进民营企业"称号[23]。

(3)企业规模与能力。依据企业生命周期理论与罗宾斯的企业社会责任四阶段扩展模型[24],温州中小民营企业大多处于创业生存阶段(阶段 1)或者稳定阶段(阶段 2)。企业以生存目标为主,追求经济利润,单纯满足投资者利润最大化的需要,只是承担基本的法律责任和经济责任。对于处于第 3 阶段和第 4 阶段实力雄厚的大型民营企业,其目标逐渐走向多元化,经济目标、社会责任目标并存,企业具有承担较大社会责任的能力,这时就要求企业从战略发展的角度,承担起伦理责任、慈善责任等更为广泛的社会责任,塑造良好的企业社会形象,实现企业社会责任与竞争力互动的良性循环。

(4)相关利益者的重要性。企业社会责任包括对企业的各种利益相关者的责任,如所有者、雇员、消费者、社区和政府等。企业权衡选择承担社会责任,实施企业社会责任与竞争力互动时,要根据利益相关者的合理性和影响力来判断主要利益相关者和次要利益相关者,然后进行企业社会责任战略决策。根据利益相关者的影响力,主要的社会利益相关者在企业中拥有直接的权益,对企业的成功起着直接的、重要的作用,次要的社会利益相关者也对企业具有极大的影响力,尤其是在企业声誉和社会地位方面,企业对其次要的利益相关者负有的责任往往比较小。以温州民营企业哈杉为例,伴随着国际化经营战略的确定,该公司做出了对于其成功具有决定意义的社会责任公关战略抉择:以友好、亲善、全面负责任的企业形象进入非洲市场,从而使该公司迅速成为最优秀的外资企业之一,受到东道国政府、工会等利益相关者赞赏的同时也为"哈杉"在当地劳工中赢得了口碑。

(5)企业文化。由于温州的民营企业文化大多根植于家庭血缘文化,与创业者的创业意识、经营思想、管理风格以及其胆量、品质和外部环境都有很大的关系,这就形成了色彩浓重的企业家文化。温州企业家文化集中体现在敢于创新、敢于放手、敢于失败、敢于走自己的路。敢闯敢冒、敢为人先,使温州赢得了先发性优势,永不言败的禀性渗透在民营企业家的骨子里,使他们能正确对待失败和挫折,他们认定自己走的路子,面对非议、责难、猜疑,不争论、不动摇、不停步[25]。具有社会责任因子的企业文化从经营理念、组织结构、制度规定、员工管理等方面不断地约束和规范管理者的行为,使企业在经营过程中把要承担社会责任纳入企业经营战略,进而减少管理者在企业社会责任与竞争力互动时的模糊性和不确定性。

总之,与国内外先进的公司相比,温州大多数民营企业社会责任管理工作刚刚起步,仍处于企业社会责任的初级阶段,企业一般应从理念、组织和实践 3 个方面来推进企业社会责任。在全球金融危机的冲击下,温州民营企业不仅要面对进一步发展所产生的、以往从来没有遇到过的、必须要解决的新问题,同时,民营企业的发展还要补课,处理与解决历史累积的问题。应该说,在面临的众多挑战之中,最为突出的就是企业社会责任问题。这就需要企业把实现利润与体现社会价值、承担社会责任与增强竞争能力、提高美誉度与社会和谐发展结合起来。温州民营企业社会责任与竞争力互动,需要政府、行业协会等建立推进机制,借助外力推进,更重要的是内力驱动,即主动承担社会责任,通过社会责任与竞争力互动,提升企业竞争力,从而为企业更好地承担社会责任提供强有力的支撑。

[参考文献]

[1] 王薇.社会责任,竞争力新标准[N].华东新闻,2005-12-05(3).

[2] MOSKOWITZ M. Choosing socially responsible stocks[J]. Business and Society,1972(1):71-75.

[3] COCHRAN P,WOOD R. Corporate social responsibility and financial performance[J]. Academy of Management Journal,1984(27):42-56.

[4] STURDIVANT F D,GINTER J L. Corporate social responsiveness[J]. California Management Review,1977,19(3):30-39.

[5] 沈洪涛.公司社会责任与公司财务业绩关系研究[D].厦门:厦门大学,2005.

[6] 陈玉清,马丽丽.我国上市公司社会责任会计信息市场反映实证分析[J].会计研究,2005(11):76-81.

[7] 刘长翠,孔晓婷.社会责任会计信息披露的实证研究[J].会计研究,2006(10):36-43.

[8] 李宏旺.企业社会责任与经营绩效的相关性研究[J].商业时代,2008(8):111-112.

[9] 黎友焕.论企业社会责任建设与构建和谐社会[J].西北大学学报(社会科学版),2006(5):44-47.

[10]Carroll A B. The pyramid of corporate social responsibility:toward the moral management of organizational stakeholders[J/OL]. Business Horizons,1991(7-8):39-48[2009-08-15]. http://www. rohan. sdsu. edu/faculty/dunnweb/rprnts. pyramidofcsr. pdf.

[11] 陈志昂,陆伟.企业社会责任三角模型[J].经济与管理,2003(11):60-61.

[12] 单忠东.中国企业社会责任调查报告(2006)[M].北京:经济科学出版社,2007:96-98.

[13] 陈佳贵,黄群慧,彭华岗,等.企业社会责任蓝皮书:中国企业社会责任研究报告(2009)[M].北京:社会科学文献出版社,2009.

[14] 陈旭东,余逊达.民营企业社会责任意识的现状与评价[J].浙江大学学报(人文社会科学版),2007(2):69-78.

[15] 朱贤良.国新办庆祝改革开放30周年主题采访活动新闻发布会(温州站)[EB/OL]. (2008-12-05)[2009-08-15]. http://www. china. com. cn/zhibo/2008-12/05/content_16899348. htm.

[16] 温州人创业热情依然高涨个体户民营企业数量增长[EB/OL]. (2009-02-15)[2009-08-15]. http://zjnews. zjol. com. cn/05zjnews/system/2009/02/15/015260368. shtml.

[17] 章魁波.就业援助是温州企业社会责任形式的创新[EB/OL]. (2008-06-16)[2009-08-15]. http://news. qq. com/a/20080616/000154. htm.

[18] 肖新华,叶晓青.温州纳税百强一年贡献72亿[EB/OL]. (2009-05-25)[2009-08-15]. http://rb. 66wz. com/system/2009/05/25/101224728. shtml.

[19] 王振红.4586位企业家调查:企业社会责任缺失的主因是经营困难[EB/OL]. (2007-04-16)[2009-08-15]. http://cn. chinagate. com. cn/chinese/qy/72527. htm.

[20] 李燕南,张光宇.民营企业的社会责任问题分析[J].商场现代化:上旬刊,2007(2):366-367.

[21] 孙小林,张凤安.被掩盖的病理:温州中小企业倒闭真相调查[EB/

OL].(2008-05-10)[2009-08-15].http://finance.sina.com.cn/nz/21-sdgl.

[22] 赵辉,李文川.我国民营企业社会责任的层次性研究[J].经济纵横(创新版),2007(5):75-78.

[23] 温州市人民政府.关于表彰温州市回报社会模范民营企业和先进民营企业的通报[EB/OL].(2008-07-16)[2009-08-15].http://www.wenzhou.gov.cn/art/2008/7/22/art_4741_780.html.

[24] 罗宾斯.管理学[M].黄卫伟,译.北京:中国人民大学出版社,2003:94-111.

[25] 胡恩强.专题调研显示:温州企业家文化色彩浓厚[EB/OL].(2005-08-01)[2009-08-15].http://news.sina.com.cn/c/2005-08-01/11246580829s.shtml.

（原刊于《温州职业技术学院学报》2009 年第 4 期）

温州民营资本自发创新转型的
理论考量及启示

唐高平

【摘　要】在我国经济转型的艰难时期，从哈耶克的自发社会秩序理论视角，对温州民营资本改革开放 30 多年创新转型历程进行理论分析后，有 3 个方面的发现：一是 1978 年以来温州民营资本闪亮的自发创新转型现实，与哈耶克的自发社会秩序理论互相映照，显示出一种实践过程对理论逻辑的经典演绎；二是无论是哈耶克所描述的自发社会秩序，还是温州民营资本自发创新转型的现实历程，都说明了自发社会秩序的演进和扩展过程就是一个自发、全面、持续、高效的创新转型过程；三是将自发创新转型的理论思考扩展对应到当前我国经济转型，可得到非常直白的改革启示——自发创新转型是我国经济成功转型的唯一选择。

【关键词】自发社会秩序；温州民营资本；自发创新转型；试错

　　温州民营资本是我国民营资本的典型代表，以"民办、民营、民有、民享"[1]为主要特点，1978 年以来，其闪亮的自发创新转型历程经典地演绎了哈耶克的自发社会秩序理论，与其相互映照，显示出一种理论逻辑与现实过程的惊人对应。随着自发社会秩序在中国经济体系内从点到面地演进和扩展，人为刻意设计的诸种"人造秩序"逐渐被实践证否与驳回[2]，我国经济因此持续高速增长，"民营资本成为我国经济发展的发动机"也逐渐成为一种共识。在我国经济创新转型的艰难时期，本文从哈耶克的自发社会秩序理

作者简介：温州职业技术学院副教授。

论视角,对温州民营资本改革开放 30 多年创新转型历程进行理论考量,对我国经济转型改革实践以及对哈耶克自发社会秩序的重新认识,有着非常重要的现实意义。

一、温州民营资本的自发创新转型

自 1978 年以来,在日趋宽松的环境中,生存与繁衍生息的需要驱动着温州人自发演绎出各种各样的创新,在积累过程中实现了温州民营资本的转型升级。从包产到户到家庭工厂、挂户经营①和股份合作制,再到今天的现代企业集团;从"十万供销员""一乡一业"的产业集聚和十大专业市场,再到在外的"温州村(街)"和虚拟经营;从传统的民间借贷到钱庄、抬会和信用社,再到温州财团、温州炒房团等。这些自发创新转型及其演进和扩展,无不是在政府约束、抑制甚至压制的环境中自发试错、模仿的结果。

家庭工厂是土地包产到户在非农业领域自发扩展的结果。改革之初,曾在温州诞生过的分田单干、包产到户的责任制再次在温州兴起,在不到两年时间内,温州地区基本实行了家庭联产承包制,而且获得了巨大的成功,劳动力得到了空前解放。同时,分田单干、包产到户被自然扩展到了乡村小核算的集体企业,这些集体企业变成了以车间、小组乃至个人为单位进行经营,形成了最为早期的家庭工厂,开始了温州农村的工业化之路。土地包产到户由农民自发形成的秩序在温州区域内扩展,为家庭工厂形成、演进和发展奠定了两个重要的基础:一是农民在土地包产到户的制度下,拥有了对其自身、土地以及土地产出成果的自由支配权;二是每个家庭或个人拥有一定的自主支配的财富,即分立的财产在农村确立。当自由和分立的财产共同存在于一体时,除了带来农业生产高效率的同时,交换迅速能够在农村形成,分工和专业化也随之形成,一个存在于农村的市场秩序雏形自然形成。在土地包产到户秩序示范下,结合农民拥有自身选择自由,以及在生存压力

---

①　挂户经营是指改革开放初期,由于我国经济法规制度尚未完善,个体、私营经济没有合法地位,银行没有户头,自身没有"字号",便采取"挂"在乡村集体企业名下的方式,进行对外联系。

的逼迫下,在非农业领域的模仿成为一种必然的试错选择。当人们发现模仿包产到户的小组或个人经营的试错过程获得了成功,生活因此而改善之时,人们对这种成功的试错过程便竞相模仿,迅速在区域内得到演进和扩展,同时也对原有社会秩序提出前所未有的挑战。但这种自发秩序所拥有的为人类繁衍和发展承载的力量,感化了坚强的"社会主义者"。乐清县柳市镇出现的"八大王"①成为当时新秩序的典型代表,也成为人们竞相模仿学习的对象。但在 1981 年,在彻底割掉"资本主义尾巴"、摧毁私有化"毒瘤"意识的主导下,"八大王"成为打击的主要典型,"八大王"被捕之后,温州主要经济指标一路下滑。温州第二产业发展速度在 1980 年为 31.5%,1981年为 7.0%,1982 年下降为 -1.7%[3],百姓吃饭成为当时最重要的问题。摧毁了自发秩序代表的"八大王",实际上就是扼杀了温州人消除贫困的原始冲动,也就扼杀了可以给温州几百万百姓带来温饱的新秩序。众多温州人虽然对这种秩序的认识是肤浅的,但对消除贫困的理解却是深刻而又迫切的。当我们正在迫切地寻找解决温饱而无果时,却看到这种可以带来温饱的新秩序再次被扼杀,让百姓重新陷入贫困之中。这再一次有力地证明了哈耶克的研究结论,即"我们应当学到了足够多的东西,以避免扼杀个人互动的自生自发秩序(置其于权威当局指导之下的方法)的方式去摧毁我们的文明。但是要避免这一点,我们就必须放弃这样的幻想,即我们能够经审慎的思考而'创造的未来'"[4]。这种自发秩序自诞生之日开始就一直在不断地突破来自外界的约束、控制、压制的过程中演进和扩展。

如何缓解原有社会秩序压制,获取一定的经营活动空间?这成为温州所有家庭工厂进一步发展必须面对的紧迫问题。在当时严酷的条件下,全温州家庭工厂的经营者各自不断自发试错,挂户经营、股份合作制成为区域内众多试错过程中发现并被模仿和演进的非常有效的途径,因而迅速在温州区域内得到推广运用,成功地拓宽了家庭工厂的经营空间,温州民营资本

---

① "八大王"是指 20 世纪 80 年代初乐清柳市镇个体户的典型代表,即"螺丝大王"刘大源、"目录大王"叶建华、"线圈大王"郑祥青、"五金大王"胡金林、"矿灯大王"程步青、"翻砂大王"吴师濂、"胶木大王"陈银松和"旧货大王"王迈仟。

也因此而升级。这种不可逆的自发秩序在不断演进和扩展中,表现出了极强的适应性,试错过程形成的创新实现了对各方利益的完美协调。无论是挂户经营,还是股份合作制,都能够非常有效地满足当时各利益相关者的利益。我国市场化改革是以渐进的方式进行的,原有的社会秩序——计划经济,必然成为市场秩序扩展中的障碍,温州民营资本在自发社会秩序演进和扩展中,必然需要面对市场秩序和原有秩序之间的两难抉择,但这对于力量弱小的温州民营资本来说,选择任何其中的一面而放弃另一面,都意味着不经济。挂户经营、股份合作制完美地协调了二者的矛盾,原有制度的压制被有效突破,民营资本得到了进一步的演进和扩展。温州民营资本采取挂户经营、股份合作制的方式,一方面使得民营企业保持经营的独立性,降低经营成本与经营风险,扩大资本规模,实现技术升级,提高市场竞争力,从而能够获取经济利益;另一方面能够有效地缓解各级地方政府的经济和政治压力。对政府来说,"挂户""合作"的出现,尽管这是最初级的集体所有制形式,但易于为理论界和政府部门所接受,可以有效地缓解姓"资"姓"社"的政治压力;同时,由于"挂户""合作"可以让政府放松对民营企业的压制,甚至于给予一定的支持,使得民营企业因此能够获取相对比较宽松的环境,促进地方经济的发展,因而也就自然带动了地方财政收入增长,解决了政府特别是基层政府的财政困境,改善了群众生活,使各级地方政府获得了政治利益。

　　"十万供销员""一乡一业"的产业集聚和专业市场与家庭工厂就像一对孪生兄妹一样,在自发演进中共同成长。拥有身份自由和分立的财产的农民,一部分人进行家庭工厂的同时,另一部分人则以推销员身份进入流通领域,形成浩荡的专门推销温州产品的"十万供销员",自发形成与专业市场、家庭工厂协调发展。与家庭工厂一样,通过模仿提升对未知环境的适应能力,共同促进温州以十大专业市场为代表的各类专业市场的蓬勃发展,进一步强化在外的推销员和家庭工厂之间的联系,形成家庭工厂、专业市场和推销员之间的良性发展,进而有力地推动了温州农村商品经济走向以市场为导向组织生产。经济学家费孝通称"温州模式"为"小商品,大市场"[5]。无论是专业市场形成、演进,以及向连锁专卖的虚拟经营升级,还是"十万供销员"到今天遍布全国各地,乃至世界各国的"温州村(街)"的转变,无不是自发适应性演进的结果。如十大专业市场之一的永嘉桥头纽扣市场,以及与之相随的产业集聚,是在一个原本交通并不方便的山坳中发展起来的,一度成为世界最大的纽扣专业市场,这种选择绝对不可能是我们理性"人造"的结果。与此形成对应而令人深思的典型例子则是原来温州最大的皮鞋批发市场——"来福门皮鞋批发市场",它因政府强制搬迁而消失。如果说温州专业市场的形成与发展乃至最后消失是对自发秩序演进和扩展的一种直白注释,那么在温州区域内的产业集聚和在外的"温州村(街)"的形成、演进过程,则是对试错和模仿这两个自发秩序最主要手段的经典演绎。以"温州村(街)"为例,往往是从一家店到一条街的发展过程。一个在外经商的温州人,往往是从"十万供销员"的游商到"温州村(街)"坐商的转型。供销员在自己熟悉的地区或城市,从开小店开始,在发现小店生意还不错之后,会帮助有亲缘、血缘、地缘关系的亲戚或朋友,也在这个地方的附近开一家同样的店,实际上是完全一样的模仿。如果第二家模仿的店成功了,那么同样的模仿将会重复发生,于是形成了诸如服装批发、零售一条街、低压电器销售一条街等,街区内经营者之间一般有着较强的亲缘、血缘、地缘社会关系。这种自发秩序从温州区域内扩展到全国,乃至全世界,其演绎过程极为相似。

伴随着家庭工厂、"一乡一业"的产业集聚和专业市场共同演进和扩展的还有温州民间金融的艰难创新与转型。早期温州民间借贷,在民营经济快速发展产生巨大内生性融资需求和严重的金融压的矛盾中,20 世纪 80 年代中期,在温州三地(苍南、乐清和鹿城)自发适应性地演化出 3 种形式,即钱庄、抬会、信用社的民间金融创新,最终因压制而消亡[6]。进入 21 世纪,在金融压制没有根本变化的环境中,民营资本快速积累并形成强烈的投资需求,成为推进民间金融自发创新转型的主要动力。2004 年,由 9 家温州民营企业共同出资组建的中瑞财团,尝试着以金融资本为纽带,集金融、实业、贸易于一体,这种资本转型升级的试错因为无法获得金融许可(所有制歧视性抑制)而失败。就在尝试失败的同时,温州民营资本创新转型一直在不断试错中演进,其中的典型毫无疑问就是温州炒房团。自 2001 年起,温州人集体到全国各地看房、购房现象日益普遍,民营资本自发秩序再次得到惊人的演绎[7]。它是几百万温州人在资本本能欲望的驱使下,在各自追求利益的试错过程中形成不自觉一致行动的结果。每一份温州民营资本在各自熟悉领域中,寻求着资本最大限度的回报,从事着各自的试错过程,当有人在投资房地产领域的试错过程中发现了机会,而成为众多试错者中的赢者时,模仿便通过亲缘、血缘、地缘社会关系在其周围迅速形成和扩展。从温州区域内到区域外,从一个城市到另一个城市,重复着相似的秩序,参与者从个人到群体,参与资本从闲散到大量民营产业资本全面进入,丰厚投资回报吸引着更多的资本参与其中,模仿成为风险小、收益高的理想路径。几百万人在各自熟悉的领域中不知疲倦地试错,决定了温州人得以顺势而上,紧紧抓住房地产行业市场化改革过程出现的财富增长机会,使自己成为令人羡慕的受益者、赢者。温州炒房团是温州资本自发秩序演进中的一种对环境适应性选择的结果,是温州民营资本自发创新转型秩序演进和扩展的最新例证。

改革开放30多年来,从土地包产到户到温州炒房团的温州民营资本自发创新转型,市场经济秩序因此而形成、演进和扩展,它是温州人为自己的生存、生活而努力中自发行动的产物,在无意中经典地演绎了哈耶克的自发社会秩序理论,而且用实践说明了自发社会秩序演进的过程实质就是一个持续自发创新转型的过程。温州人并不知道自己在搞什么秩序或是什么创新转型,但他们知道这样能够让他们摆脱贫困,让生活变得越来越好。每一个人为了自己的利益,根据自己的想法在不断努力试错、创新演进、模仿扩展,因而推动了这种他们自己都不清楚的市场经济秩序的形成、演进和扩展,形成了在自发试错中创新,因创新赢取更好的生存发展空间,再到积累性演进而实现转型升级的良性循环。

二、自发创新转型秩序的理论考量

无论是哈耶克所描述的自发社会秩序,还是温州民营资本自发创新转型的现实历程,在理论逻辑和现实过程两个方面都向我们展示了一种自发、全面、可持续、高效的创新转型秩序。哈耶克认为,这种秩序既已形成但又需要自由、分立的财产和公正竞争等基础条件。自由是现代文明的独特基础,分立的财产是任何先进文明道德的核心,分立的财产同个人自由密不可分。要想保证个人之间的和平合作这一繁荣的基础,政权必须维护公正,若不承认私有财产,那么公正也不可能存在。这种秩序进化过程的关键是对未知世界的适应能力,而人类对新情况的适应能力主要是以模仿而不是以见识和理性为基础,也就是说,"人们主要通过模仿式的学习掌握各种技巧"[8]。自发社会秩序的演进和扩展过程是人们在社会交往的行动过程中经由"试错过程"和"赢者生存"的实践以及"积累性发展"的方式而逐渐形成的[9]。农村土地承包责任制的出现,构建了温州民营资本自发创新转型秩序的形成、演进和扩展所需要的自由、分立的财产和公正竞争,在这种自发秩序演进和扩展中,又促进了自由、分立的财产和公正竞争的演进,二者形成了互动演进和扩展。当我们用哈耶克的自发社会秩序理论进一步解析温州民营资本自发创新转型秩序演进和扩展时可以发现,这种秩序演进和扩展的效率依赖于试错主体所拥有的自由、专有财产、公正竞争环境,以及财产在试错群体中的分立程度等条件的持续改善。

自发创新转型的顺利演进和扩展,是要约束政府对试错者自由选择的任意掠夺和干预之手,这是温州民营资本自发创新转型得以成功演进的第一个前提条件。温州民营资本的每一次转型升级无不是伴随着自由选择范围的突破,专有财产规模扩大带来自由选择能力的不断增强。温州地方政府在改革开放过程中的"无为而治"和改革开放政策进一步深化带来基础性条件的不断改善,确保了每一位参与者能够根据自己的目的、条件等自由进行试错,同时能够保证成功的试错者获得应有的利益,试错者的专有财产规模因此扩大。从"八大王"被抓到释放和表彰以及挂户经营、股份合作制获得认可,民营资本的法律地位在一定程度上得到确立,不断扩大温州民营资本自由选择范围,民营资本试错领域因此获得拓展。从农业到工业,从生活资料的生产经营到生产资料的生产经营,从商业资本到工业资本再到地产资本,乃至金融资本演进和扩展,无不是在改革中逐渐扩展民营资本自由选择范围为先决条件,民营资本创新转型秩序也是改革开放政策"放"的产物。

专有财产(私有是专有财产的最主要、最普遍形式)是自发创新转型得以演进和扩展的第二个前提条件。哈耶克明确指出:"这种助长了个人目标多样化的秩序,只有在我愿意称之为专有财产的基础上方能形成。"[8]由此,哈耶克认识到,如果没有一个把保护私有财产作为自己首要目标的政府,似乎不大可能发展出先进的文明,反过来由文明所引起的进一步的自发秩序的成长过程却会一再被过于强大的政府干预所中断[8]。如果政府能把有效地保护个人的专有财产作为首要目标,并为市场交易和商业贸易提供作为一种抽象规则体系的法律框架,那么类似西方世界近代兴起的事情将会毫无疑问地发生在我们身边[2]。在1992年邓小平南方谈话之后,温州民营资本经济获得了空前的快速发展,其根本动力则是政府对私人财产保护的进一步强化。我国将这种专有财产制度称为民营化,它是我国分立的财产确立、演进和扩展的重要内容,起始于土地承包责任制,将财产集体所有转变为家庭或者个人专有,这也是地方政府和中央政府长期试错后的抉择。事实上,温州地方政府曾经采取强制的手段加以制止,但很快就发现,他们将面对难以解决的问题——当地居民的生存问题,而如果让他们自发地进行而不去制止,居民的生存问题就不成问题,甚至还能够给地方政府带来非常丰富的财政收入,最终温州地方政府也就"屈服"于这种自发形成的秩序。自发秩序让更多人得到繁衍生息的现实,从下至上逐渐吸引更高一层决策者,成为这种秩序演进和扩展的有力推动者。专有财产有效推进秩序演进和扩展的主要原因是,任何一个试错过程都伴随着风险和收益,在原始冲动的诱导下,每一个人都希望通过自己的努力获得成功,并享受成功带来的收益,这成为试错者的动力;每一个人都应承担试错失败带来的损失和巨大的压力,二者结合使得试错者的利益与行动之间建立起完全的相关性。这样就使得试错者对自己的行为负责,成为自己行为的最大利益相关者,才能够主动适应环境的变化,及时做出适应的调整,并不断地主动进行试错以争取比竞争者更快地发现新办法。从一个群体的角度看,这无疑提高了个体和群体对环境变化的适应性,它让自发创新转型变得更加高效率,每一个参与者在竞争中为了各自的利益而行动,在不自觉合作中推进了自发创新秩序的演进和扩展。

在我国改革开放中逐渐明晰、确立的专有财产,是确立自发创新转型演进和扩展的第三个前提条件——公正竞争。"不承认私有财产,公正也不可能存在"[8],专有财产的确立、演进和扩展,增强了民营资本自发创新转型过程中,各试错主体在试错过程中的自由选择能力,还促使民营资本限制和国有资本特惠等的逐步弱化,相对公正制度被逐渐建立。在市场环境中,由政府以法律来确保一个公正环境的存在,只有在这个环境中每一个人才能在各自发展中相互支持而不是相互妨碍,在生活和劳作中才能享有一定的自由空间。所有的试错主体享有同等的国民待遇,每一个试错主体,在不违反正义的法律时,都应任其自由选择,采取自己的方法,追求自己的利益,与任何其他组织相竞争,此时,政府脱离了对私人资本的控制和约束,回归到其最适合于社会利益的义务和责任,即尽可能保护社会上各个人和组织,使不受社会上任何其他人或组织的侵害或压迫,维持社会竞争的公正性。如果没有这种环境作为自发创新转型演进的基本条件,那么就不会有真正的自由选择。温州民营资本从个体户或家庭作坊到股份合作制企业,再到股份公司、集团公司演进和转型中,伴随着民营资本专有财产不断积累,公正竞争环境的建立与持续改善,其自由选择能力随之提升,试错群体中试错层次变得更加丰富,资本因此有了转型升级的经济基础,在自由选择范围不断扩大的协同作用下,民营资本获得了更多转型升级的机会,进而推进自发创新转型秩序向更高、更深层次演进和扩展。因此,资本自发创新转型秩序的演进和扩展,必须是以自由选择范围扩大、自由选择能力增强、公正竞争环境改善为基础。这不但是自发社会秩序理论的基本观点,也是温州民营资本自发创新历程的经验总结,更是我国现阶段经济转型升级的迫切要求。

分立的财产除了确立专有财产以外,还带来财产在试错群体中分立程度的不断提高,这是推进自发创新转型秩序演进和扩展的第4个前提条件。随着更多的个体拥有自己的财产,更多微观经济主体被吸引到试错者群体中,试错群体规模不断扩大,试错频率得到提高,试错方向变得更加多元化,创新在各个方向展开。当温州民营资本自发创新转型不断扩展,从"温州模式"到"温台模式",再到"浙江模式"和有中国特色的社会主义市场经济,自发秩序演进的试错群体越来越大,而且自发创新转型演进更加富有效率,让更多的人变得富裕,它可以使完全素不相识的人为了各自的目标而形成更大范围内的相互合作,合作的正外部效应给人们带来了更多的利益,人们参与这种合作,并不是因为从现代科学的意义上理解了这种秩序,而是因为在相互交往中可以用这样的秩序来弥补自己的无知,带来更多适应环境变化的方法,从而大大降低自己试错的成本。自发创新转型的扩展,吸引更多的人参与到试错者队伍中,试错频率相应提高,在有限时间内试错成功概率提高,相互模仿的对象增多,极大地降低了试错的成本和风险。更为重要的是,自发秩序为每个人利用自己的知识提供了一个有益的空间。随着自发创新转型的演进和扩展,分工与贸易得到不断发展,财产专有制度得到确立,个人获得了越来越多的私人财富和私人知识(社会分工越来越细化、专业知识越来越私人化)以及越来越强的利用这些知识的能力,知识在不断丰富,出现了知识爆炸,同时也带来了知识的分散、多样和易变,每个社会成员都只能拥有为社会成员所掌握的知识中的一小部分,因此每个社会成员对于社会运行所依凭的大多数也都处于无知的状态,这就决定了没有任何一个机构或头脑能够随时全部掌握它们,然而通过交易和竞争形成的自发秩序,则让这种个人(私人)财富和知识不自觉地形成一种有序的合作关系,在个人知识拥有者得到利益的同时,加速了自发创新转型秩序的演进和扩展。现在我们终于能够理解,为什么许多首先致富的温州人不是相关专业知识的拥有者。在乐清市柳市镇,很多从事低压电器生产的经营者,他们相关的专业知识几乎是空白,而这并不影响他们从事低压电器的生产经营,因为他们能够通过自发秩序形成的分工与合作,分享他人的专业知识。随着自发试错群体规模的进一步扩大,它还会不断扩大参与协作的社会成员之间在天赋、技能和趣味上的差异,从而大大促进一个多样化世界的形成。这进一步增强合作群体的力量,使它远远要大于个人努力的总和。可见,随着自发参与群体的逐渐扩大,进一步增强以分工为特征的多样性,并与使它得以存在的自发秩序之间存在着一种相得益彰的互动关系[8],自发创新转型的演进和扩展将变得无限广阔。

随着自由选择范围逐步扩大,专有财产制度不断改善带来试错主体自由选择能力不断增强和竞争环境逐步公正，再加上分立的财产扩大试错群体规模，自发秩序所能给我们带来的创新转型变得更加全面、层次更加丰富，且更富有效率。但这些基础条件的形成、改善始终伴随着利益的冲突和调整，政府相关权力部门实际上更多是通过权力行使追求自身利益的最大化，当试错主体不能有效对这种权利加以监督时，当权力拥有者与广大试错主体之间利益出现错位甚至经常相反时，那么权利滥用便成为权力拥有者获取最大利益最直接和有效的手段，政府对试错者独立自主决策权力的任意掠夺和干预成为必然，试错主体的利益受到极大的威胁和损失，自发创新转型秩序演进和扩展面临威胁。如果这种对自由的限制存在于一个区域内，那么试错者的直接选择就是离开这个地区，到一个拥有更多自由的地方试错，而对于还在区域内的试错者而言，其试错过程中成本和风险将迅速增加，影响试错频率和规模。这种来自地方政府对自己利益追求而放弃原先保护自由和个人创造力的行为大量存在，也是温州桥头最为著名的纽扣市场迅速消失的一个重要原因，这种现象同样是导致温州民营资本大量"外迁"的一个重要原因。大量离开的试错者，而且往往是相对成功的试错者。其拥有更多的经验和信息与能力的试错者离开，将大大降低温州区域内自发创新转型演进中的试错者群体规模，挫伤试错者积极性，阻碍试错层次的提升。任何限制试错者自由的措施，都将减少试错的数量，从而降低创新的速率，换言之，在一个发展的社会中应该是以激发个人活力为根本，就是自由赋予个人的并不是更大的满足，而是能够让个人更好地适应环境的变化，按照其认为最为合理的方式行事，也因此激发了个人所具有的能力，凸显了个人存在的价值，自发秩序持续演进和扩展有了更加坚实的动力基础。哈耶克在研究罗马历史中也发现了类似的现象。哈耶克进一步指出："如果说罗马的衰落并没有永久终止欧洲的演化过程，那么亚洲（后来还有中美洲）的类似开端则是因强大并有效地压抑了私人的创造力的政府（这种政府类似于欧洲中世纪的封建建制，但权力大大超过了后者）而中途夭折。在这些情况中，中华帝国最为引人注目。在那里，当'国难'再起的时期，当政府的控制暂时被削弱的时候，向文明和复杂工业技术的大踏步迈进就会发生，而更为普遍的是，政府总是试图维系那样一种完美的秩序，以至于任何革新都是不可能的。"[8]对应改革开放以来的中国,往往是在经济发展面临困难的时候,政府为了鼓励民营资本发挥作用而逐渐放宽限制。相反,哈耶克观察到,从欧洲文明在中世纪晚期的复兴来看,资本主义扩张的起源和产生的理由,在很大程度上得益于当时的无政府状态,而这一点与温州民营资本自发演进中地方政府的"无为而治"有异曲同工之处。无论是从改革开放后温州民营资本自发创新转型历程,还是西方近代兴起,以及历史上强力的政府控制、阻碍我国社会进步中不难发现:当私人创造力在受到来自政府抑制甚至压制的情况下,就不可能有种类繁多、分布广泛的试错过程发生,自发创新转型秩序将是一个非常缓慢,甚至在大部分时间可能是停滞的过程。因此,自发创新转型秩序是否能够持续演进和扩展,决定于政府是否对私人创造力的持续保护和激发。

三、对我国经济转型改革的启示

改革开放以来,温州民营资本自发创新转型历程经典地演绎了哈耶克的自发社会秩序理论,向我们展示了实践与理论的惊人映照,同时让我们进一步认识到,哈耶克自发社会秩序的演进和扩展实际上就是一个不断自发创新转型的过程,而且是一种由各社会成员为了各自的利益而自发参与,并在行动中不自觉地形成共同合作而推动整个社会在各领域、多层次、高效率、可持续、系统化的创新转型秩序,其演进和扩展是建立在政府给予各社会成员自由、专有财产、公正竞争环境和财产分立等基础条件之上的。将自发创新转型的理论思考扩展对应到当前我国经济转型改革,可给予我们 3 个方面直白的启示:

(1)我国经济转型陷入困境的最主要原因,在于政府拥有过大的资源控制能力和资源配置权力,并主导着经济转型和产业升级。也就是说,到目前为止,主导我国经济转型的秩序还是"人造秩序"。

(2)我国经济转型的根本出路,应是逐步促进自发创新转型秩序的演进和扩展,并成为我国经济转型和产业升级的主导力量,这是我国经济成功转型的唯一选择。

(3)自发创新秩序的演进和扩展需要政府放宽民营资本限制,扩大自由选择的范围,进一步改善专有财产制度,保障民营资本在市场竞争中享有国民待遇,改善竞争环境的公正性,让财富藏于民而扩大财富分立程度,进而夯实我国自发创新转型的基础。

[参考文献]

[1] 杜润生.解读温州经济模式[J].浙江经济,2000(8):13-15.

[2] 韦森.哈耶克的"自发社会秩序"理论与中国经济改革的思路选择[EB/OL].(2010-10-15)[2011-03-10].http://www.chinaelections.org/NewsInfo.asp? NewsID=189011.

[3] 君君.温州民营经济三十年张弛政治中的温州成长:上[EB/OL].(2007-05-11)[2011-03-10].http://big5.xinhuanet.com/gate/big5/www.zj.xinhuanet.com/tail/2007-05/11/content_10001849.htm.

[4] 哈耶克.自由秩序原理(上册)[M].邓正来,译.上海:三联书店,2003:11.

[5] 费孝通.温州行[M]//瓯文.温州经济丛书之八——温州之行.北京:光明日报出版社,2000:5-21.

[6] 唐高平.金融抑制下的"温州经济衰退"现象[J].温州职业技术学院学报,2006(1):1-5.

[7] 唐高平."温州炒房团"与我国金融制度变迁[J].经济理论与经济管理,2006(8):35-37.

[8] 哈耶克.致命的自负[M].冯克利,胡晋华,译.北京:中国社会科学出版社,2000.

[9] 韦森.从哈耶克"自发—扩展秩序"理论看经济增长的"斯密动力"与"布罗代尔钟罩"[J].东岳论丛,2006(4):5-21,52.

(原刊于《温州职业技术学院学报》2011年第2期)

"淘宝村"现象与温州网络经济发展

——基于永嘉西岙"淘宝村"的案例研究及政策建议

朱康对　朱呈访　潘姬熙

【摘　要】永嘉西岙村是温州唯一的"淘宝村"。凭借当地教玩具集群的产业链、熟人圈、配套服务、线上与线下销售相结合等优势,"淘宝村"发展迅速。但产业发展软环境制约了电商企业扩张,还使其面临着江苏曹甸的激烈竞争和向山东临沂转移的潜在威胁。温州地方政府应鼓励网络经济发展,科学布局,培育品牌电商,优化市场竞争环境,加快行业协会建设,增加公共服务投入。

【关键词】温州;淘宝村;电商;产业集群;网络经济

近年来,迅猛发展的网络经济使得温州传统的经济形态和市场格局发生巨大变化。正当传统有形市场的竞争优势逐渐消失时,温州市永嘉县桥下镇西岙村却以当地教玩具产业集群为依托,出现了大批以开淘宝店为主要形式的网络电商。网络电商群体的形成,为教玩具产品开拓了新的营销渠道,极大地促进了当地教玩具产业的发展。永嘉西岙村也被阿里巴巴列为 2013 年全国 20 个"淘宝村"之一。阿里研究中心将"淘宝村"定义为大量网商在农村集聚,以淘宝网为主要交易平台,形成规模效应和协同效应的电商生态现象[1]。为何在永嘉农村会冒出一个"淘宝村"?"淘宝村"存在什么问题? 它的发展趋势如何? 对温州网络经济发展有何启示? 为此,本文对永嘉西岙"淘宝村"进行了专题调研。

作者简介:第一作者系中共温州市委党校教授,第二作者系中共温州市委党校助教,第三作者系中共温州市委党校永嘉分校讲师。

一、永嘉西岙"淘宝村"的特点及成因

1.西岙"淘宝村"的特点

桥下镇以埠头、西岙、小京岙、梅岙、下斜 5 个村为核心,形成教玩具产销基地,其中,埠头村是教玩具的生产基地和教玩具有形的销售基地(桥下镇教玩具交易市场),西岙村是无形的销售基地(淘宝村)。西岙村是桥下镇下辖的一个村,共 230 户,常住人口为 870 人。依托桥下镇教玩具产业基地的行业优势,西岙村经营淘宝店计 150 户、500 多家网店。西岙村作为一个典型的"淘宝村"有其自身的特点。

(1)少数个体市场创新成功后,周边村民群体模仿,扩散极快,迅速形成规模。西岙"淘宝村"是由几位回乡的年轻人开网店成功后,周边村民争相效仿而发展起来的。乡村社会的透明性和社会网络的关联性,是开网店现象能够在当地迅速扩散的重要社会条件。截至 2013 年,西岙村有 500 多家网店,其中以本地村民夫妻店和大学生店为主,占全村网店的 80% 左右。

(2)凭借当地教玩具产业集群优势,配套服务成本低、效率高。依托强大的生产基地、教玩具交易市场的支撑,以及稳定的销售渠道和发达的信息渠道,西岙"淘宝村"不断壮大。2012 年,桥下镇教玩具产业产值达 40 多亿元,占桥下镇整个工业产值的 2/3,是永嘉县四大支柱产业之一[2]。

(3)线上与线下销售相结合,价格低廉的优势更加明显。坦头有形市场与西岙无形市场的结合经营,促进了桥下镇教玩具市场的发展与壮大,大部分桥下镇村民都是实体店铺与淘宝店铺同时经营,虚实结合、相互补给,拓展了营销模式,扩大了销量,并且具有明显的价格优势。

2.西岙"淘宝村"的成因

(1)产业基础。一是以强大的生产基地为基础。教玩具生产以埠头村的生产厂家最多最为集中,被称为"教玩具的生产基地"。桥下镇共有 490 家教玩具生产企业,拥有"永浪""凯奇"等知名商标。二是以有形市场为支撑。西岙淘宝村与坦头教玩具市场地理位置相近。坦头交易市场有店铺 100 多家、产品种类 6000 多种。强大的有形市场对西岙"淘宝村"有着极大

的经济辐射效应,对淘宝村产品销量的提高和规模的发展有很大的促进作用。三是以区域品牌为依托。桥下镇是浙江省唯一的教玩具专业化产供销基地,经过多年发展,确立了其在国内教玩具行业独特的区域品牌优势。2005 年,桥下镇教玩具销售收入达到全国教玩具销售收入的 60%。[3-5]

(2)商业文化。桥下镇埠头、坦头和西岙 3 个村村民历来有重商传统,商业气息浓厚。他们既务实苦干,又敢为人先。与其他温州人类似,这里的村民有着强烈的"人人当老板"的意识。这种意识是西岙村家家户户都开淘宝店的文化理念基础。

20 世纪 70 年代,西岙村从生产教学挂图等简单教玩具起步,20 世纪 80 年代始投资创办家庭作坊生产教玩具。为了开拓新的营销渠道,西岙村村民开始试水网上营销。他们突破传统观念,从事电商产业,推动观念变革,使村民可以低门槛自主创业。这种模式能够迅速被复制传播,彰显了西岙村开放、共享的商业文化,是村域文化不断发展和丰富的体现。

(3)软硬环境。西岙"淘宝村"的迅猛发展,带动了西岙村其他辅助性行业的发展。一是物流供应链的迅速发展。2013 年,西岙村快递公司有 19 家,多家托运公司在村口集聚,西岙村已成为桥下镇一个重要的物流集散中心。二是银行等金融机构的不断壮大。桥下镇先后有中国农业银行、农村信用合作社等 5 家银行入驻,自助银行服务网点有 10 多个,为西岙"淘宝村"的发展提供了便利。物流和银行服务的便利是西岙村电商发展的硬条件。三是网络设施的不断完善。淘宝店的经营运行主要依靠电脑、互联网等工具。截至 2014 年 7 月,西岙村开通宽带的户数有 200 多家。西岙村内一共有 2 家宽带服务商,使用电信宽带的网店占 80%,使用移动宽带的网店占 20%。网络设施的不断完善,是实现西岙村电商发展的软条件。

二、永嘉西岙"淘宝村"发展存在的问题

1. 片面依靠低价竞争

桥下镇教玩具产品,不仅面临着外部激烈的价格竞争,而且内部之间的价格竞争也十分激烈。以塑料凳子为例,原来一个 3.5kg 重的塑料凳子要卖 30 多元,现在重量降到 2.6kg,价格为 17 元,其性价比可想而知。在激烈

的价格竞争下,厂家除减少用料、降低重量外,有的就掺杂碳酸钙。淘宝店之间的价格竞争更为激烈。往往一件产品出厂价格为 290 元,网上销售价格却为 280 元。他们凭什么赢利呢?凭物流公司的回扣,也就是物流公司开给客户的 20 元物流费,会返回 10 元给卖家。价格竞争如此惨烈,产业发展必定难以持续。

2.农村基础设施薄弱

一是供电设施不完善。农村落后的供电设施,经常导致故障停电,使得淘宝店无法正常运营。二是空间束缚。由于西岙"淘宝村"的网商成长迅速,对办公用地、仓库的需求也急速扩张,但村民的居住空间有限,严重束缚了其发展空间。西岙村卖家将自己家改造为办公室和仓库,其中运营规模较大的卖家就租用闲置房屋作为库房,但由于仓库距离较远,比较分散,造成了运输和管理的不便,限制了淘宝店的长远发展与壮大。

3.人才吸引力低

相对于城市网商,西岙"淘宝村"发展面临的人才缺乏尤为突出。现在年轻一代在就业选择对不但要看工资的高低,还要比较生产、生活环境的好坏。不仅外来人才不愿来农村工作,就连西岙村本地大学生和中青年劳动力也不愿留在家乡工作。

三、从"淘宝村"现象看温州网络经济发展

1.桥下镇教玩具产业发展前景

从桥下镇教玩具淘宝行业的区域竞争情况看,主要面临着两个地区的竞争。一是江苏宝应县曹甸镇教玩具产业的竞争。曹甸镇教玩具市场份额已经占到全国教玩具市场的 1/3 以上,是江苏最大的教玩具生产基地。尽管曹甸镇教玩具产业对永嘉桥下镇教玩具产业构成一定的竞争,但毕竟起步迟,产业基础薄弱,并非桥下镇的对手。二是向山东临沂的产业转移。山东临沂有着土地资源丰富、价格便宜及靠近广阔的北方市场的巨大优势。如今桥下镇已有一家骨干企业迁往山东临沂。如果再有若干家骨干教玩具企业集体迁往,将带动桥下镇其他教玩具企业集体迁移。业内专家认为,山

东临沂才有可能成为桥下镇教玩具产业主要的潜在竞争对手。

从目前永嘉教玩具产业及淘宝业务的自身发展看,桥下镇教玩具产业发展比较稳定。2011年温州民间借贷风波期间,当地银行出现停止续贷的不守信用行为。为此,桥下镇10家教玩具企业和1家瓶盖生产企业抱团结盟,每家企业出资100万元,共1100万元,设立应急转贷资金。并以此为条件,他们对数家商业银行进行招标式的选择谈判,双方签订协议,银行方答应不再抽贷压贷,同时给予优惠的贷款条件。目前,桥下镇教玩具企业发展良好,每年地区生产总值以9.1%的速度增长。

从当地教玩具产业的电商发展看,包括西岙村在内的桥下镇电商正处在竞争白热化阶段。网络电商投入精力大,但利润薄。同时,广大中小企业依仗的网络电商业务也直接冲击了传统有形市场。当前桥下镇西岙"淘宝村"电商竞争正处在类似于20世纪90年代初期的小商品专业市场阶段,必定面临结构分化,需要重新洗牌、重新定位。

2.西岙"淘宝村"现象对温州网络经济发展的启示

(1)政府在进行网络经济的产业布局时,不能忽视农村地区的发展。"淘宝村"之所以出现在永嘉桥下镇农村,却没有出现在人才集聚、商业集中的温州市区,是由于城市社区是陌生人社会,而农村社区却是熟人社会[6]。熟人社会的人际关系环境有利于人们相互之间快速地获取和传播网络经济相关知识,从而使得个体创新行为迅速外溢,成为群体性行为。因此,结合传统产业集群优势,温州的村落中完全有可能冒出第二个、第三个"淘宝村"。可见,政府在进行网络经济的产业布局时也不能忽视农村地区的发展。

(2)不能片面发展网络经济,要从产业整体出发,避免恶性竞争。西岙"淘宝村"这样的网络电商营销模式,是对传统营销模式的一个重要补充。作为一种全新的销售方式,一方面,由于省去了传统销售方式的中间环节,节约了传统促销的广告成本,加上没有税收负担,极大地降低了产品交易成本;另一方面,中小企业和个人的网络电商低价倾销,也会直接冲击产业集群内部的主要骨干企业。因此,在重视"淘宝村"这样的网络电商发展的同时,也要注意从教玩具产业的整体发展出发,做好当地线上与线下业务的协调发展,营造公平竞争的良好环境,避免出现"劣币驱逐良币"的逆淘汰。

(3)电商品牌化。西岙"淘宝村"数量庞大的网络电商正处在恶性竞争中,这预示着今后不久必将面临重新洗牌。就像当年小商品市场最后走向衰落,逐步向品牌化发展一样,品牌电商化、电商品牌化必定是网络市场的发展趋势[7]。"淘宝村"正在经历从1.0向2.0的转变,淘宝村2.0的主要特征趋势是集约化、品牌化、生态化和扩散化[1]。

四、振兴温州网络经济的政策建议

1.科学布局

结合传统产业集群分布,对网络经济进行科学布局。从温州传统产业分布看,产业集群主要分布在农村。从"淘宝村"发展情况看,农户直接变身网商,并在电子市场里扮演主要角色,是当前温州网络经济的重要特点。因此,在下一阶段网络经济的产业布局中,应结合温州产业集群的分布特点,更多地考虑自发形成的"淘宝村"或有网络市场可能性的农村地区,给予有潜力的农村更大的支持和培育。这也许能够给温州经济的未来发展带来新的增长点。

2.培育品牌电商

结合"淘宝村"的阶段转型特点,重点培育品牌电商。"淘宝村"的网商经过优胜劣汰的竞争洗牌,未来一段时间里最终只有那些能够有效把控产品质量和成本的网商才会胜出。从区域竞争角度看,西岙"淘宝村"正面临着其他区域的激烈竞争。为此,地方政府应以区域长远利益为本,根据品牌电商化、电商品牌化大趋势,积极培育一批有竞争力的骨干品牌电商,力争在区域竞争中占据有利地位。

3.优化市场竞争环境

结合正面教育和行为规制,优化市场竞争环境。当前教玩具企业的相互间竞争进入了白热化的阶段,个别企业为了降低成本,开始偷工减料,有的过多添加碳酸钙,有的减轻用材重量,影响产品质量。为了防止过度竞争影响产品质量,以免给行业和区域声誉造成损害,政府质量监督部门应在加强质量管理教育的同时,加强治理整顿,严厉打击过度非法竞争行为,引导企业公平竞争。

4.加快行业协会建设

借鉴抱团自救的经验,加快行业协会建设。2011年金融危机袭击温州时,桥下镇10家教玩具企业和1家瓶盖生产企业通过抱团,提升了和银行谈判的资本,成功地避开了担保链危机。借鉴这一成功经验,桥下镇教玩具产业和网络电商也急需加快成立行业协会,加强行业自律和行业治理,建立良好的竞争秩序。

5.增加公共服务投入结合线上和线下(O2O)需要,增加公共服务投入

根据网络市场O2O融合的大趋势,实体店的价值将被重新认可。销售以线上为主,线下配套体验服务,将是电商发展的大趋势。为了增强区域经济竞争力,地方政府应根据当地产业发展需要,加大投入,优化有形市场的公共环境。当前西岙村普遍存在仓储基地紧张、村落市场外部环境不佳、实体店铺形象差等问题,政府应加大投入,加强区域环境建设,改变桥下镇交通环境、市场环境,树立良好的区域形象。

[参考文献]

[1] 阿里研究中心.淘宝村研究微报告2.0[R/OL].(2013-12-27)[2014-09-01].http://www.aliresearch.com/? m-cms-q-view-id-75840.html.

[2] 桥下教玩具产业转型整合正当时[N/OL].温州日报,2013-02-20[2014-09-01].http://www.wzrb.com.cn/article449403show.html.

[3] 陈强,何彤彤.温州电子商务企业调查分析[J].统计科学与实践,2013(12):42-43.

[4] 富玲燕,叶圣义.永嘉启动中国教玩具出口基地建设[N].温州日报,2013-12-06(6).

[5] 叶圣义.永嘉教玩具产业逆势飘红[N].温州商报,2013-08-13(18).

[6] 王金锋.淘宝村发展现状[J].中国服饰,2014(2):86-87.

[7] 陈涛.电商内幕:传统企业进入电商的必修课[M].北京:电子工业出版社,2014:42.

（原刊于《温州职业技术学院学报》2015 年第 1 期）

温州"三位一体"农村新型合作体系建设的实践与探索

陈庆凯　何建瑞　林晓清

【摘　要】温州"三位一体"农村新型合作体系突出表现在,农民合作组织内部实现生产、供销、信用三重功能融合,农民合作组织外部实现农业公共服务、农业社会化服务与合作成员自我服务的联合共聚。它是迎合农业经营规模化、集约化及现代化趋向的必然选择,是农业生产经营方式创新、增强农业组织化程度的重要内容。自 2006 年以来,温州在"三位一体"农村合作体系方面进行了积极有益的探索。在乡村振兴战略背景下,进一步推动和规范温州"三位一体"农村新型合作体系,大力发展专业合作,有效搭建农产品对接平台、为农服务小额融资平台、为农服务综合经营平台,对实现保护农业生产、维护农民利益、带动农业增效和农民增收将起到更加积极的作用。

【关键词】温州;农村合作体系;"三位一体";"农合联"

《中共中央国务院关于实施乡村振兴战略的意见》(2018 年中央一号文件)提出"产业兴旺、生态宜居、乡风文明、治理有效、生活富裕"的新要求,明确描绘出现代化农村的发展前景[1]。做好新时期"三农"工作,应当从实际出发,不断拓展"三农"工作思路,创新"三农"工作载体,积极探索一条具有中国特色、时代特征、地方特点的"三农"科学发展之路。建设"三位一体"农

作者简介:第一作者系中共瑞安市委党校校长,第二作者系中共瑞安市委党校高级讲师,第三作者系中共瑞安市委党校讲师。

村合作体系是建设新农村、构建和谐社会的制度创新。2006年1月8日,时任浙江省委书记习近平同志在全省农村工作会议上提出农民专业合作、供销合作、信用合作"三位一体"的战略构想,并于12月19日在温州瑞安全省现场会上指出,"三位一体"是生产、供销、信用三类合作组织的一体化,又是三重合作功能的一体化,更是三级合作体系的一体化,是联系工农、沟通城乡的桥梁和纽带。

"三位一体"农村合作体系探索是新农村建设的重大期盼,是一种成本最低、功能最佳的组织创新[2]。近年来,"三位一体"农村新型合作体系正处于积极实践与探索中,学者从概念、具体内容及实践角度对这一体系建设进行了研究。在概念上,胡振华等从发端和整合两个维度分析"三位一体"农协的动力作用机制,同时依据"三位一体"农协运作实践论述两种动力驱动的不同路径选择[3];在具体内容上,胡振华等通过深入讨论"三位一体"农协中影响融资与信贷的信用担保体系,解析成功的信用担保体系模式,为"三位一体"农协信用担保体系的建立提供可行性方案[4];在实践角度上,陈国胜基于对浙江省温州市的调研情况,指出"三位一体"新型农村合作体系建设的核心问题是尊重农民意愿,破除部门利益,夯实发展基础,从而进一步提出实现"三位一体"运行机制的对策[5]。全面建设"三位一体"农村新型合作体系是解决"三农"问题的客观和内在要求,是现代农业发展的迫切需要。"三位一体"农村新型合作体系的深化,不仅有利于推进农村发展的各项改革,更是各类农村合作经济组织寻求自身发展壮大的重要途径。

一、温州"三位一体"农村新型合作体系现状

1. 运行情况

(1)完善"三位一体"合作体系,因地制宜推进"三位一体"模式。一是全面构建市、县、乡镇(街道)三级农村合作经济组织联合会(以下简称"农合联")体系。截至2017年底,在市本级、11个县(市、区)及134个乡镇(涉农街道)全部组建"农合联"。市、县"农合联"与同级供销社合署办公,两块牌子一班人马,并设立"农合联"专职副主任。乡镇(街道)"农合联"的职能与基层农业公共服务中心的职能融合在一起,根据实际设立农信部、供销部、

技术推广部和动植物疫病防控站、农产品质量监管站等,开展农业公共服务和社会化服务。二是发展多种适合当地实际的"三位一体"模式。苍南县桥墩镇建立以基层供销社主导的"三位一体"模式,创办桥墩供销社经营服务综合体,下设一处三部(秘书处、农信部、供销部、技术推广部)。同时,基层供销社成立农产品展销展示中心、农业综合服务中心、培训中心、资金互助会、电子商务部等组织,促进生产、销售、资金保障等资源的融合,实现合作经济组织的共赢发展。瑞安市建立专业合作社主导的"三位一体"模式,温州市瓯海区培育龙头企业主导的"三位一体"模式,文成县建立农产品经纪人协会主导的"三位一体"模式。苍南县及温州市瓯海区、洞头区等结合当地实际,积极探索农产品批发市场、银农合作、村股份经济合作社主导的"三位一体"模式。

(2)构建完善的农产品产销体系。一是提升传统流通体系,推动农产品购销业务。截至2017年底,建成瑞安农贸城、苍南浙闽副食品批发市场等农副产品批发市场5个,各类经营服务综合体100家,展示(展销)中心11个;发展连锁企业39家,配送中心29个,连锁门店2195个;乡、村经营服务网络乡镇覆盖率达100%、行政村覆盖率80%以上,供销合作社传统流通体系得到全面改造和提升。二是建设特色交易市场,提高农产品附加值。各县(市、区)立足本土农产品优势,以现代物流业为依托,打造特色交易市场,提升农产品附加值。温州市瓯海区丽岙投资兴建"温州花城",总投资达5亿元,这是一个以花卉产业为核心,集花卉交易、餐饮娱乐、商业休闲、观光旅游和活动展览等多功能为一体的综合性市场。另据实地调研,瑞安市上绿花椰菜交易市场建有先进蔬菜预冷设施,向各地客商提供物流、食宿等一条龙服务。截至2017年底,已与全国14个省(市)市场建立稳定的购销关系,惠及周边66.67平方千米园区农户,实现年交易额4.2亿元,已形成集技术、种植、防治、销售为一体的规模化无害农产品产业,通过"抱团销售",花菜批发价由0.25~0.75元/千克提高到1~1.5元/千克,带动4000多农户增收。三是推行多种销售模式,丰富农产品经营方式。瑞安梅屿蔬菜专业合作社开展"合作社+公司+农户+市场"企业化营销模式,为企事业单位、超市提供精品蔬菜配送服务,2017年全年配送业务额1500万元,外销业务额 1000 万元。瓯海农合实业发展有限公司全资出资成立瓯海供销超市有限公司,开办"老供销"便民超市,自建 2000 平方米物流配送中心,通过大力打造"百村百店百站"工程,截至 2017 年底,以自办和加盟方式开办"老供销"超市 105 家,覆盖全区 80% 的村,业务涵盖"商超+基础金融业务+巡诊医生+社保结算+电商+其他",货品配送率超过 80% 以上。供销"三位一体"合作经济发展示范区项目已在瑞安落地,将打造农村电商产业集群,推进农业产业转型升级。四是打响区域农产品公共品牌,增强市场竞争优势。瑞安创建了全省首个县级区域性农产品公共品牌——"瑞安农产",委托高校统一品牌视觉形象设计,推动合作社统一质量标准、统一生产质量、统一商品包装,并落实农产品质量检测追溯制度。经走访瑞安市马屿镇为农服务中心了解到,截至 2017 年底,"瑞安农产"已开设 7 家品牌体验店,吸纳 24 家农业龙头企业和专业合作社加盟,整合农产品近 200 种,统一打响品牌,拓展销售市场。"万科农业"的蔬菜已走进杭州、上海等十几个城市市场,梅屿蔬菜专业合作社所属的温州万科农业开发有限公司与广东润蕊贸易有限公司达成战略协议,向香港地区供应番茄、芹菜、花椰菜等优质蔬菜,瑞安本地农产品已上香港人的餐桌。文成县二源绿色农业种植专业合作社"邱老汉"品牌,入选"2016 中国百强农产品好品牌"。

(3)多方位创新农村金融服务。一是创新发展农村资金互助会。截至 2017 年底,温州市农村资金互助会 60 家,会员 4.11 万户,入会金 3.02 亿元,吸收互助金 2.53 亿元;2017 年发放互助金 4505 笔计 6.84 亿元,历年累计发放互助金 19549 万笔计 30.5 亿元。二是强化提升农信担保服务。不断完善和健全农信担保服务网络,创新担保措施,扩大担保规模和服务范围。2017 年温州市 9 家农信担保公司共发放 1753 笔计 4.5 亿元,累计10873 笔计 38 亿元,累计担保扶持 1 万多户次,累计担保金额 38.6 亿元,有力支持了专业合作社、农业企业和种植养殖农户的创业创新,助推解决农业小微贷款难题。三是促进银农合作,助推金融支农。温州市合作供销社与温州市农行签订战略合作协议,截至 2017 年底,已获得 100 亿元授信,联合农商行等金融机构对 774 家专业合作社进行评信和用信工作;支持农商行深耕细作,创新开展农民资产受托代管融资和薄弱村优惠利率融资贷款业务;发动其他商业银行向农业、农村、农民倾斜,试点推出面向"农合联"会员的"供销一卡通""三农贷""福农卡"等金融服务,支持农村发展。四是开展农产品保险互助。经走访瑞安市马屿镇为农服务中心了解到,温州市最早成立的瑞安市兴民保险互助社,开办农产品保险、农产品货运保险和农户小额贷款保证保险三大险种,已陆续为 132.2 公顷大棚番茄投保冻害保险,保费 162 元/公顷,最高赔付额 1200 元。

(4)搭建多层次功能性服务平台。一是搭建现代农业社会化服务平台。截至 2017 年底,已建成现代农业综合服务中心 8 个(其中省级现代农业综合服务中心 2 个),为农业生产主体提供产前生产资料供应、产中技术指导服务、产后农产品储运销售及金融、电商、废弃包装物回收等社会化服务。二是搭建农村产权交易平台。农村产权交易平台主要服务内容是农村集体闲散资产的再交易,包括土地流转、村集体物权产权、林业资源等,主要功能是盘活村集体闲散资产,发展壮大村集体经济,充分利用交易平台发布交易信息,让更多农民知晓农村闲散资产,通过交易增加收入。截至 2017 年底,瑞安通过农村产权交易平台交易 52 宗,交易金额达 503.5 万元,其中:农村物业 42 宗,交易金额 455 万元;土地流转 10 宗,48.5 万元;土地流转面积约115.3 平方千米。三是搭建现代农业创业创新服务平台。为满足越来越多的农民对农业创业创新的需要,2014 年瑞安率先开展筹备工作,2016 年正式注册成立瑞安农业创业创新孵化园"草根工社",围绕创业孵化平台、创业服务体系、示范基地、人才服务等积极探索,成功孵化瑞安市鸿丰农资有限公司等企业,同时也锻炼培养出雷大峰、潘孝雷、林志寅等新型农业人才。经走访瑞安市马屿镇为农服务中心了解到,"草根工社"为初创者提供工商注册、财务代理、农业科技、农业金融保险、农产品检测、电商服务、产品展示等服务,建成孵化面积 4796 平方米,入驻团队和涉农企业 41 家,签约导师21 人,与浙江省农科院蔬菜所、温州科技职业学院等大专院校和科研院所建立长期合作关系,2017 年"草根工社"成为省级"星创天地"。

(5)加强政策保障,发展党建引领作用。温州市委市政府先后出台《中共温州市委温州市人民政府关于组建温州市农村合作经济组织联合会进一步促进农村合作经济发展的实施意见》(温委发〔2011〕174 号)、《关于深化

"三位一体"农村合作体系建设的意见》(温委办发〔2014〕23号)等文件,将深化"三位一体"改革列为温州市委重点改革项目之一,深化"三位一体"改革、供销社综合改革与农业经营体制改革、农村金融体制改革相融合,共同推进改革。自2012年以来,温州市委市政府先后出台《关于推进农村金融体制改革的实施意见》(温委发〔2012〕101号)、《温州市农村资金互助会管理办法(暂行)》、《温州市农村信用合作风险补偿资金管理试行办法》等政策文件,积极稳妥发展农村互助合作金融,创新发展互助组织,提升信用合作服务,为农民合作组织拓展信用合作发挥了积极作用。这一系列综合改革政策,为深化"三位一体"农村合作体系建设提供了政策支持。同时注重理论与实践相结合。中国社会科学院农村发展研究所在瑞安设立农村组织与制度改革创新("三位一体"农村合作体系建设)研究基地,与专家学者建立研究交流平台,重点围绕"三位一体"农民合作体系建设热点难点问题,开展研究、创新、培训、宣传等多方位合作。此外,重视发挥党建引领作用。在瑞安马屿镇、东山街道等实施以"支部建在合作社上"为核心的农(渔)业产业链党建,通过党员示范引领,实现党建帮扶、帮带、帮富。经走访瑞安市供销合作社了解到,马屿镇率先建立镇级农业服务中心党支部、农业产业联盟党总支、合作社党支部,全面形成"农业产业联盟党总支＋合作社党支部""支部＋农户"的现代农业新型党建模式;瑞安市东山街道率先开展渔业产业链党建,涵盖海洋捕捞、水产品加工、水产品销售等领域企业60多家、党员227人,打造"蓝海飘红"产业链党建示范品牌。

2. 存在的问题

经过10多年的实践,温州"三位一体"农村新型合作体系成效显著,为乡村振兴发展积累了经验,但也存在许多亟待解决的问题。

(1)涉农人才缺乏,"新农人"培养力度有待加大。近年来,温州市委市政府对新型农业人才的培养和引进一直非常重视,如瑞安"草根工社"等人才培养平台发挥了很大的作用,但相对于温州全市农村农业发展的需求,培养力度还远远不够。总体上看,在岗从事农技推广工作的乡镇农技人员年龄普遍偏大,多数专业合作社人员综合素质不高,缺乏会管理、懂技术、市场开拓能力强的复合型农业人才,农村专业合作经济组织的带头人大多文化素质、农技素质不高,观念比较落后,合作共赢意识不强,其整体素质难以适应现代农业生产发展的需要。

(2)风险防范意识淡薄,信用合作机制有待完善。温州虽然在金融创新方面取得了一定的成效,但信用合作过程中存在的风险隐患亟待解决。合作社自己创办的农村资金互助组织作为一种地方信用创新,组织法律地位不明确,开展信用合作的适用依据不充分,金融创新政策保障滞后,相关金融部门因行业法规限制,无法与"农合联"或合作社融为一体。另外,农村资金互助会发展五年后的风险隐患累积,存在较大的风险,亟待厘清加以解决。

(3)相关职能部门协调不畅,涉农营商环境有待改善。当前各涉农职能、涉农资金分散在温州全市各条线上相关部门,对这些职能、资金进行整合,并督促部门自觉与"农合联"形成良好互动,有赖于上级各条线上相关部门的职能转变,各职能部门之间的统筹协调。深化"三位一体"改革,必然涉及产业政策、行政管理、社会治理等方面制度的突破,在现有体制下推进改革,仍有许多体制机制有待突破,涉农营商环境有待改善。

(4)农产品生产品牌意识不强,产供销网络尚不稳固。目前,农业生产方式滞后,仍是靠天吃饭,生产设施投入严重不足,农产品深加工不足,缺乏农产品品牌与知名商标;运用现代营销手段不够,尚未形成强大的产供销网络体系,运用企业 App、小程序等电商配送线上线下整合不够。

二、温州"三位一体"农村新型合作体系建设的对策

1. 树立以人民为中心的发展理念,坚持农民主体地位不动摇。

深化"三位一体"改革,核心是要通过农民合作制度创新、治理创新,提高农民组织化程度,增强农民市场竞争力,推动农业增效、农民增收。坚持"为农、务农、姓农"的理念,以写入组织章程等方式,明确农民合作经济组织的代表要在各级"农合联"会员大会代表、理事会成员中占大多数,打造"农有、农治、农享"的"农合联";建立实施"议行合一"制度,出台理事会内部绩效考核机制,将"农合联"考绩权交给农民,在机制上确保诉求由农民提出、决策由农民做出、成效由农民评出;整合基层供销社、乡镇(街道)农业服务

中心等资源,按照"三位一体,服务三农"要求打造一批区域性现代化涉农服务综合体,为农户提供零距离的生产、供销、信用等服务,有效解决服务农民"最后一公里"难题。

2. 完善现代农业社会化服务体系,推进产供销信息化、智能化

市场供销是农民最关注的问题,也是发展壮大农民合作经济组织的现实依靠。深化"三位一体"改革,关键要以农业供给侧结构性改革为引领,遵循市场规律,利用"农合联"平台整合各农民合作经济组织供销资源,在产销对接上发力,打通供销新渠道;顺应"品牌+""互联网+""现代物流+"新趋势,立足本土特色农业产业优势,大力推广"特色基地+专业合作社+农户""公共品牌+龙头企业+专业合作社"等模式,在供给端推动优势农产品统一生产标准、统一生产技术,在营销端实行统一设计、统一品牌,将产业资源优势转化为品牌优势和市场竞争优势;支持鼓励专业电商、涉农金融机构、龙头农业企业等市场主体,利用各自资源优势搭建农产品网络营销平台,进一步拓宽农产品营销渠道;根据农业生产布局打造一批区域集散中心,特别是建设对外贸易的特色交易市场,变当地农业经纪人在外跑市场为外地经纪人驻点跑市场,进一步提速农产品流通效率。

3. 加大新型农业人才培训力度,造就乡村振兴需要的复合型人才

农村实用人才是深入实践"三位一体"综合合作的关键因素,是为农业农村经济发展提供服务、做出贡献、起到示范和带头作用的农村劳动者。建立完善农村实用人才培养制度,大力培养更多会种地、善经营、懂管理、市场开拓能力强的复合型人才,解决农村实用人才短缺的现状,为现代农业发展提供人才保障;加强"三农"工作干部的培养,把到农村一线锻炼作为培养干部的重要途径,鼓励各种人才到乡村挂职、兼职、离岗创业,建立健全培训机制,加强村干部"三农"教育培训,鼓励参加学历教育,通过提高待遇、提升效能、优化环境等措施,把农村各级各类人才稳定好、利用好。

4. 创新互联互保模式,防范信用合作风险

当前现代农业逐渐朝着科技化、规模化发展,农业产业升级急需资本投入,但因为投入大、抗风险能力弱、资金回笼慢、回报率低等原因,农民合作

经济组织普遍面临融资难、融资贵等问题,严重制约其进一步发展壮大。为此,要大力引导各级"农合联"、金融机构和农民合作经济组织深化信用合作,开展从商业银行联保联贷、农民合作社资金互助到农业保险、信用担保的多层次、多元化服务,实现金融精准有效服务。此外,在有效发挥农民合作基金、农信担保基金作用的同时,鼓励市镇"农合联"与属地农行、农商行等涉农金融机构开展信用战略合作,并以银农授信为契机,牵头各合作银行开展信用合作社、信用户评定。一方面鼓励、引导更多条件成熟的农民合作经济组织组建农村资金互助社(会)、农村保险互助社,在法律允许范围内开展信用互助业务;另一方面对农村资金互助组织采取包容审慎监管,在税费、资金、宣传等方面提供充分支持,为其稳定、持续发展创造条件。同时借鉴银农授信经验,在市镇"农合联"会员单位、产业联盟、示范专业合作社内部推广开展以互联互保为主要内容的内部信用合作,并加强信用评定结果应用,缓解农民融资难问题。

5.优化涉农营商环境,实现公共服务一体化

有机整合农业技术推广服务、农村基础设施服务、农业通信服务、农业资金服务、农业相关政策与法律知识服务、农村组织及经济管理服务等政府公共服务体系,为深化"三位一体"改革提供保障。农业公共服务体系建设是各级政府重要的工作内容,需要在温州全市范围内建立以村级服务站点为基础,以点带面形成区域性的农业公共服务机构,逐步实现涉农公共服务一体化,以提供更为有利、优惠的扶持政策,不断优化涉农营商环境。

[参考文献]

[1] 中共中央国务院关于实施乡村振兴战略的意见[A/OL]. (2018-02-04)[2018-09-20]. http://www.gov.cn/zhengce/2018-02/04/content_5263-807.htm.

[2] 胡振华."三位一体"农协探索是新农村建设的重大期盼[J]. 温州职业技术学院学报,2012,12(2):1-3.

[3] 胡振华,何继新."三位一体"农协动力机制分析[J].青岛农业大学学报(社会科学版),2012,24(1):26-30.

[4] 胡振华,李斌,罗建利.农户与专业合作社信用担保问题及客观形式——基于"三位一体"农协的思考[J].江西农业大学学报(社会科学版),2013,12(3):273-280.

[5] 陈国胜."三位一体"新型农村合作体系建设的困境与对策[J].南方农业,2014,8(34):40-44.

（原刊于《温州职业技术学院学报》2019 年第 2 期）

社会民俗编

温州鼓词音乐及结构特点分析

施王伟

【摘　要】温州鼓词是浙江温州一带的一种说唱形式,其音乐是比较有特色的。其结构吸收其他各种艺术品种的精华,在传统上下句为一段的基础上,扩展出了(两段)四句式、"起平落",以及由"起平落"延伸出的"散慢中快散"等,大大丰富了鼓词的音乐表现力。当今许多地方说唱趋向衰微之际(有的处在绝响的边缘),温州鼓词却在广大农村和城乡接合部、街道社区仍能广为流行。这是值得曲艺界研究的一种现象。

【关键词】温州鼓词;音乐;结构特点

温州鼓词是浙江省温州市一带的一种说唱形式,其渊源有两种说法:一种系北方鼓子词随宋室南迁传入温州后演变而成;另一种系明清之际由平阳里巷之曲与词曲合并而成。

据《中国曲艺音乐·浙江卷》第2卷第2页(此书尚未正式出版)可知,温州鼓词最早见于文字记载的,是清代嘉庆丁卯年(1806年)赵钧所撰《过来语》一书。赵钧在《过来语》中写道:"嘉庆、道光年间,有白门松最善唱词,至处皆悬灯结彩,倾动一时。"在后来的一些地方官吏和文人墨客的笔下,也有这方面的记载和描述,如方鼎锐在《温州竹枝词》中写道:"乡评难免口雌黄,演出荆钗话短长。此日豆棚人共坐,盲词听唱蔡中郎。"戴文隽在《瓯江竹枝词》中写道:"风鬟袅袅夜来香,艳说荆钗枉断肠。三十六坊明月静,无人解听蔡中郎。"

作者简介:浙江艺术职业学院二级作曲。

一、温州鼓词音乐

温州鼓词,俗称"唱词",过去大多由男盲艺人演唱,故又有"瞽词""盲词"之称。温州鼓词内分两支:一支为大词,宜唱经卷书,如《陈十四娘娘》《黄氏女修行》《华光传》等,宗教气氛较浓;另一支为平词,宜唱的内容大多取材于小说和民间故事,如《水浒传》中的《杨志卖刀》《拳打镇关西》《十字坡》《忠义堂》《野猪林》《武松》,《西游记》中的《水濂洞》《三打白骨精》《猪八戒拱地》,《三国演义》中的《古城会》《貂婵拜月》,民间故事《高机与吴三春》《孟丽君》《梁山伯与祝英台》《秦香莲》《珍珠塔》,民间传说《杨乃武与小白菜》,神话故事《宝莲灯》等。与其他鼓词相比,温州鼓词是较有地域特色的。温州鼓词以一人演唱为主,在室内外均可。过去一般遇社日庙会、神佛开光、家逢寿诞、婚丧嫁娶等即邀请鼓词艺人前来演唱。

村头巷尾、草坪中堂都可作场,多则连台数日,少则三两小时。歌喉嘹亮,曲折悠扬,其唱高亢曲时,配以击鼓,铿锵有力;其唱哀怨曲时,亦能如怨如慕,如泣如诉,令人心神向往。

温州鼓词用温州方言演唱(温州鼓词流行于温州方言区及与乐清相近的玉环,温州市城区、永嘉相邻的青田温溪等,虽各县市区域有口音差别,主要指瓯江下游的南北面之差别,但整体音乐风格是统一的),伴奏乐器以击打乐器为主,唱大词时用大鼓大锣,唱平词时用牛筋琴、扁鼓、梆子(称小抱月)和堂锣等。

牛筋琴是这些乐器中唯一的一件音高乐器,也是温州鼓词特有的乐器(产生于清光绪中叶),其可奏旋律,又可当击打乐器用(早期唱平词即用一扁鼓)。其主要唱调为"太平调"。"太平调"的基本音调来自"浙东"(丘陵区)山歌调,较淳朴爽朗,歌唱性较强,唱词多以七字为一句,以上下句为一段,上句落 re,下句落 sol,徵调式。如张锦永演唱的《古城会》一段:

13｜23 ｜3·51｜12·｜(223 ｜3653｜2221｜6561｜312)｜
慢表张飞 出 城 墙，

2 16｜16 2｜2 6｜616｜5-｜(5556｜1613｜2321｜
先唱 城 下 关 云 长。

65 16｜5 -)｜……

上段中"慢表张飞出城墙"，唱奏都落 re 音，下句"先唱城下关云长"，唱奏都落 sol 音，是轮廓较清晰的徵调式。

还有的是上句唱奏落 re 音，下句唱落 do 音，过门落 sol 音，实际上也是徵调式。如陈志雄演唱的《周幽王玩法》一段：

3352321｜221650｜5·3 261｜12·｜(222 223｜556 43｜
周朝 有个 周 幽 王，

2223 21｜65 61｜23 2)1｜3352321｜161 6｜3·5 6｜
他 荒淫 无度 乱 朝

32332 1｜1 -｜(222 23｜112 36｜53 5)｜……
纲。

从以上唱调来看，温州鼓词其上句一般为八板，下句为十板（后两板为一个拖腔）；节奏（快慢）是比较舒展的，七字句的排列是 2＋2＋2＋1，或者是 2＋2＋1＋1＋1。

在"太平调"舒展的基础上，根据唱词和人物的需要，从快慢来说，可以分为"快板""慢板""紧板""泛板""倒板""散板""数板"等；从音色表情来说，可以分为"太平游春腔"（一般为跳跃、愉快的）、"太平哭皇天腔"（一般为悲哀、痛苦的）、"追雷公腔"（一般为急促、紧张的）、"天女散花腔"（一般为抑郁、含羞的）、"母子腔"（一般为啜泣的）、"叹呻吟腔"（一般为惊慌、恐怖的）等。在温州鼓词中，"太平调"又称"正太平调"，这是有别于后来出现的"反太平调"而言的。"反太平调"是"正太平调"的上四度调或下五度调，为宫调式。如方克多演唱的《薛丁山哭灵》一段：

```
3  35 | 0  i  56 | 535  12 | 535  2 |
战场     初会  小姐        你，
```

```
05 3 | 5  63 | 3·5  2321 | 161  6 (2 | 3  21) |
全仗  千岁    为   红媒。
```

```
0i  65 | 3  ii | 335  3 | ii  i | 6  656 | 5 - | 5  05 |
那晓得，是父不  投唐        兄不  愿，              一
```

```
53  5 | 161 61 | 2 - | 2 - | 05  63 | 553 | 2·12 | 1 - | 1 - |
门  相杀                      起祸   定。
```

根据音色表情，"反太平调"可以分为"诉衷情腔"（一般为赞叹、温柔的）、"上巫山腔"（一般为轻快的）等。除"太平调"之外（含正反太平调），温州鼓词也有个别附加调，如"弹词调"等，但不多。

二、温州鼓词结构特点

温州鼓词传统的结构，是以两句为一段做变化反复形成一乐曲的（变化反复体，如永嘉鼓词艺人余三豹演唱的《沉香木》等）。后来随着曲目的扩大及受周围其他各艺术品种（如瓯剧、越剧、京剧等）艺术表现形式的影响，在结构上出现了较多新的结构体（或者类似性的结构体），但其基本音调是大同小异的。

以下是几种常用的结构体或者类似性的结构体：

1."（两段）四句式"结构

"（两段）四句式"结构是以双乐句为段、两乐段成一唱调。如果从四句的落音来看，它们分别为"resollasol"。如郑声淦演唱的《罗汉钱·闹龙灯》一段：

```
53  32 | 335  32 | 33  5 | 66551 | 2 - |
你看那  钱孔   外面有 李小     晚，
```

```
3232 321 | 613 | 221 612 | 5 (556 | 11235 | 2321 6561 | 535) |
对我     艾艾  笑涟啊     涟。
```

```
1356  53· | 556  12 | 53  232 | 216  0 |
小晚   讲；  艾艾 赠我 金  方  戒，
```

```
621  656 | 12  621 | 221  6·1 | 5 - | （过门）
艾艾  讲    哥哥赠我 罗汉哇  钱。
```

2."起平落"结构

"起平落"是我国歌唱中的一种结构体式,在南北方的民间歌唱曲艺及由曲艺演化的戏曲音乐中都普遍存在。典型的是在江南钱塘江南北岸、太湖流域人称"唱说摊簧"之中。其典型结构为,"起、落"是一个旋律性较强的畸零句,中间插入句数不等"口语入唱"的"平段"。温州鼓词的"起句"或是一个上下句,或是一个"(两段)四句式",通过过门转到口语入唱的平段(温州鼓词中的快板、紧板、数板都是口语入唱性质的),然后再转到畸零句的(旋律性较强的)落句上。艺人们把"平段"称为"清板",把"落句"称为"落调"(这种称法与摊簧中的称法是相同的)。如丁凌生演唱的《杨志卖刀》中的一段,其结构是"起"[原板]→"平"[清板]→"落"[落调]。

(1)"起"约每分钟 88 拍(牛筋琴伴奏)[原板]:

3321 | 22365 | 53231 | 2 - |(过门略)
却说　汴梁　城之　中,

11 65 | 3 5321 | 61 16· | 212 | 3522 | 1
有一位　未上　梁山的　大英　　雄;

01 | 53· 321 | 65 01 | 332 123 | 53 2 (5 31 2) |
他名　叫　杨志号"青面　兽",

5153 2321 | 22365 | 53 2612 | 217766 | 5 - |
本领　　高强　志气　宏.

(53 5356 | 1111 12 | 6661 6536 | 53 5) |

(2)"平"(以方言口语入唱,无伴奏,实并不宜记谱)[清板]:

他为了 | 求取 功名把 | 钱用 尽,|

只落 得 | 一场 欢喜 | 变成 空,|

莫奈何 | 忍痛 要把 | 宝刀 来 | 卖,|

(3)"落"(伴奏复起)[落调]:

77 765 | 3 321 | 661 61 | 3 3 | 1·276 | 5 - |(过门略)
一心想　卖得　铜钱把　饥肠　充.

3."散慢中快散"结构

温州鼓词中出现的"散慢中快散"结构,是受了戏曲中成熟板套结构的影响而形成的,实际上它是"起平落"结构的一种演化。温州鼓词中的"散慢中快散"结构,在《水浒传》《西游记》《三国演义》《杨家将》等情绪大起大落片段中表现得尤为突出。如丁凌生演唱的《杨志卖刀》中的一段,是"散"[散板]→"慢"[原板]→"中"[快原板]→"快"[快原板]→"散"[散板]。需要说明的是,此段中两个[快原板]速度是不一样的,前一个[快原板]速度介乎于[原板]和[快原板]之间,而后一个[快原板]是真正意义上的[快板]。

(1)"散"[散板]自由速度。那杨——志——人——"呸"一声——把——刀——砍——去,(白)"哟"——(单槌)

(2)"慢"[原板]二四拍,约每分钟 80 拍:

这牛二——是头首哎——落地——就鲜血——冲——,刀如——飞霜——未——带——血——,(白)"呼"

(3)"中"[快原板]一四拍,约每分钟 90~100 拍:只见大汉——周桥上半桥——红,再不能横行霸道——压百姓,再不能欺压善——良来行——凶,地方官兵得知——道,当场捉拿——杨英雄。杨志并没有惧怕,挺身认罪到官衙——中,汴梁地方的老百姓,(渐慢)见杨志为民——除害——喜心——胸。

(4)"快"再[快原板]一四拍,约每分钟 100~140 拍:个个替他来打点,官吏罪名皆轻松,就把杨志来定罪,发配到大名府充军。

(5)"散"[散板]自由速度:到——后——来——杨——志——会——鲁——达,

同——上——梁——山——拜——兄——弟——。"同志们"

这一——段——是除——暴——安——良——行——好——事,名——叫——做杨——志——卖——刀(单槌)

伊是——美名——永表(单槌)——百世哇——忠——!"散慢中快散"可做变化处理,可在中间部分做缩减或增加。如方克多演唱的《游龟山》中"老伯听说是卢世宽,暗暗叫苦在胸间",一直到"此趟龟山难回程",是一个缩减的"散慢中快散"。其结构:一为[泛板](紧打慢唱的板式,类似于瓯剧中的"流水板"、越剧中的"嚣板"、京剧中的"摇板");二为[原板](二四拍,约每分钟 80 拍);三为[紧板](一四拍,约每分钟 180 拍);四为[泛板],是一个缩减了第三部分"中"的"散慢中快散"。

还有一种是"散慢散快紧散",由六部分组成,实际上还是"散慢中快散",只不过第三部分的"中"由[散板]来代替,第四部分的"快"由[快板]、[紧板]两部分合起来代替。如丁凌生演唱的《杨志卖刀》中"见一个彪形的大汉在街中",一直到"刹散了铜钿两厢崩"这一段。

从以上对温州鼓词的音乐和结构特点分析来看,温州鼓词的音乐素材主要来自本地区的山歌调。其主要唱调是"太平调",基本结构是以两句为一段做自由变化反复为主体的。为了充分表现脍炙人口的名著名篇,聪明的温州人大量吸收了其他各种艺术品种的精华,在传统的基础上,在结构上做了较大的改进,扩展出了"(两段)四句式""起平落",以及由"起平落"延伸出的"散慢中快散"等结构,大大丰富了温州鼓词的音乐表现力。以至当今许多地方说唱趋向衰微之际(有的处在绝响的边缘),温州鼓词却在广大农村和城乡接合部、祠堂寺庙、老年聚集之地等,还能听到其淳朴爽朗、歌唱性较强的旋律和绘声绘色的表白。温州人一如既往,在茶余饭后,在民间习俗之时,享受着富有浓郁地方色彩的说唱,在强势流行文化面前,还能保持其淳朴、开朗和健康的性格,保持其泥土的芬芳。这是值得曲艺界研究的一种现象。

[注释]文中示例均引自《中国曲艺音乐·浙江卷》编辑委员会主编的《中国曲艺音乐·浙江卷》第 2 卷。此书尚未正式出版。

(原刊于《温州职业技术学院学报》2007 年第 4 期)

构建和谐社会:温州市社会整合的探索

王尚银

【摘　要】针对社会转型关键时期多发的社会矛盾、社会的不协调,必须构建新型的社会整合机制和社会整合模式。改革开放以来,温州从经济整合、政治整合、社会事业的整体推进等方面进行了一系列成功的探索,并取得了宝贵的经验;但实践中,依旧存在的许多问题影响着温州进一步的社会整合,有待加以克服和解决。

【关键词】和谐社会;温州;社会整合

一、温州新型社会整合模式的探索

温州改革开放近 30 年来,一方面,经济迅速发展,社会转型加快;另一方面,在社会分化向深度、广度挺进与拓展的同时,各种各样的矛盾和问题也随之而来。如贫富差距的扩大、利益的全面分化、民工、劳资关系、社会保障、环境等问题,正是这些问题对社会整合提出了更高的要求。显然,面对社会转型关键时期多发的社会矛盾、社会的不协调,原有的社会整合机制、整合模式已经不适应,必须探索新型的社会整合机制和社会整合模式。

党的十六大以后,党中央构建和谐社会的战略实际上已经为温州地方社会形成新型的社会整合机制和社会整合模式指明了方向,规划了社会整合的整体目标。在党中央构建和谐社会这一社会整合的整体框架下,温州地方政府和民间力量都在积极探索新型的社会整合机制和社会整合模式。

作者简介:温州大学法政学院教授。

总体而言,温州政府根据当地实际情况,提出了构建和谐社会、全面建成小康社会的目标,试图从宏观上引领温州社会整合;而民间力量则一方面从自身的特性出发,寻找适合本体的整合途径,另一方面积极配合政府和其他社会主体,协力共创温州社会整合的新格局。具体而言,2004 年以来,温州为构建和谐社会实施了一系列重大举措。其主要表现在以下几个方面:

1.经济整合:以结构调整和协调发展为主线

2005 年,温州政府提出的"内引外联"发展战略,以及随后举行的工业发展"12345 工程"动员大会,标志着温州"民外合璧"式招商引资布局全面启动。实施"12345 工程",目的在于调整经济结构,转变经济增长方式。温州政府期望通过这个工程的实施,引进一批跨国大集团,抢占若干科技"制高点",培育一批行业"排头兵",创造一批民族工业"大品牌"。进一步强化工业的主体地位和龙头作用,切实把工业这个强项做强、优势做优、总量做大,向开放要发展、向科技要发展、向结构要发展、向品牌要发展、向规模要发展,使工业成为温州都市产业的重要支撑,使温州成为浙江先进制造业的重要基地。坚持"非禁即入、有需则让"的原则,放开一切可以放开的领域,形成第一、二、三产业齐头并进的格局。

2.政治整合:向服务型政府转型,突出解决民生问题

温州政府强化公共管理职能,弱化微观管理职能,使政府致力于创造一个平等竞争的市场环境,更好地协调经济发展与社会发展的关系,更好地为社会提供市场机制所不能提供的公共产品。在实践中,温州政府的主要作为有:

(1)开展政府"效能革命",向服务型政府转型。开展"效能革命",就是进一步改进温州市机关工作作风,牢固树立"政府就是服务"的观念,从而为温州营造一流的软环境。"效能革命"的最终目标,是要形成一个依法行政、廉洁勤政、高效行政、寓管理于服务之中的效能政府。

(2)实施行政首长问责制。温州于 2007 年 5 月出台了《温州市人民政府部门行政首长问责制暂行办法》,率先在浙江实施行政首长问责制。政府部门执行法律及上级机关的决策和部署不力,要对行政首长问责;政府部门

不正确履行内部管理职责,要对行政首长问责,包括政府部门工作效率低下,服务质量差,群众反映强烈的,指使、授意本部门工作人员弄虚作假的,等等[1]。

(3)突出解决民生问题。为了改变以往基础设施建设各自为政的状况,温州市委做出决定,要全力实施"五个一"民生工程(即关系温州市民切身利益的"一房、一路、一堤、一网、一环"建设项目),以促进社会和谐发展。

3.社会事业的整体推进:多方构建和谐社会

温州坚持社会事业与经济建设相互促进、协调发展的原则,不断加大对社会发展的投入力度,着力深化社会事业领域各项改革,使科技、教育、文化、体育、卫生等各项社会事业有了较快发展,三个文明建设取得了显著成效。尤其关注弱势群体,着力提高社会保障体系的功能。"十五"时期,初步建立了涵盖养老、医疗、失业、工伤、生育等险种的社会保障体系。发展慈善事业,加强新型社会救助体系建设,解决征地农民基本生活保障问题等。这些有效地缓解了社会矛盾,促进了社会稳定。

4.构建新型人际关系

人际关系和谐是和谐社会的重要内容。据统计,温州外来务工者有300多万人,大部分在城镇。如何使这些外来务工者与本地居民和睦相处,成为温州人际关系和谐首要考虑的问题。温州在这方面的作为是富有成效的。如"新温州人""和馨行动""感动温州"等都为温州人际关系的整合做出了积极的贡献。为了配合"三个温州建设",温州出台了外来务工者可享受住房公积金补助、外来"百优"青年可入户温州、慈善款倾斜外来特困人员等一系列关爱外来务工者的措施,有效地促进了外来务工者与温州本地人的感情和心理融合。

5.构建新型劳资关系下的和谐企业

企业和谐是社会和谐的基础,是构建社会主义和谐社会强有力的保障。一般认为,构建和谐企业的主体内容是:合理分配是构建和谐企业的基础;以人为本是构建和谐企业的关键;企业文化是构建和谐企业的灵魂;规章制度是构建和谐企业的保障;决策民主是构建和谐企业的前提。在这些方面,温州的民营企业都有较好的表现。例如,2005 年,温州首家"和谐企业共建委员会"落户庄吉集团;2007 年,"五一"黄金周,温州部分民营企业尤其是规模较大的企业和营销型企业,让外来务工者享受"带薪休假"的待遇。

6.推进城市化,加强城镇的整合功能

近 5 年来,温州制定实施新一轮城市总体规划,把加快推进城市化、城市现代化作为经济社会发展的重大战略,集中力量建设了一批城乡基础设施建设改造项目,现代大都市雏形开始显现,中心城市建成区面积扩大到153 平方千米,比"九五"期末增加 30%。全市新增城市公共绿地面积 433万平方米。完成房地产开发投资 140 亿元,是"九五"期末的 2.5 倍,年均递增 20.4%。城市的建设和发展,有力地推动了温州的城市化进程,截至2005 年底,副中心城市和一批现代化城镇发展加快,全市城市化水平达到56.7%[2]。城市环境建设取得成效,城市管理水平得到提高。事关温州长远发展的"百项千亿工程"全面实施,基础设施状况有了较大改善。

7.着力构建人与环境的"友好"关系

温州在发展经济的同时,十分注重环境建设和保护。温州政府提出了要树立"要'金山银山',也要绿水青山,要 GDP,也要绿色 GDP,要小康,也要健康"的理念,深入实施"生态立市"战略,以生态市建设为载体,突出重点,创新机制,加大投入,全力推进"青山、碧水、蓝天、绿地"工程。2006年,温州市环保部门投入 31.31 亿元用于治理环境问题。2008 年,力争温州市区通过"国家卫生城市""国家环境保护模范城市""全国文明城市"验收。

8.发挥社区整合作用

构建"和谐温州",和谐社区是重要基础。温州各社区本着构建和谐社区、建设"和谐温州"的宗旨,积极开展社区建设和社区服务。如温州市区南浦街道的清风社区正式开通"社区总机"便民服务;南浦街道文苑社区、水心街道桂柑社区以社区党建为中心,建立了在职党员社区"一人一卡"制度和"三个双向"管理制度(即双向联系、双向沟通、双向反馈);莲池街道庆年坊社区、丁字桥社区突出古色古香的传统江南民居特色,大力挖掘传统文化内涵,加强传统文化和公民道德教育;水心街道桃李社区和菱藕社区以人文教育为特色,通过丰富多彩的活动载体吸引群众参与社区创建;五马街道五马社区、府前社区、鼓楼社区以新商业文化为特色,结合"百城万店无假货"创建活动,抓好"诚信"教育。

9.促进民间社团发展

温州民间商会和行业协会利用自身的优势,帮助企业解决遇到的各种困难。企业都把商会和行业协会当成自己的"娘家",形成了有困难找商会、有问题问商会、有建议向商会提的局面,商会和行业协会已经成为企业与企业、企业与社会、企业与政府之间相互沟通的桥梁。现在温州的商会和行业协会已经是民营企业发展过程中不可或缺的重要力量。

二、温州社会整合的经验

通过多年的实践,温州初步形成了以科学发展观为统领,以经济、政治、文化、社会全方位的系统整合为目标,以政府与民间力量通力合作为整合主体的新型社会整合机制。从社会整合的实践看,温州此时对社会整合的认识已经提到了构建和谐社会的高度,这显然是社会整合观念的可喜升华。传统的单纯以政府行政力量为主体、以单位制为途径的社会整合模式,正在逐渐被新型的以整合力量多元化,以市场经济、民主法制、民间契约、观念文化等为整合途径,以社会的全方位整合为目标的社会整合模式所替代。温州社会整合的经验主要表现在以下几个方面:

1.社会整合机制随着经济社会的发展变化而变化

传统社会整合的突出特点是政府整合力量强而民间整合力量弱,整合机制单一,缺乏弹性,缺乏居民自主选择和主动参与的积极性,主要依靠国家对社会采取强制性的、高度的政治整合来维持。改革开放后,温州社会整合所呈现的是政府整合力量相对较弱、民间整合力量相对较强、整合途径和整合方式多样化、整合机制富有弹性的态势。温州社会整合之所以发生如此大的变化,主要是因为温州经济社会的快速发展所带来的急剧的社会分化和社会结构变迁。温州社会分化与社会整合的实践证明,当社会发生分化,致使社会结构改变时,必须用新的社会整合代替原有的社会整合。否则,社会分化必然受阻,出现社会"合化"(不分化或反向分化)。

2.充分发挥政府的整合作用

自 20 世纪 80 年代初到 90 年代初,温州社会整合主要是靠民间力量、民间组织体自发地自下而上进行的,但到 90 年代初,温州政府走上了社会整合的前台,开始明确地构建温州社会的整合机制。虽然在温州的制度创新中显示了民间创新力量的强大,但这并不等于说,温州政府的制度创新是无足轻重的。相反,当民间的创新达到一定的程度时,如果没有政府的创新参与其中,那么民间的创新就会显得"暗淡"。从社会整合来说,民间社会的自发性整合有它自身不可克服的缺陷,因此,政府的社会整合就显得非常必要了。从市场秩序的整顿到产业结构的调整,再到和谐社会的构建等方面,都体现了政府在温州社会整合中的突出作用。

3.发展民营经济,推进利益结构整合

民营经济和市场机制的有效结合是"温州模式"的灵魂和精髓。温州通过民营化改革,大力发展民营经济,有效地调整了所有制结构和利益分配关系,为经济发展提供了强大的内在动力和活力;通过推进市场化进程,促进了经济运行机制的转变,提高了社会资源的配置效率[3]。"虽然苏南和温州在过去的 20 年里都基本上实现了工业化和成功的发展,但两者产生了明显不同的经济平等和阶级结构。产生不同的发展结果的根本原因是:在资本原始积累的关键时期,两地走上了不同的发展道路,而不同的发展道路导致了不同的机会结构。在政府主导的发展模式中,当地政府垄断了机会,最后便利了少数掌握权力和掌握资源的人。……相比之下,在企业家(人民)推动和市场主导的自发发展模式("温州模式"——引者注)中,机会结构更加公开和平等,每个人都有相对均等的机会利用改革开放后出现的巨大机会。这一均等和公开的机会结构在温州产生了大量的富裕人群。"[4]这也就是说,"温州模式"是藏富于民的模式,总体上是人民共同富裕的模式。在这种模式下,受益的不只是少数群体,广大的老百姓也充分享受到了改革开放的成果。

4.社会发展中注意经济与社会的协调发展

经济与社会的协调发展是社会整合的一项重要内容。当经济发展之后,必然促成新的社会分化,而经济自身的发展要求这种分化一定要适应经济发展,这就对社会整合提出了新的要求——社会发展如何适应经济发展。虽然在发展进程中,温州在这方面有成功的经验,如农村家庭经济的发展,促进了农村的城镇化;小城镇的迅速崛起,使昔日城乡分离的"二元经济结构"被城乡一体化的发展格局所取代,使得社会更加和谐;经济发展加快了各行业的聚集,形成了产业集群效应,推动了整个社会的协调发展,在一定程度上解决了社会变迁中经济、政治和文化各个领域的不平衡现象。但总体而言,温州发展中社会发展的滞后还是比较严重的。这种滞后或者说不平衡,不但影响了经济和社会的正常发展,而且影响了社会的和谐。

5.经济社会的发展要保持与自然环境的"友好"

在今天,人们已经将自然环境看成人类生存所不可或缺的组成部分,生态的平衡与人类社会的整合密切相关。如果生态失去平衡,势必影响社会的构成,造成社会结构的紊乱,从而破坏社会整合。因此,保持经济社会的发展与自然环境的"友好",可以使社会整合建立在结构比较优良的基础之上。在这个问题上,温州是有深刻教训的。但时下的温州政府已经改变了以往的政策,正在放弃以往偏重 GDP 而忽视环境的粗放型经济增长方式。

6.充分发挥民间组织体的整合作用

从社会整合的发展过程看,可将社会整合分为自下而上的整合与自上而下的整合。自下而上的整合是以社会个体的互动关系为基础的微观社会整合过程。在社会分化的早期阶段,温州社会的整合主要是通过民间的自下而上的整合进行的。这主要与温州原生的"功利主义"商业文化传统和温州民间"利益冲动"有关。虽然 20 世纪 90 年代初期以后政府的整合作用在增强,社会整合变为自下而上的整合与自上而下的整合相结合的态势,但民间的整合力量依然强大,其整合作用依然突出。如社会中介组织的整合、民营经济体劳资关系的整合以及民间组织体之间的整合等，都显示了民间组织体巨大的社会整合功能。

7. 协调劳资关系，构建和谐企业

和谐企业是和谐社会的细胞，是和谐社会的"元"单位，也是社会整合的基本组织形态之一。温州以民营企业为主，其发展的主要经济形式是劳动密集型产业，需要大量的劳动力。因此，构建温州和谐社会少不了和谐企业这个主题。在 20 世纪 90 年代，温州民营企业常常遭遇"民工荒""技工荒"。进入 21 世纪以来，大多数民营企业已经认识到协调劳资关系的重要性，并按照"规范有序、公正合理、互利共赢、和谐稳定"的新型劳动关系要求，纷纷采取保护劳动者利益的政策措施，试图建立和形成劳资和谐的长效关系，构建和谐企业，并最终实现企业经济利益和社会利益的高度统一。从现实的情况看，不少民营企业已经尝到了构建和谐企业的甜头，获得了一定的成功。近年来，曾一度困扰温州企业经济发展的"民工荒""技工荒"正逐步得到缓解，就清楚地表明了这一点。

8. 协调人际关系，构建和谐大家庭

在这方面，温州政府、民营企业、民间组织等都起到了重要的作用。政府主持的"和馨行动"、民营企业的和谐企业构建以及社会保障、慈善事业等形成了一个多方联动的构建和谐大家庭的网络，融洽了人际关系，增加了社会亲和力。具体方面如建立和完善为民办实事的长效机制，深化社会保障制度改革，积极落实关爱外来务工者的各项具体措施等。

9. 增强社区整合功能

在社会现代化进程中，社会职能将由政府组织、事业单位、企业组织这些原生性组织与民间组织、社区组织等次生性组织共同承担。而在所有这些组织中，除了政府组织之外，落实社会职能最基本的载体就是社区。改革开放后，温州社会由于社会资源分配渠道增多，单位的吸引力已大大减弱，单位的整合能力也在不断下降，而社区则由于城镇居民居住的社区化、社区建设的规范化、社区服务功能的增强以及社区社会管理作用的突现等因素的共同作用，其社会整合能力不断上升，社会整合的地位愈发显得重要。因

此,在未来的社会发展中,如何提高社区的社会整合能力、充分发挥社区的社会整合功能,是一个现实且重大的课题。

10.发挥先进文化的整合作用

任何社会形态的经济发展,都需要有一种文化作为基础。社会主义市场经济体制的确立和运行,同样需要有与之相适应的文化基础和精神支持。因此,必须加强文化整合,建立与社会主义市场经济相适应的文化价值体系。温州作为一个经济发达城市,必须要有与之相适应的先进文化。针对于温州人文素质偏低这一现实,应充分利用先进文化加强温州的人文素质教育,以摆脱外界对温州人“暴发户”的印象,推动经济社会的持续发展。

三、温州社会整合的问题

虽然温州城镇社会的整合已经有了不少成功的经验,但存在的问题也不少。在探索和创新新型的社会整合机制、整合模式的进程中,这些问题需要得到有效的解决。

1.加强政府的社会整合作用尚有难点

自 2006 年温州人均 GDP 超过 3000 美元后,温州进入了社会转型的又一个关键时期。在这个时期,温州政府面临的挑战是严峻的、多方面的。

(1)政府职能转变尚未完成。温州的改革主要发生在微观经济领域,政府管理体制和职能转变与全国一样相对滞后,从而加剧了寻租行为和权钱交易的发生,造成企业的“社会交易成本”增大,温州投资环境渐趋相对恶化,再加上要素供给刚性,导致民营企业纷纷外迁和资本大量外流。因此,就深层次而言,温州进一步改革的突破应在政府管理体制和职能上有所创举,特别是在如何塑造公共服务型政府方面。

(2)在温州先发优势丧失的情况下,如何进一步激发民间社会创造动力,保持民间社会创造活力。

(3)如何有效地发挥政府管理社会事务的职能,协调利益分配,处理人民内部矛盾,维护社会稳定。

（4）如何进一步发挥民间组织的社会整合功能，加强民主法制建设，创造高度的政治文明。

2.产业结构的特性增加了社会整合的难度

温州发展的主要产业形式是劳动密集型产业，且产业结构呈"低、小、散"态势，因而经济增长方式是粗放式的。这种粗放式的经济增长方式对社会系统与生态系统的"友好"产生着不利影响。温州的产业多集中在传统的制造业，企业数量多、规模小、产业技术水平低，对污染物的控制和处理水平差，加之企业主在企业利益最大化的驱使下，只注重企业本身的利益追求而忽视资源代价和环境成本，导致温州经济在取得骄人成绩的同时，也造成了对资源的大量掠夺、浪费，环境污染严重，生态恶化。粗放式的经济增长方式严重影响着人与自然的协调发展。

3.改革的滞后使制度规范的整合力降低

从政府方面看，由于政府的职能转变远远没有到位，新的行政制度尚在形成之中，因此政府的社会整合行为在还没有新制度规范的约束下，会管许多不该管也管不好的事，从而导致政府部门效率低下，运转不灵。从社会方面看，社会分化、新社会要素的介入，社会结构发生不协调、不平衡的变动，使各结构部分所适用的规范之间出现了距离。异质的规范不能迅速地达到平衡、协调，使社会分化过程中的社会整合无法跟进。因此，社会制度如果不是朝着正常的、合理的功能分化方向发展，而是朝着片面追求利益的方向发展，那么这种利益分化虽然增加了社会异质性和经济增长的活力，但同时也加重了对资源和机会的垄断性，造成社会财富分配的不平等，从而不可避免地出现社会利益冲突，降低社会的整合力。

4.民间力量社会整合具有自身缺陷性

在以民营经济发展见长的"温州模式"下，民间力量社会整合的功效是显著的。可以预计的是，在未来的发展中，温州的民间力量还会继续发挥社会整合的功能。但应当看到，民间力量自发性的社会整合有它自身不可克服的缺陷，如缺乏社会整合的战略规划，缺少自觉的计划，整合机体各自为政——整合的非系统性、无序性等等。在温州过去的发展中，这些缺陷有过明显暴露。如许多企业为了获得利润的最大化,生产的假冒伪劣产品充斥市场;为了获得更大的利润而往往不注意环保,温瑞塘河的水污染就是由于某些企业为追求巨大的经济利润而不惜牺牲环境造成的。另外,民间力量是由不同的多个利益群体组成的,由于自身利益的制约和它们之间利益的矛盾冲突,社会整合难以照顾到全局。

5.城市化中的新老问题阻碍着社会整合的进程

在温州的城市化进程中,一系列的新老问题阻碍着社会整合的进程,主要表现在以下几个方面:

(1)"三难"问题。征地难、拆迁难、政策处理难问题,已严重困扰和阻碍了重点建设的顺利进行。

(2)贫富差距的拉大。不平衡的分化导致了原来相似结构的社会多样化,加深了社会矛盾,加重了社会整合的难度。

(3)新人口管理问题。城镇化造成了城市人口的激增,带来了新人口管理问题。特别是流动人口的大量增加,给城镇带来了巨大的压力,使社会的整合功能大大"缩水"。

6.市场经济的"副产品"使社会整合的内容、对象复杂化

市场经济的形成和发展带来了社会的分化,催生了新型的社会整合,推动了社会的进步。但在市场经济发展的同时,也带来了一些"副产品",如不健康的思想观念、财富集中引起的贫富分化、"寻租"与官员的腐化等。这些"副产品"使社会整合的内容、对象更加复杂化,加大了社会整合的难度。

7.温州文化的局限性降低了社会整合的积极作用

温州的创新精神和功利文化思想在改革开放初期的确为经济的繁荣产生过巨大的促进作用,但当这种文化变成单纯地追逐经济利益的动力而缺乏相应的规范引导时,文化就会变成促使人逾越道德法律底线和参与犯罪活动的主谋手。改革开放后,由于缺乏有效的规制,温州文化一度"异化",促使人们不择手段地追逐经济利益。有学者认为,温州人价值观念具有不符合现代市场经济发展要求的一面,表现为:一是竞争意识强而合作精神弱,"宁为鸡头,不为凤尾",大家都想自己当老板,其实在市场经济条件下,

合作、协作与竞争同等重要；二是追求发家致富和物质享受动力强，但缺乏现代企业家精神和干大事业的雄心，有的还保留着"小富即安"的小农心理；三是重血缘、亲缘和地缘关系，家庭、家族观念强，但缺乏在普遍主义基础上建立起来的"团队精神"；四是个人自主性和冒险精神强，但缺乏应有的商业道德、自律意识和契约精神[3]。这种文化负面作用在一定程度上制约了温州社会整合的健康发展。另外，温州的非观念文化——"实体性文化"整合力较弱。温州发展滞后的教育、科技等"实体性文化"制约了经济社会的正向变迁，降低了文化力对社会整合的积极作用。

8.职业共同体的形成影响社会整合作用的发挥

职业共同体和职业规范的建设异常重要。职业共同体的特征是小圈子、熟人关系。这种职业群体是社会成员交往最为密切的小组。杜尔克姆认为，在实现社会整合方面，现代职业群体所具备的条件是其他任何一种社会群体难以比拟的，如果充分发挥职业群体的社会整合功能，则因社会转型所带来的社会失范、社会无序和道德沦丧是可以克服、纠正的[5]。温州有300多万外来务工者，他们在城镇就业是不稳定的，如果不形成一个稳定的职业共同体，外来务工者的管理将是一个很大的问题。职业共同体的建设是整合处于解组状态的社会的最好途径。因此，应使外来务工者进入的职业群体形成稳定结构，在群体内部产生信任，协调小群体与外部的关系，使他们进行自我管理、自我约束、相互监督，减少外来行为对他们的干涉，使他们能够在心理上易于接受有效的管理。

[参考文献]

[1] 朱小央,李飞云.温州率先在浙江实施行政首长问责制[EB/OL].(2007-06-13)[2007-09-03].http://wznews.66wz.com/system/2007/06/13/100329524.shtml.

[2] 温州市统计局.温州市"十五"时期经济社会发展报告[N].温州日报,2006-01-11(6).

[3] 罗小军."温州车夫"与政府边界——访浙江经济学会会长张仁寿[N].21世纪经济报道,2004-03-06(10).

[4] 张建君.发展模式和经济平等——苏南和温州的比较[J].管理世界,2006(8):44.

[5] 李强.职业共同体:今日中国社会整合之基础[J].学术界,2006(3):39.

（原刊于《温州职业技术学院学报》2008年第1期）

社会和谐视野中的温州女性

张小燕

【摘　要】在温州的社会发展中,温州女性一直扮演着重要的角色:创建温州地方党组织的中坚力量,创立"温州模式"的排头兵,构建和谐温州的生力军。可以说,温州女性为温州的社会发展做出了重要贡献,并成为当前构建温州社会和谐的重要力量。

【关键词】温州女性;家庭和谐;社会和谐

在温州市的历史记录中,从 1924 年温州地方党组织的创建到当代"温州模式"的创立,再到当下温州社会和谐的构建,温州女性自始至终都以独特的性别禀赋和性别魅力扮演着不可或缺的角色。将这一历程用心梳理,会给我们讨论"社会和谐与妇女发展"的话题带来一些思考和启迪。

一、温州女性是创建温州地方党组织的中坚力量

1949 年 10 月 1 日,中华人民共和国成立,中国共产党登上执政的政治舞台。而此前的 5 月 7 日,浙南温州和平解放;8 月 26 日,中共温州市委和温州市人民政府宣告成立。殊不知,登上执政地位的温州地方党组织的历史始于 1924 年的秋天。

1924 年 8 月,中共早期革命家谢文锦奉党中央指示到温州组建地方党组织。回到故里的谢文锦,一面走亲访友,开会座谈,聚众演讲,利用各种途径宣传马克思主义,一面着手实施组建方案。他首先发展了温州中一花席

作者简介:温州大学法政学院教授。

公司总技师郑恻尘和新民小学校长胡识因夫妇入党,当年 12 月建立了直属党中央领导的温州独立支部(以下简称"温独支"),指定胡识因担任书记。"温独支"的成立,是温州人民政治生活中的一件大事,也是温州革命史上开天辟地的大事变,开启了温州历史的新纪元。

在"温独支"的历史丰碑上,镌刻着在女界、教育界、知识界都颇有声望的温州女杰胡识因的英名。"温独支"在胡识因的领导下,不折不扣地贯彻党中央的指示,认真执行党的方针政策。成立伊始,就积极参与国共合作和国民革命,努力促成国民党永嘉县党部成立,胡识因担任执委并兼任妇女部长。1926 年 1 月,胡识因和蒋介石、经亨颐、宣中华等 4 人作为浙江省代表出席在广州召开的国民党"二大"。会后,胡识因返温再度改组国民党永嘉县党部,并以县党部名义积极开展国民革命运动。永嘉的工人运动、农民运动、学生运动、妇女运动均开展得有声有色。尤其在妇女运动方面,胡识因利用自身的性别优势和担任新民小学校长并兼任女子师范讲习所教员的职业便利,遵照党中央关于召开国民会议的主张,召集教育界的先进女性,在 1925 年元旦组织成立了温州女界促成会,在《告民众书》中提出"打倒帝国主义,推翻封建军阀"的革命口号,发出"男女平等""同工同酬"的女性呐喊[1]。之后她又在纪念五卅运动一周年的《告妇女书》中指出:"在国民革命历程中,是不分阶级,不分男女,一致联合起来向帝国主义者进攻的。"[1]妇女"要达到解除痛苦的目的,非认清自己的地位,检阅自己的力量,急起直追,参加国民革命不可。姊妹们!勿妄自菲薄,大家要负起责任来,表现自己强固的精神,健全的人格,谋民族的独立,及自身的利益呀!"[2]

女界促成会是温州最早的妇女团体,也是"温独支"成立后党组织领导的第一个群众团体,既有反帝反封建的明确革命纲领,又有男女平等的现代性别意识,可谓是温州女性有组织地参与政治的重要开端。"尔后,永嘉县妇女协会在女界促成会的基础上成立,成为最早加入全国妇女联合会的团体之一。"[3]由此可以看到,80 年前的温州女性前辈已把民族解放、国家命运和健全的人格三者和谐地联系在一起,大有"天下兴亡,妇女有责"的巾帼气概,"不分阶级"一致对外的联合观念,"不分男女"一律平等的先进性别意识,为温州妇女运动留下了珍贵的遗产和光荣的传统。

二、温州女性是创立"温州模式"的排头兵

温州既是浙南党组织的诞生地,也是中国民营经济的发祥地,温州女性在这两个重要的关口都扮演了重要的角色。温州人以敢为人先的精神著称于世,温州女性也以敢为人先的精神把自己的名字注册为"中国第一"。2004年,在中国十大最具活力城市的颁奖盛典上,有一位显眼的温州女性,她就是于1980年12月10日领取了温州工商证字第10101号工商营业执照的、是温州也是中国改革开放以来的第一个个体工商户——章华妹。她自己说,"一不小心就成了第一",而我们则认为章华妹成为中国第一个个体工商户既有偶然性也有必然性。一纸个体工商营业执照,引发了轰轰烈烈的个体经济大潮,改变了章华妹,改变了温州,也改变了中国。

当年的章华妹,一马当先,傲立潮头。时至今日的温州,一支有着章华妹"血统"的温州女企业家队伍迅速崛起。仅据温州市女企业家协会统计,截至2002年,会员单位企业产值超过5000万元的有6家,超亿元的有14家。至2004年,会员单位企业有中国名牌产品2个,浙江省名牌产品7个,浙江省著名商标11个①。女企业家个人也多次获得"国"字号"杰出创业女性"称号。温州女企业家不仅创造了名牌产品,也创造了名牌人品,以柔弱的臂膀支撑起温州经济的半壁江山。

三、温州女性是构建和谐温州的生力军

伴随经济、政治地位和社会声望的日益提升,温州女性逐步淡漠性别地位的"生物性",日显性别地位的"文化性"和"社会性"。可以说,今天的温州女性群体已彻底决裂"女人不是人"的腐朽性别意识,也告别了"女人也是人"的依附性别意识,逐步形成了"女人就是女人"的独立性别意识,独领风骚"半边天",成为构建和谐温州的生力军。

---

① 引用数据来自陈晓敏的《温州市女企业家协会2003年工作报告》。

1. 主动承担社会责任

(1)温州女企业家积极反哺农村,主动回报社会,踊跃参加"千村千企结队共建"活动。温州女企业家成立的"爱心基金会",不仅已捐助了40多名贫困女大学生,并以女性特有的性别敏锐和性别细腻,关爱弱势群体,尤其关注弱势群体中的"精神贫困者"和"道德失足者"等。温州的一些知识女性走进温州市公安局妇教所的讲堂,鼓励失足姐妹,走出逆境,重新做人。如温州市女企业家协会临时党支部组织党员到莫干山省属戒毒所探望温籍女性戒毒人员,当场与10名表现良好的戒毒姐妹签署了就业合同意向书,鼓励她们洗心革面、阳光为人。温州女性以人文精神给"弱势"姐妹以人文关怀,既挽救她们的行为"失足",也帮扶她们的心灵"失衡"。温州女性对社会财富的关注视角既有物质的"先富"与"共富",也有对"精神赤贫"的挽救与帮扶,对于当前急于改善贫富两极分化的财富格局、让每个社会成员共享改革成果的和谐温州建设无疑是雪中送炭。

(2)温州女性以强烈的结社欲望组织了女知识分子联谊会、女企业家协会、女检察官协会、女书法家协会和女摄影家协会等各类非政府妇女组织。温州女性自发自愿成立的民间妇女组织,忠诚为"会",热心为"员",真正起到了政府以外"第三部门"的作用。温州市女企业家协会,以自筹资金、自主活动、自我发展的"三自"精神,自行组团出国考察,到北京等地学习,开阔视野,提升素质;并邀请名家名师开设学术性、知识性讲座,有效地提高了女企业家群体的整体素质。她们还以高度的责任感和使命感,为政府分忧,为社会尽责,以"众姐妹手拉手,创业路上一起走"为口号,给予下岗女工照应,尤其是招募大批失地女性农民工进厂务工,则更是化解社会矛盾、减轻政府压力的明义之举。温州女性结社的兴盛和成熟,无疑给私人空间宽泛、政府公共服务不足的温州提供了"民间"替补,也为政府和妇女群众之间的某些断层架起新式"链接",成为构建和谐温州不可多得的"中介"因素。

2. 积极奉献精神文明

温州知识女性云集在女知识分子联谊会和妇女研究会,不仅在各自的工作岗位上做出了突出的学术贡献,同时密切关注女性文化研究,在高校首开"女性学",传播先进的女性文化和性别文化。这既为温州女性文明提供理论先导和学术支撑,使温州妇女工作不缺女性情感的热烈,也不乏严肃的理性思维,推动妇女工作活泼而有序地健康发展,同时也为温州精神文明建设提供了智力支持。而默默无闻的广大基层女性则以淳朴而动人的言行充任了精神文明的奉献者和颇具性别特质的人格楷模。

入选首届感动温州十大人物的"救火英雄"吴美角,是温州女界的骄傲,也是温州精神文明的楷模。2005 年 3 月 7 日,吴美角为保护集体山林,不幸在火场殉身,献出了 42 岁的年轻生命。2800 多名父老乡亲按当地古老的习俗,披上孝巾,戴上白花,扎着孝绳,以最隆重的葬礼送别他们心中最亲近的人。吴美角被追授为"革命烈士""温州市优秀共产党员"和"全国三八红旗手"。隆重的哀荣不仅是人们对她瞬间壮举的敬佩,更是对她身为妇女干部多年如一日的真情奉献的赞赏。她曾经说过,一个村的人就是一家人。在村里一位五保户家 2004 年的挂历上,27 个圈圈记录着吴美角一年 27 次到他家嘘寒问暖的感人事迹。"吴美角精神"在温州精神文明的殿堂里留下了一座不朽的丰碑。她的祭日是 3 月 7 日,每年的三八妇女节前夕都会唤起我们对这位一连 15 载为妇女姐妹辛劳的杰出女性的不尽哀思。

四、温州女性与社会和谐的内在联系及启示

社会和谐以家庭和谐为"本",家庭和谐以女性和谐为"准"。笔者认为,一个家庭的和睦和谐,更多的不是取决于家庭"副"男,而是取决于家庭"主"妇,因为她是一手"相夫"、一手"教子"的家庭中枢。我们承认这样一个逻辑顺序:女性自身和谐→家庭和谐→社会和谐。这个公式似乎与温州文化根脉的楠溪耕读文化的"修身→齐家→治国→平天下"的路径极其相似,也许这正是我们从温州女性身上找到的现代意识和传统美德相得益彰的文化关联,似乎说明女性和谐、家庭和谐与社会和谐三者之间的辩证统一。

1.女性和谐是家庭和谐之"魂"

仅以温州党组织的创始人之一胡识因为例,她自幼聪颖,先读艺文女学,又读大同女学,后留学莫斯科中山大学,可谓学贯中西,学识渊博。她长

期从事教育工作,多次任职小学校长,为人师表,堪为楷模,并且在温州享有崇高的社会声望,成为"温独支"首任支部书记,为温州革命做出重大贡献。不仅如此,胡识因恪守中国女性的传统美德,既为贤妻又为良母。她的堂兄永嘉十三军军长胡公冕被捕入狱,将5岁的病儿托付胡识因,身为姑母的胡识因对其悉心照料,关爱备至,待胡公冕出狱,8岁之子"完璧归胡"。胡识因留苏期间,将丈夫前妻之后携于身边,却将亲生女儿留于国内,致其抑郁而终。丈夫不幸牺牲后,她刚毅地坚持工作,曾为亡夫守陵而迁居杭城。在胡识因身上我们看到了为人妻、为人母、为人师的三重和谐,也看到现代意识和传统美德的合璧生辉。她自身的和谐,带来了家庭的和谐。她在回忆录中描述:"晚上带孩子回家,我夫亦从席厂回来,小孩唱歌、跳舞,大人昆曲、皮簧,诚一快乐家庭。"①胡识因一家是温馨的家庭、革命的家庭,她自己为革命奋斗终身,她丈夫为革命先烈,她女儿也曾为温州学联骨干。

　　2. 家庭和谐是社会和谐之"基"

　　当代温州女性在外建功立业,在家是贤妻良母。风风火火闯世界的温州女人,进得厅堂,也下得厨房。笔者曾参加过一个女企业家协会小组活动,获知她们多数亲躬家务,用她们自己的话说,一脚迈进家门,一手围起围裙。一次,在以"'温州模式'下的温州女人"为主题的温州人沙龙上,在场的温州女士精英们几乎不约而同地认为,"再成功的女人回到家里,往往要扮演一个相反的角色——给先生递拖鞋、递报纸,打扫房间,等等"。[4]"'温州模式'下的女人,不一定就要去办企业,重要的是做一个好女人。我觉得成功的男人背后有一个好女人,是非常重要的。我觉得一个好女人比一个优秀女人更重要。"[4]如此看来,英国首相撒切尔夫人所说的"女人的最大悲哀在于忘记自己是女人"的悲哀并没有在温州发生。在外奔波劳顿的温州女性的心理靠山一定是温馨而稳固的家庭港湾,这印证了一句老话:"安居"才能"乐业"。温州女性眼里的"安居"不仅限于宽敞豪华的居所,更多指向家庭质量的安全、安稳和安逸。温州女性在家庭美满和事业成功的双重享受中为和谐温州奉献并快乐着。在此,不妨再套用一句老话"家庭是社会的细

---

　　①　引文引自中共永嘉县党史资料中胡识因的《我参加革命工作的前后事略》。

胞",个体细胞和谐,便不会出现整个生命机体的失调,温州社会健康而和谐发展成为必然趋势。

总之,女性和谐是家庭和谐之"魂",家庭和谐又是社会和谐之"基",三者连环,不可或缺,因为妇女史本来就不是"她"史,只有妇女和谐,才会有社会和谐。

[参考文献]

[1] 胡珠生.温州近代史[M].沈阳:辽宁人民出版社,2000:305.

[2] 中共温州市委党史研究室,中共温州市鹿城区委党史研究室.中共温州独立支部与国民革命运动[M].北京:中共党史出版社,1998:206-207.

[3] 中共温州市委党史研究室.中共温州党史(第1卷)[M].北京:中共党史出版社,2004:31.

[4] 袁亚平.世上温州人[M].北京:人民文学出版社,2003.

(原刊于《温州职业技术学院学报》2008年第4期)

温州侨乡的民俗学解读

邱国珍

【摘　要】温州侨乡形成的独特性,成为温州特殊的区域文化现象。从民俗学时空理论的视角,以温州侨乡为中心,将跨国移民、侨乡的形成与其独特的地理位置、历史背景、民俗文化相联系,并对这一区域文化现象进行阐释,是一种有意义的学术探索。

【关键词】温州;侨乡;民俗学;区域文化

一、研究背景

地理环境和自然条件的不同,导致历史文化背景差异,从而形成了明显与地理位置有关的文化特征,这种文化就是区域文化。温州的区域文化有诸多特点,其中侨乡的形成与演变就是特殊的区域文化现象。本文用民俗学的方法研究侨乡形成的原因,具体来说,是用民俗学时空理论来研究、解读温州侨乡。时间和空间是历史学和地理学中最基本的概念,而区域文化正是空间问题与时间问题的结合。民俗学视域下的时空,则是特定区域的地理环境、历史背景及其基于二者而形成的文化圈和文化层。早在 20 世纪,学界在探讨民俗学的基本特征时,民俗学时空理论就已经初见端倪。民俗的传承性和扩布性,使民俗文化的传承成为一种时空文化的连续体[1]。民俗的传承性,是指民俗文化在时间上传衍的连续性,即历时的纵向延续性;同时也是指民俗文化的一种传递方式。民俗的扩布性,则是指民俗文化

作者简介:温州大学人文学院教授。

在空间伸展上的蔓延性和横向传播过程。

21世纪初,有学者在民俗学原理的探索中,借鉴了维也纳学派的文化圈和文化层理论。文化圈论最早源于拉采尔(Ratzel,F.)开创的传播论。文化圈是一个空间范围,在这个空间内分布着一些彼此相关的文化丛或文化群。文化层是一个时间的概念,时间层次关系上的文化被称为文化层。文化层概念在维也纳学派的方法论中是与文化圈概念连体共生的。文化在空间并存的分类是文化圈,在时间序列中的分层则是文化层[2]。遗憾的是,民俗学时空理论未能引起学者们的足够重视。它多见于研究视角,而乏于作为研究方法加以拓展。因此,从方法论角度,用民俗学时空理论研究区域文化,不失为一种有意义的学术探索。

二、温州侨乡的地理环境

不同区域之间,由于历史背景和地理环境的不同而存在着巨大的差异。这种观点已成为学界的共识,如同民间俗语所说"一方水土养一方人"。进入21世纪之后,学界越来越多地意识到侨乡作为一种区域文化存在的重要性,侨乡是一些区域民众的一种独特生存方式。

自然环境是人类赖以生存和发展的基础。温州侨乡的形成,与自然环境关系密切。温州位于中国东南部,瓯江下游南岸,是浙江省下属的地级市,为沿海港口城市,所辖3区、2市、6县,有近800万人口。从地理位置看,温州市东濒东海,南部与福建省宁德市毗邻,西部和西北部与丽水市相连,北部和东北部与台州市接壤。20世纪90年代之前,温州交通不便,一面濒海,三面环山,进出温州只有"水(死)路一条"①。温州的周边城市,值得一提的是西部的青田县,该县现隶属丽水市,早在20世纪50年代,青田县曾是温州市管辖下的一个县。温州市与青田县有着悠久的文化、社会和经济的相近性、相似性和亲缘性。温州辖下的文成县北接青田县。文成县于民国三十五年(1946年)十二月,从瑞安、青田、泰顺三县边区析置而成。青田与文成两县不仅地缘接壤,其侨乡文化也多有渊源。

---

① 温州方言"水"与"死"发音相似。

　　"八山一水一分田"或"七山一水二分田"，是人们对温州地理环境的通俗描述。温州山水俱佳，气候宜人，适合居住，但耕地十分稀少。温州土地总面积为 11784 平方千米，人口总数为 779.11 万人[3]。温州土地面积占全国的 1.1‰，人口约占全国的 6‰，人均土地面积约 0.13 公顷，远远低于全国人均土地面积（0.8 公顷左右）水平。这个数字还不能说明实际问题。温州"七山一水二分田"，这里的二分田还是个约数，实际耕地面积仅是全市土地面积的百分之十几，人均土地面积约 0.02 公顷。因此，就算有再好的气候、再肥沃的土地、再勤劳的人，然而耕地的产量是有限的。在农耕文化时代，这样的自然和地理环境是极为不利的。如永嘉县七都镇，历史上旱涝灾害频繁，十年有九年荒，甚至数年田地颗粒无收，昔日曾有民谣曰："女儿勿嫁七都郎，晴天无水吃，下雨路难行。"瑞安市丽岙也曾是食不能果腹、衣不能蔽体的地方。过去，温州农村一直比较贫穷，与浙北的杭嘉湖平原鱼米之乡形成鲜明反差。为了生存，历史上温州人就有到外面闯的传统。古徽州旧时民谣曰："前世不修，生在徽州；十三四岁，往外一丢。"温州亦是如此。"丢"到外面学手艺和经商，这是温州人外出谋生的两种方式。前者不仅造就了名噪一时的"弹棉郎"，也使温州获得"百工之乡"的美誉；后者既培育了温州的商业文化，又使温州成为著名的侨乡。

　　在中国传统社会，人们安土重迁，但温州不然。以永嘉县为例，旧时，十多岁的男孩，大多跟随父兄到江西、湖南一带弹棉"赚饭吃"。故当地民谣唱道："永嘉弹棉郎，挑担走四方。"弹棉而称之为"郎"，自然有年轻的意思，它是特定年代一批温州年轻人的谋生方式。当弹棉郎是地少人多的永嘉农民最简单的就业门路。在永嘉县桥头镇，人均耕地 0.02 平方千米，如果只从事农业，全镇 8000 名劳力就会有 70% 的剩余。文成县著名侨乡玉壶镇，以前也是以穷出名的地方，过去玉壶镇号称"五十都"穴，爬底爬不出①，人多地少，无田可种。加上温州人又有外出务工经商的传统，于是温州人就开始到全国跑，他们的足迹甚至遍布海外。到了改革开放后，这样的海外关系限定了这些地方外出谋生和赚钱的路径和行动范围。

-----

　　①　这是一句温州土话，意思是说，进得去却出不来，像个洞穴。

除地少人多这一因素外,侨乡的形成还与地理环境和人们的生产方式有关。永嘉县的七都镇、桥头镇,瑞安市的丽岙镇和塘下镇,分布在瓯江沿岸。瓯江是温州地区最大的江河,也是浙江省第二大重要河流。瓯江发源于浙江省庆元、龙泉两县市交界处,流经丽水市,从温州市流入东海。从温州坐船,通过瓯江,可以直达上海、宁波等城市。瓯江沿江的居民,依靠瓯江,主要从事捕鱼、航海等经济活动,如遇到天灾人祸或有出国机会,他们也是通过瓯江辗转到海外的。《七都镇志》(未印稿)记载:"1937年抗日战争和灾害并迫,村民们无可靠的收入难以维持生活,故背井离乡,陆续漂洋过海出外谋生。最先跟洋人到香港做厨师、航海撑船作业。"早期,温州人出国一般是先乘船到上海,再转乘外国轮船从上海进入法国或意大利。瓯江不仅养育了沿江居民,还为他们出国提供了便利的交通。

温州的几个主要侨乡,最初的形成都与地理环境因素有关。侨乡的形成原因与地理环境的关系,是人文地理学中的人地关系。人地关系是人类与自然环境之间互感互动的关系。这是现代地理学研究的重要课题,也是研究侨乡形成原因必须直面和探讨的问题。

三、温州侨乡的历史背景

温州侨乡最初的形成,固然都与地理环境因素有关,但并不是唯一的因素。如一个令学界困惑的问题,同样是温州地界,为什么一些地方会成为侨乡(如永嘉县的桥头镇、七都镇和瓯北镇,瑞安市的丽岙镇、仙岩镇,瓯海区的腾桥镇,文成县的玉壶镇等),其他地方不会呢?解释这种现象不妨从民俗学视野,对温州侨乡的生产习俗及历史背景做一探索。

物质生产是人类的基本实践活动,由生产实践活动而产生的民俗,其范围是非常广泛的。物质生产民俗主要反映的是人与自然的关系,也与其民俗传承关系密切。侨乡形成也遵循这一规律。温州移民历史悠久,可以追溯到1100多年前。

20世纪以来,温州先后在"一战"之后、1930年前后、改革开放后出现过3次大规模移民潮。特别是改革开放后,随着国家政策逐渐放宽,很多温州人通过和中华人民共和国成立以前移居海外的亲戚"团聚"的方式移民到其他国家。据不完全统计,目前至少有 43 万温州籍华侨华人遍布世界 131 个国家[4]。传承是民俗学中的一个重要概念,是指代代相传、延绵不断地传递,其因袭相传的活动[2]。温州侨乡的形成显然与谋生方式的传承有关。换言之,地理环境只是侨乡形成的原因之一,行业(生产)习俗的传承则是考察侨乡形成与演变的重要原因。行业(生产)习俗,是指人类在劳动生产过程中所产生的一些具有普遍意义的习惯性行为或倾向,它是在生产劳动中约定俗成的。行业(生产)习俗一般具有一定的广泛性、流行性,但也存在一定的局限性、地域性或民族性。在温州的历史上,行业及其行业传承与侨乡的形成密切有关。

(1)民间学手艺和经商传统。民间学手艺与温州地方出产有关。从民间工艺角度看,青田石可以算一宗。青田石产于青田县,曾经隶属于温州市青田县,是"九山半水半分田",此地属括苍山余脉和洞宫山脉,地形复杂,切割强烈,千嶂万壑,山地占 89%,水面占 5%,平原仅占 6%。大自然似乎是为了弥补青田严重缺田的不公,馈赠给青田人这种精美的石头。青田石是我国传统的四大印章石之一。1500 多年前,青田人开始认识并利用它。从此,青田石雕从无到有,从衰到盛,从国内到海外,从单一工艺到艺术精品,似一条艺术长河,闪耀着一代代艺人们的智慧之光,从古奔流到今。开采和利用青田石,可视为 1500 多年前青田这块土地上的一件大事。它对青田县的环境改变或许是微不足道的,但它改变了相当一部分青田人的生产、生活方式,并为日后侨乡的形成做了必不可少的铺垫。石雕是当年温州青田人赖以谋生的一种手艺。早在 19 世纪 80 年代,青田石雕已经走出国门,参与世界市场。《青田侨志》(未印稿)记载:"嘉庆七年(1802 年)本县山口陈半山人刘国云携石雕东渡日本销售,光绪十年(1884 年)方山邵山村杨灿训携石刻经莫斯科去墨西哥贩销,光绪二十五年(1899 年)青田旅法华侨获准在'巴黎赛会'上出售青田石雕等。"这些记载说明青田人以石雕为谋生手段由来已久,青田人携石雕赴欧洲经商和移民历史起始于 19 世纪[5]。

(2)在青田招募劳工赴欧洲战场。"一战"期间,中国参加了协约国并对同盟国宣战。协约国的英国和法国在欧洲战场的初期遭受重创,人员损失相当严重,特别是 1916 年的凡尔登战役和索姆河战役,使得英国、法国等协约国人力资源紧张的局面进一步加剧。法国和英国为挽回颓势,相继将目光转向中国,投向那些"干活不知疲倦"的中国人身上,力图通过招募华工来解决人力资源紧张的局面。两国要求北洋政府派劳工支援,相继在中国直隶、山东、江苏、浙江等8个省招募劳工14万多人。其中,青田县奉命招募劳工2000人,赴欧洲战场。在战争年代,赴战场进行劳务虽然危险,但这对穷人来说却是谋生之路。当时青田的年轻人纷纷报名应募,远远超出招募的人数。1917年,他们义无反顾地远走他乡,成为欧洲战场的劳工。对于青田人来说,这是难忘的岁月。对于人们研究侨乡的起源、形成,这也是值得重视的历史时段。

1918年11月11日,随着德国的投降,"一战"结束。12月27日,法国总统召见中国劳工并宣布,凡参与此次战争的中国人,每人发给奖金,并由法国安全护送回国;愿意留驻法国的,法国政府配赠房地,以供永久居住,如需就业就学,政府无条件协助辅导。事实上,"一战"后,绝大多数中国劳工选择了回国,而多数青田人则留在了巴黎。他们有的开餐馆,有的摆摊子卖杂货,有的开洗衣店,有的贩卖家乡的石雕。这些后来成为华侨的青田人,极少数与当地女子结婚,多数是回乡娶亲,或者把兄弟、亲友带到巴黎。他们为侨乡的构筑奠定了坚实的基础。

(3)关于某男孩一不小心去了欧洲就发了洋财的传说。在巴黎的温州人流传着这样一个传说,20世纪初,一个温州男孩(据说只有12岁),一次跟随其父亲撑船运货到上海。在上海码头卸货时,这个男孩下船玩耍,好奇地爬上了停靠在那儿的一艘法国货船。他由于陶醉于玩耍而忘记了在开船之前下船,就这样被带到法国马赛后流浪街头。后来,男孩被一位好心的法国人收养,被带到巴黎接受教育,最终成为有名的古董商。发迹后,他把国内的兄弟姐妹和其他亲戚带到了法国。传说是历史的影子。解读这个传说有三个方面的含义:一是温州的地利。温州地处沿海,人们在所从事的航运活动中,比其他内地的中国人更有机会接触外国人,对国外的了解相对要多,这样也就有了通过出国改变自身贫困生活的机会和选择。二是出国就发财。为贫穷所困的人们,为摆脱经济困难、寻找就业和赚钱机会,最好的选择是迁徙。20世纪初,温州人出国发财的传闻已经不在少数,上述男孩的故事,不过更具传奇性而已。三是一个人出国发财之后,必然引起连锁的移民反应,而带亲戚出国又能提高自己的社会地位。对先期出国的人来说,带亲友出国,有更多的熟人在国外,对于凸显自己的地位也是不无裨益的。此外,帮助亲友的道德义务也是其动机之一。王春光[5]曾以文成县为例,对当地人如何出国做了描述:文成人出国与毗邻的青田人有关。文成县与青田县接壤,两县的民众,大多是亲戚、朋友关系。如 1905 年,文成县出国的胡恒国,是由其青田的舅舅带出去的。从这以后,文成人特别是玉壶镇人开始走上了到海外谋生和移民之路。

四、温州侨乡的民俗文化

对于温州侨乡的形成和发展演变,学者们曾各抒己见。有的学者尝试引进国际移民学中关于移民原因的若干概念(如相对失落、市场分割、连锁效应等)进行理论探讨[6];有的学者则借助行动路径理论,从社会行动抉择与网络依赖两个层面探讨侨乡现象[5]。从民俗学视角看,特定民俗文化圈内的社会氛围,似乎更值得关注。

民俗文化是一个民族或一个地区民众的生产、生活方式和传统观念的综合体现,是他们的文化基因。无论历史怎样变迁,生活怎样变化,民俗文化都依然存在。温州民俗文化有其鲜明的区域特色,即古老的吴越民俗遗存、浓郁的海洋文化气息、鲜明的商贸文化特色是构成温州民俗特色的三大内容。在 20 世纪改革开放初期,温州经济模式的成功不是偶然的,其背后有着深刻的文化根源,其中温州民俗(如家族观念、抱团意识、经商传统等)是其经济增长的文化动力。传统家族文化导致了家族企业的生成,助推了温州民营经济的发展。温州深厚的重商文化和悠远的经商传统,造就了温州人强烈的商业意识和商业头脑。如果说重商文化引导了温州市场经济的发展,那么海洋文化孕育了温州人敢于闯荡的拼搏精神。海洋文化赋予温州文化的开放性特征,正是这种开放性使得"温州模式"成为国内经济发展的一种典范,从而具有先进性与突破性。由于有悠远的出海谋生传统,改革开放后,温州人隐藏着的闯荡冲动一下子迸发出来,形成对传统计划经济意识形态和重土安迁传统观念的"背离"。走南闯北走向世界温州人,总会情系乡土、乡音、乡情,言谈举止,都受制于温州民俗文化。从某种意义上说,民俗文化是他们的精神和智慧的孵化器,是他们理性和情感的指南针。

民俗文化还对人们的行业选择具有制约作用。行业的产生,一方面是由一定民族、地区的生产环境、生产水平、物资基础和人们生活的需要所决定的;另一方面也与这些地区人们古老的文化传统、心理素质乃至原始信仰的影响有关。行业的传承和演变,带有经济民俗深深的烙印和民俗文化的鲜明特色。历史上,因贫穷求生存是温州人漂泊海外的主要原因,但不是唯一原因,也有少数华侨是为了谋求更好的发展。20 世纪 60年代以后,温州人移居国外的目的就更加明显了。这显然与温州民俗文化有关,温州人在追逐财富这一问题上从不遮掩,爱面子、讲排场、好攀比也是他们共同的民俗心理。在温州,一个家庭如果没有"南风窗"(即家中有人在国外)是没面子的。在这样一个民俗文化圈内,人们更易产生"相对失落感"。新经济移民理论主要代表奥迪·斯塔克——以自己在墨西哥的经验研究论证,同一收入差距对于不同人具有不同意义,因此引发移民的动因不是两地"绝对收入"的差距,而是基于同参照群体比较后可能产生的"相对失落感"[7]。

在人类文明史上,各个历史阶段都有不同层次的文化。本文关注和研究的民俗文化,实际上是注重当代社会中的大传统和小传统。大传统和小传统这一概念,是由美国人类学家雷德菲尔德——在《乡民社会与文化》一书中提出的。这一概念用来说明在较复杂的文明中存在着两个层次的文化传统。大传统一般是指一个社会中上层的贵族、绅士、知识分子所代表的主流文化或者上层精英文化;而小传统是指一般社会大众,特别是乡民或市民所代表的生活文化。民俗文化无疑属于这里所说的小传统。对温州侨乡的研究或对世界温州人的研究,众多的研究者将目光主要集中在大传统上,如以永嘉学派为代表的瓯越文化。而事实上,闯荡世界的温州人,无论是早年"无奈闯荡天下",还是后来"乐于争闯天下",都是一般社会大众,特别是乡民居多,小传统对他们的熏陶和影响更为直接、明显。

五、结论

1.人类在实践中创造了时间概念,时间概念反过来又成为人认识外界和自身的思维框架。以哲学范畴审视,时间可能具有不容置疑的客观性,也可能是主体思维过程的一种投影;而在民俗学视野下,时间是生命存在的基本方式,时间构成了人生存的一种背景。温州侨乡的形成是时间的累积,人和时间的关系设置形成了温州侨乡形成的一种模式。

2.人类是自然的产物。地理环境是人类赖以生存和发展的物质基础,也是民俗空间形成的自然基础。不同的地理环境形成了不同的民俗空间。从地理学的人地关系到民俗学的文化圈层与空间,虽然有各自的研究角度,但都指出了侨乡与民俗地理亦即民俗空间的关系。

3.时间和空间共同孕育了温州的民俗。民俗一旦形成,就具有稳定性。民俗的稳定性与社会的稳定性呈相互依赖的关系,也就是说,只要社会稳定,人们的生产方式及生活方式不发生剧烈变革,民俗文化的稳定性就会越强[1]。温州民俗文化不仅塑造了温州人,也促成了温州侨乡的形成。甚至可以预料,在今后相当长的时间,民俗文化还将影响温州侨乡的发展演变。当然,随着温州侨乡的发展演变,随着更多的温州人走出国门,温州的民俗文化也会发生变异。

[参考文献]

[1] 钟敬文.民俗学概论[M].上海:上海文艺出版社,1998.

[2] 丙安.民俗学原理[M].沈阳:辽宁教育出版社,2001.

[3] 温州市统计局.温州统计年鉴 2010[M].北京:中国统计出版社,2010:2,25.

[4] 43 万温州籍华侨华人遍世界投资移民潮的温州样本[EB/OL].(2010-12-13)[2010-12-18]. http://www. oushinet. com/172-527-100566. xhtml.

[5] 王春光.移民的行动抉择与网络依赖——对温州侨乡现象的社会学透视[J].华侨华人历史研究,2002(3):43-52.

[6] 李明欢.20世纪西方国际移民理论[J].厦门大学学报(哲学社会科学版),2000(4):12-18.

[7] 李明欢."相对失落"与"连锁效应":关于当代温州地区出国移民潮的分析与思考[J].社会学研究,1999(5):85-95.

（原刊于《温州职业技术学院学报》2011年第2期）

自下而上大部门制改革的新探索

——从广东顺德到浙江龙港的实践

朱康对

【摘　　要】比较研究广东顺德和浙江龙港的典型案例可见,在缺乏上下协同改革的背景下,下层地方政府自下而上的大部门制改革在方便群众办事、提高行政效率、降低行政成本等方面确实有着明显的改进,但是也必定会遇到部门对接困难、升迁渠道狭窄、部门内部协调难度提高等共性问题。为了解决大部门制这些共性问题,龙港设市后,在考核方法和参会方式、审批制度和行政执法、干部升迁和工作激励等方面都进行了新的探索。为切实提高改革实效,建议要强化各级政府的协同改革;根据试点后的运作实际,遵循业务相近、服务相关原则,对部门机构适度微调;要简化对基层政府管理考核,减少不必要的会议;疏通基层干部的升迁渠道,激发他们的工作积极性。

【关键词】自下而上;大部门制;改革;浙江龙港

大部门制改革(简称大部制改革)是我国治理体系现代化建设中的一项积极探索,也是政府通过内部机构合并重组,解决机构重叠、职责交叉、政出多门问题,减少行政层次,降低行政成本的一个重要途径。早在党的十七大召开之前,全国各地方政府已经就大部制改革进行了很多有益探索。党的十七大提出大部体制以后,2009 年中央自上而下启动了大部制改革。2012年党的十八大再次要求稳步推进大部制改革。10 多年来,北京、广东、湖

作者简介:中共温州市委党校教授。

北、浙江、山东各地的地方政府也对大部门体制进行了积极的改革探索。其中最为典型的是始于 2009 年广东顺德的大部门制改革和 2015 年开始的国家新型城镇化改革背景下第一个经济发达镇设市的浙江龙港的改革。本文对两地前后进行的大部门制改革进行比较研究,以探究大部门制改革的问题、规律和经验。

一、从实践探索到理论总结:地方政府大部门制改革综述

十七大中央提出大部门制改革前后,各地方政府也对大部门制改革进行了积极的探索,与此同时学术界也纷纷跟进研究,从各个角度对大部门制进行研究,提出政策建议。其间不断有学者介绍各国大部门制改革的经验,同时对国内大部门制改革的研究也呈不断深化和细化的态势。

初期有较多成果围绕"大部门制"的定义、意义和原则性问题进行阐释,随着具体改革的推进,逐渐转向具体实践问题的研究。同时,随着各地政府大部门制改革的推进,有关地方政府具体案例的研究也逐渐增加。如国家行政学院课题组对成都大部门制改革的改革动因、具体措施、主要成效及完善的重点进行了全面阐述[1]。同时,随着各地不同改革方式的尝试,各种改革典型案例的比较研究也随之涌现。针对当时职能统合型的成都模式、规划协调型的重庆模式和党政合署型的顺德模式这 3 种典型的改革模式,傅金鹏、陈晓原从组织形态、边界打通、运行机制、权力流向、运行目的和核心关注这 6 个变数进行了比较研究,分析了各自的优势、局限及适用范围,认为"大部门制"的内在逻辑是整体主义和正在兴起的整体性治理相契合,各地寻求整体性运作的探索,但 3 种模式都不足以达到整体性运作的目的,建议要取长补短,走一条优势结合的道路[2]。张铁军、李喆试图用制度经济学的路径依赖解释大部门制面临的制度惯性;用结构-功能理论分析职责非同构化后的对下级资源配置弱化和应对多个上级的难题;同时指出第三部门缺位带来的政府职能转移承接主体缺失;并从公务员升迁通道变窄导致工作动力缺失这个角度分析了地方政府大部门制改革的困境[3]。竺乾威从组织结构理论角度进行了深入的解剖和论证,比较了黄龙、随州、顺德 3 种模式后指出,由于职能和结构的变动导致了上下机构的不对应,必然产生纵向的不协调问题,以致不少改革最终回归原有体制。本文认为富阳这种"专委会"的矩阵式组织结构模式在结构上较好地解决了这一难题,是对自下而上大部制组织结构瓶颈的一大突破[4]。

二、从广东顺德到浙江龙港:自下而上的大部制改革演进

1. 广东顺德的基层大部制改革探索

2009 年中央实施大部制改革的背景下,广东顺德也从区级层面启动了基层大部制改革。他们按照"同类项合并,党政联动,扁平管理,科学分权"的原则对党政部门进行整合,将 41 个党政部门、群团组织整合为 16 个大部门。如,原环保、城管、建设局中的公共事业管理职责和交通局中交通建设以外职责合并组建区环境运输和城市管理局,整合原经贸、农业、科技 3 个局组建经济促进局。同时对工商、质检、地税等部分垂直管理部门纳入相关大部门,实行属地管理。部分党政合署办公。整合后的部门含 6 个党委机构和 10 个政府部门,并实行区领导直接兼任大部门一把手的制度。2011 年以后,顺德区陆续对相关部门的管理机构进行调整。2015 年又对部分区属部门实行分职能板块管理。经过三轮调整,至 2016 年大部门调整为 19 个。后来,多个大部门一把手又单独设置,区领导也不再兼任[5]。

顺德的大部制改革探索延续了很多年。其过程并非一帆风顺,顺德作为区级行政区划,在上级部门没有相应改革的情况下,自下而上推行大部制改革过程遇到各种问题:一是合并后职能部门对接上级部门的"一对多"问题,尤其是年终考核总结和上面省市两级召开各种会议时,穷于应付;二是部门整合后正职职位减少,必然会使部门副职晋升空间渠道变窄,从而影响干部的工作积极性。虽然其间也进行了多次调整,但是在"摸着石头过河"的改革试水中,毕竟也探出"水"的深浅,为我国其他地区的继续改革提供了宝贵的经验和教训。

2. 浙江龙港对基层大部制的继续改革

在广东顺德开启大部制改革 4 年后的 2014 年底,浙江温州的龙港镇在国家新型城镇化综合改革中获得了首批经济发达镇设市试点的机会,也领

取了降低行政成本的设市改革任务。为了完成这一任务,龙港镇在试点期间进行了以探索节约行政成本的设市模式为目标、以大部制改革和扁平化管理为主要特色的改革试点。他们按照层级减少、机构精简、成本节约、职能相近部门合并和打破条条对口的部门设置原则,将龙港镇原有的 12 个内设机构,11 个事业单位,以及县派驻部门中的住建分局、国土分局、水利分局等 18 个单位进行合并,组建 1 办 14 局共 15 个大部门机构,机构数从 41 个减为 15 个,大部门的内设科室数 75 个,班子职数 65 名。

3 年试点期满后,经过缜密评估和论证,浙江省人民政府于 2018 年 5 月启动龙港撤镇设市申报程序,并于 2019 年 5 月 21 日向国务院提交了《温州市苍南县龙港撤镇设市行政区划调整总体实施方案》。2019 年 9 月 25 日,龙港撤镇设市顺利获批,正式挂牌。新设的龙港市按照总量控制、精简效能、改革创新、严格管控的原则,延续试点期间大部制改革的思路,搭建龙港市党政机构组织框架。设置党政机构 15 个,其中纪委(监委)1 个、党委工作机关 5 个、政府工作部门 9 个;党委工作机关根据需要加挂政府工作部门的牌子。同时,大致按照原苍南县党政机构 20%,公检法司 30% 的比例,把编制划转到龙港市。调整后龙港市的编制情况是:党政群行政编制 385 人,公安专项编制 308 人,司法行政专项编制 21 人,原工商所专项编制 62 人,事业编制 4362 人(其中参公 42 人)。镇改市后,龙港市下不再按照传统组织框架市下设街道、乡镇,而是采用市直管社区的扁平化管理模式,所以乡镇行政编制为 0。龙港市编制合计 5138 人,占原苍南县 24475 人的 21%[6]。

2020 年 1 月新的龙港市领导班子就职到位后,新的体制刚正式开始运行,马上遭遇到了百年不遇之新冠肺炎疫情。应对疫情也成为检验新体制改革成效的首场大考。如在应对学校的疫情防控过程中,由于原有教育部门和卫生部门都整合在社会事业局之中,省去了部门之间的协调环节,局领导的指令一下达,相关科室的人员随即下到各个学校,初步显示出大部制和扁平化管理的优势。

3.从广东顺德到浙江龙港:大部制改革的差异和共性问题

由于改革的起点不同,龙港和顺德的大部制改革有着一定的差异性。顺德本身是县级政府机构,因此它的改革实际上是同级机构之间的整合问题。龙港是在国家新型城镇化改革背景下全国首个经济发达镇升格为县级市的。因此,龙港在大部制改革过程中,面临着体制升格后的磨合和大部制改革的磨合同时并存的双重难题。一方面,龙港必须面对完成从最底层的更多执行性功能的镇级政府向行政分工基本完整、政府功能基本完备的县级市政府转型的任务。作为镇级政府,主要是执行和完成上级政府下达的各项任务;作为县级市政府,不但要做好区域社会经济发展的规划,制定相应的发展政策,还要直接应对省、市政府的各项考核,仅文本写作和文件起草,就令工作人员应接不暇。另一方面,作为全国首个经济发达镇设市的典型,他们还要通过大部制改革和扁平化管理,在节约行政成本上为全国做示范。因此,在 2015 年开始 3 年改革试点过程中,龙港市就开始参照顺德党政联动、合署办公的整合思路设计大部制改革方案。但是,龙港市的 3 年新型城镇化综合改革试点毕竟是苍南县委县政府领导下的镇级体制下进行的经济发达镇设市改革,由于当时在设计改革方案时更多地考虑到如何最大限度地保证当地政府基本运作的行政成本节约,而对于实际运作独立的县级市政府编制增量需求评估不足。尤其在实际设市改革的实施过程中,又匆忙参照 3 年试点期的方案,在落实新设的龙港市的党委政府组织机构时,这种大部制机构合并中个别部门彼此的关联度不大、部分机构人员编制的考虑不足的结构性的缺陷在设市后的运作过程中就显现出来了。

　　龙港设市改革设计者们不但在申报前请专业机构进行了可行性论证,在改革过程中也到其他改革先行城市学习取经,设计的改革方案是基本符合当地实际的,因此,设市中实施的大部门制改革和扁平化管理也初步显现出预期的正向效应。如许多原来需要跨部门审批和办理的手续,现在可以在部门内部一条龙办理,方便了群众,体现出部门整合后的服务效率。但与此同时,改革也出现了成都、随州、顺德等地大部制改革中已经出现过的问题。如一个部门平均需要应对 3 个上级部门的"一对多"对接难问题,部门减少后职位升迁渠道狭窄带来的公务员工作动力问题,以及部门合并后带来的原来部门间推诿有可能变成科室间推诿的情况。综观全国各地的改革,这些问题是各地地方政府自下而上启动大部制改革时比较普遍的共性问题。

三、龙港解决大部制改革共性问题的新探索

国家新型城镇化综合改革是一场从中央层面顶层设计开始,地方积极响应的上下联动的改革。龙港作为唯一一个经济发达镇成功设市的试点城市,大部制改革必须完成降低行政成本、提高行政效率的艰巨任务,"大部制改革、扁平化管理"成为龙港市改革的必然选择。作为首个镇改市的市,在改革中没有先例可循,其大部制改革也只能参照先行城市的经验,再结合当地的实际,边改边试。针对在设市后实际运行中遇到的实际问题,龙港市进行了一系列的后续改革,以求通过流程再造和管理调适,弥补结构性的缺陷,加快机构磨合,提高管理效率。

1.解决基层部门"一对多"问题

为解决基层部门应对上级的"一对多"所带来的事多人少、会多人少、考核不精准等问题,一方面,积极向上争取,要求在 3 年过渡时期不增加机构和编制的前提下,允许调整部门和科室进行优化整合,同时上级也对部分指标只统计不考核。另一方面,针对上级部门几乎每个会议都要求部门分管领导参加的情况,提出推行会议任务单制度,即不再召开一般的工作部署会议,直接由牵头单位发送工作任务单位,明确目标任务、进度要求及完成时限。针对设市后事务性工作增加的客观情况,仿照企业的人员设置,采用一人多岗制的管理。

2.积极探索"一枚印章管审批"和"一支队伍管执法"改革

为解决多头审批、多头执法的麻烦,提高效率,积极探索"一枚印章管审批"和"一支队伍管执法"的改革。实行相对集中行政许可权,挂牌设立市行政审批局,统一行使行政审批职能;同时统一设置一支跨部门的行政执法队伍,全面集中行政处罚权,构建跨领域跨部门一体化的执法体系。

3.解决干部晋升通道问题

为解决干部晋升通道问题,针对龙港市下没有设立乡镇、街道的扁平化管理的实际,组织部在考察干部时认同片区工作经验视同乡镇工作经验,给予部分事业干部转为公务员的途径;优秀社区干部可以考录片区事业干部、

公务员乃至副科级片区专员。

尽管龙港设市运作过程中上述各项后续改革和改进,确实在一定程度上缓解和减少了下改上不改和基层政府大部门体制的一些共性问题。但是,在现有行政体制垂直管理的组织结构下,由于县级以上政府的部门分工体制和上对下的管理考核模式没有根本改变,大部门制改革还是难以完全克服上下不对称的结构性矛盾,以致地方党委政府除了要忙于地方治理的日常工作和部门内部的协调外,必然会受困于应付上级各种层出不穷的会议、烦琐的台账准备和文本起草等事务工作。同样,任何一种新的职能重组的变革,尽管能解决一些老的问题,但是也可能产生新的问题。比如"一支队伍管执法"的改革把原来分属各条线上的执法职能集中到一起,以求提高效率和节约人力,但是各条线的执法工作都有其专业性,因此把各部门执法的职能集中在一个综合执法部门后的初期就容易出现专业知识和经验不足的问题,这需要在长期的工作中通过专业分工后逐步培养。

四、启示及建议

龙港挂牌设市和组织结构正式到位运作都已越周年,大部制的实际运行尚处在改革后的磨合期,尽管大部制的框架已经基本形成,但是有些职能机构设置和管理流程尚需在以后的运作中调整,目前要全面评价其改革绩效为时尚早。但是,经过顺德和龙港两地两种不同类型又具有类似性质的前赴后继的改革,自下而上大部制改革的绩效和共性问题都基本凸显出来,也给全国的行政体制改革留下了许多宝贵的经验和启示。

1. 大部制是经济发达镇设市改革的基本选择

从行政成本控制角度看,大部制是经济发达镇设市改革的基本选择。龙港和顺德两地的大部制改革最大的差异是两者改革的起点不同。广东顺德本来就是县级机构,而龙港则是镇级政府升格为县级政府。在我国金字塔式的行政体制下,面对全国 20,000 多个镇,即使其中极少数经济发达镇具备改市条件,也是数量庞大的群体。如果镇改市时按照现有的县级市机构设置进行复制,必然会带来行政成本失控问题。因此,作为基层的县级市,在新设过程中,按照大部制的思路进行适度的机构合并,是经济发达镇体制改革的必然选择。

2.大部制运行更需要上下协同改革

龙港顺利镇改市是上下协同改革的结果,镇改市后的大部制运行更需要上下协同改革。从国家权力的初始来源看,国家的一切权力属于人民,这是我国的宪法原则。而国家权力的具体实施必然要实行自上而下的权力供给。尤其在我国单一制的行政体制下,上下部门——一对应的组织结构更有利于权力的贯彻和指令的落实。这种体制下,如果由下级政府自下而上地进行大部制改革,必然会遇到诸多类似承接上级任务的"一对多"的对接的难题。因此,为了顺利推进改革,保障大部制改革后的有效运作,尤其需要上下协同改革。不仅改革初期就需要上级介入进行顶层设计,改革过程也需要上下协同,进行管理流程再造。同时,在实际运作过程中,还需要围绕提高行政效率,降低行政成本的目标,根据管理需要,对部门的设置和人员结构进行适时、适度的微调。

3.管理困境倒逼上级机构管理变革

顺德和龙港自下而上的大部制改革凸显的管理困境某种程度上提出了倒逼上级机构管理变革的强烈诉求。官僚体制下,越来越多套路化的会议、事无巨细形式化的考核,以及与之相关的越来越烦琐的台账、文本和数据是基层部门疲于奔命的根源。在正常的情况下,这些工作量是逐年递增的,由于信息化的技术进步和政府部门的人员增加也同时推进,基层对这种工作的增量并没有太大感觉。一旦像顺德和龙港这样实行大部制改革以后,基层部门的工作压力就会骤然增加。从龙港市调研反馈的信息看,干部和群众反映的都是应对上级政府部门的工作压力过大,几乎没有听到服务群众工作量过大的情况。这充分说明,现有政府行政管理中存在着很多非必要的文山会海。从新冠疫情期间政府的各种会议被迫暂停而实际工作并没有受到很大影响的情况看,很多会议其实完全可以取消或者通过线上进行。因此,基层大部制改革也进一步凸显倒逼现有政府行政管理方式改革的态势。

4.改革需要结合政府职能改变和社会组织发展同步推进

地方政府的大部制改革需要结合政府职能改变和社会组织发展同步推进。从世界大部制改革先进国家的经验看,大部制改革是和政府职能转变和第三部门发育紧密相连的。我们在申报龙港国家新型城镇化综合改革试点方案时,围绕着节约行政成本设市的目标,也是结合政府职能转变和向社会组织转移非必要公共管理职能,提出大部制改革、扁平化管理的。因此,当前在实施大部制的同时,必须根据有限政府、有为政府和有效政府的定位,在鼓励社会组织发展的基础上,向社会转移部分非必要公共管理职能。

[参考文献]

[1] 国家行政学院课题组.成都市大部门体制改革探索的个案分析[J].国家行政学院学报,2009(1):77-80.

[2] 傅金鹏,陈晓原."大部制"的形态与前景:一项比较研究[J].南京社会科学,2010(7):39-44.

[3] 张铁军,李喆.从地方实践的三种模式看大部门制改革的困境和实现路径[J].中共郑州市委党校学报,2011(2):48-50.

[4] 竺乾威.地方政府大部制改革:组织结构角度的分析[J].中国行政管理,2014(4):15.

[5] 赖志敏.顺德区大部制改革追踪研究[D].广州:华南理工大学,2016:13-17.

[6] 朱康对.龙港撤镇设市研究报告[M]//王健,王春光,金浩,等.2020年温州经济社会形势分析与预测.北京:社科文献出版社,2020.

（原刊于《温州职业技术学院学报》2021年第1期）